A CIÊNCIA DA FELICIDADE

e como isso pode realmente funcionar para você

Editora **FUNDAMENTO**

2013, Editora Fundamento Educacional Ltda.
Reimpresso em 2016.

Editor e edição de texto: Editora Fundamento
Editoração eletrônica: Avancci Desenvolvimento e Edição de Livros Ltda.
CTP e impressão: Benvenho & Cia Ltda.
Tradução: Global 10 (Dulce Maria Valladão Catunda)
Capa: Zuleika Iamashita

Texto © Tattooed Media e Dr Anthony M. Grant, 2010
Design © Melbourne University Publishing Limited, 2010
Fotografias de Dean Golja © Heiress Films

Todos os direitos reservados. Nenhuma parte deste livro pode ser arquivada, reproduzida ou transmitida em qualquer forma ou por qualquer meio, seja eletrônico ou mecânico, incluindo fotocópia e gravação de backup, sem permissão escrita do proprietário dos direitos.

Dados Internacionais de Catalogação na Publicação (CIP)
(Câmara Brasileira do Livro, SP, Brasil)

Grant, Anthony
   A ciência da felicidade – e como isso pode realmente funcionar para você / Anthony Grant e Alison Leigh; [versão brasileira da editora] . – 1. ed. – São Paulo, SP : Editora Fundamento Educacional Ltda., 2013.

   Título original: Eight steps to happiness.

   1. Conduta de vida 2. Felicidade 3. Otimismo 4. Sucesso I. Leigh, Alison. II. Título

12-04628   CDD- 158.1

Índices para catálogo sistemático:
1. Felicidade: Psicologia aplicada 158.1
2. Otimismo: Psicologia aplicada 158.1
3. Sucesso: Psicologia aplicada 158.1

Fundação Biblioteca Nacional

Depósito na Biblioteca Nacional, conforme Decreto nº 1.825, de dezembro de 1907.
Todos os direitos reservados no Brasil por Editora Fundamento Educacional Ltda.

Impresso no Brasil

Telefone: (41) 3015 9700
E-mail: info@editorafundamento.com.br
Site: www.editorafundamento.com.br

Este livro foi impresso em papel polén soft 80 g/m² e a capa em papel-cartão 250 g/m².

A CIÊNCIA DA FELICIDADE

e como isso pode realmente funcionar para você

Anthony M. Grant & Alison Leigh

EDITORA FUNDAMENTO

Índice

Introdução	**6**
Parte 1 – Primeiros Passos	**7**
Tornar-se feliz	*9*
Premissas desafiadoras	*23*
Fazer Mudanças	*31*
Parte 2 – Oito Passos para sua Felicidade	**52**
O Índice Happy 100	*53*
1º Passo: Objetivos e valores	*61*
2º Passo: Atos espontâneos de bondade	*74*
3º Passo: Atenção plena	*92*
4º Passo: Pontos fortes e soluções	*116*
5º Passo: Gratidão	*138*
6º Passo: Perdão	*154*
7º Passo: Redes sociais	*168*
8º Passo: Refletir, avaliar, renovar	*181*
Parte 3 – Os bastidores do programa	**196**
A ciência	*197*
Os especialistas	*219*
Os produtores	*221*
Notas	**225**

```
                    VOCÊ
                     É
                   FELIZ?
         ↙            ↑            ↘
      NÃO                            SIM
       │          FAÇA                │
       │          ALGO                │
       │        DIFERENTE             │
       ↓            ↑                 │
      VOCÊ                            │
    QUER SER  →    SIM                │
     FELIZ?                           │
       │                              ↓
       ↓                          CONTINUE
      NÃO      →    →    →       A FAZER O
                                 QUE VOCÊ
                                    FAZ
```

Introdução

Este livro, baseado no documentário pioneiro *Making Australia Happy* da rede de televisão ABC, é sobre a felicidade – a ciência da felicidade.

Queríamos ir além da retórica dos gurus motivacionais e testar a ciência emergente de Psicologia Positiva. A Psicologia Positiva pode parecer incrível nas revistas acadêmicas, pode soar bem nas conferências, mas será que ela realmente funciona, e será que funcionaria nas ruas do centro da cidade de Sidney?

Nosso campo de testes foi o interior de Marrickville. Em uma pesquisa nacional de bem-estar, os residentes do centro da cidade de Sidney acabaram demonstrando a menor taxa de bem-estar da Austrália.[1] No epicentro dessa área central, encontra-se o subúrbio de Marrickville. Achamos que, se o nosso experimento é capaz de melhorar a felicidade aqui, ele também poderia funcionar em outros locais.

Escolhemos oito voluntários de Marrickville e, com uma equipe especializada de mentores, nos propusemos a investigar se eles poderiam melhorar a própria felicidade. Realizamos mapeamentos cerebrais neles, examinamos mentes, colhemos salivas, remodelamos corpos e investigamos vidas – tudo em nome da busca científica pela felicidade.

O desafio foi melhorar radicalmente a felicidade e o bem-estar deles ao longo de oito semanas. E verificar cientificamente. Nada absurdo. E funcionou.

Agora passamos toda essa nossa experiência para este livro. Em *A ciência para a felicidade*, nós mostramos como as oito pessoas de Marrickville melhoraram sua felicidade ao longo de oito semanas usando um programa simples de oito passos. Além disso, mostramos como esse programa comprovadamente pode funcionar para você também.

Oito semanas. Oito passos.

Parte 1

Primeiros passos

Tornar-se feliz

É difícil ser feliz. É difícil ser realmente feliz; permanecer feliz. As pessoas nos desapontam. Os destinos são cruéis. A vida conspira contra você. O mundo se torna frio e impiedoso. A vida se torna triste e sombria.

Exatamente quando você pensa que está tudo dando certo e tudo parece equilibrado – no momento em que pensa: "É isso aí! É assim que eu quero me sentir para sempre!" –, a sensação lhe escapa. O otimismo e a satisfação desaparecem. A ansiedade volta. Ficamos desanimados. E desistimos.

É mais fácil ir às compras. É mais fácil encontrarmos maneiras de nos sentir bem, comprando algo novo, indo ao cinema, fazendo uma boa refeição, bebendo, navegando na internet, checando o Facebook, entre outras distrações. Isso faz com que nos sintamos bem. Mas a adaptação hedonista – o círculo vicioso da busca por coisas materiais para nos deixar felizes e suavizar nossas preocupações – é apenas isto, uma adaptação.

Acabamos voltando repetidas vezes ao mesmo lugar: o descontentamento.

Como quebrar tal círculo? Como criar uma mudança positiva sustentável? Será de fato possível uma mudança real?

O hábito da felicidade

A mudança positiva é possível, sendo, inclusive, relativamente fácil melhorar os nossos níveis de felicidade no dia a dia. Atualmente, existe um conjunto considerável de técnicas validadas pela ciência que melhoram o bem-estar, podem aumentar a felicidade e dar sentido à nossa vida. As pessoas podem mudar. Você pode mudar. Você pode fazer isso.

Mas eis um obstáculo: a verdade inconveniente. Cabe a você tal transformação. E sozinho. Aliás, você deve adquirir o hábito de mudar. A mudança positiva funciona – mas é preciso trabalhar para que ela ocorra.

Seria muito bom se pudéssemos terceirizar o nosso desenvolvimento pessoal, conseguindo alguém para o trabalho de mudança; alguém para se empenhar nesse sentido. E existe uma verdadeira indústria de gurus motivacionais, orientadores não qualificados para a vida e treinadores alternativos de autoajuda, que oferecem mudanças pessoais instantâneas – "garantidas" – em um passe de mágica!

Infelizmente, não existem atalhos. Não existe solução mágica, apenas a ciência. Há abordagens baseadas em evidências que funcionam. Neste livro, elaboramos um programa simples com oito passos baseado na ciência e que mostrou ser realmente eficaz para uma mudança intencional positiva. Não é bobagem, nem um passe de mágica. Sem truques mágicos.

A chave para criar uma mudança intencional positiva é a persistência. É fácil fazer alguma coisa uma vez. É mais difícil fazer a mesma coisa duas vezes e é ainda mais difícil perseverar nela por um período de tempo até que se torne um hábito.

Por essa razão, o programa *Os oito passos para sua felicidade* é tão útil. Os passos deste livro são formas validadas cientificamente para melhorar a felicidade e o bem-estar; são projetados para mantê-lo engajado no processo ao longo do tempo. Além disso, oferecem experiências novas e variadas para ajudá-lo a passar da ideia para a ação, e da ação para o hábito.

O que é felicidade?

Pense na palavra felicidade e talvez venha à sua mente a imagem do desenho animado amarelo da carinha sorridente espalhada por toda parte, a qual se tornou sinônimo da indústria do chamado pensamento positivo e da felicidade.

Mas, para você, o que realmente significa ser feliz? Reserve um tempo para pensar em alguma época na qual tenha se sentido realmente feliz. Pense a respeito. É possível que em alguns destes momentos – durante os quais tenha sentido prazer, tenha se sentido engajado – houvesse um sentimento de ligação, e você percebeu que havia sentido no que fazia.

Este trio – prazer, engajamento e significado – é a espinha dorsal da felicidade genuína,[1] que é um estado de espírito caracterizado por experiências de contentamento, satisfação, amor ou alegria. A felicidade nos faz bem. Envolve a sensação de que valemos a pena; envolve prazer.

Entretanto, o prazer, por si só, basta? A felicidade é prazer? Há muita satisfação em atividades como comprar, comer, beber, ser autoindulgente e buscar o prazer dos sentidos. Mas, infelizmente, muitas vezes elas são seguidas por sentimentos de vazio e de falta de significado. Todos nós amamos buscas hedonísticas desse tipo. E elas, com certeza, podem elevar os nossos níveis de satisfação, bem como adicionar diversificação às nossas vidas. Todavia, a busca pura pelo prazer por si só, a vida puramente hedonista, no final das contas, é muito decepcionante. Falta-lhe riqueza e intensidade, os bons sentimentos desvanecem e o que nos sobra é um vazio.

Mas a Vida Prazerosa é apenas uma parte da felicidade. A Vida Engajada e a Vida Significativa também são importantes. Essas duas últimas tratam do eudemonismo – uma abordagem para a felicidade centrada em fazer a coisa certa, viver de acordo com os seus valores e vivenciar a satisfação por meio da realização do seu potencial. A Vida Engajada versa sobre você assumir a sua vida e ser capaz de fazer escolhas, sobre sentir que está intencionalmente engajado nas atividades da vida, como o trabalho, os relacionamentos e o lazer. Já a Vida Significativa versa sobre ter motivação, viver uma vida coerente e consistente com os seus valores, de modo que seja uma fonte de satisfação.

Felicidade é, portanto, o equilíbrio entre o prazer, o engajamento e o significado. Não é nem só um nem só o outro – você não tem que escolher entre ser hedonista ou eudemonista.[2] Afinal, os limites entre o prazer hedonista e o engajamento em atividades significativas não devem ser muito rígidos. Na verdade, cada um deles influencia e aprimora o outro. Pesquisas mostram que sentir-se bem e ter sentimentos positivos tende a aumentar nossa motivação, o que, por sua vez, nos proporciona bem-estar, mas tal sensação fica ainda melhor quando estamos engajados na busca de objetivos significativos em nossas vidas.[3]

O gráfico da felicidade

O que mais interfere na análise da felicidade: nossas influências genéticas, a quantia de dinheiro que possuímos e as circunstâncias da vida em que nos encontramos, ou as escolhas que fazemos – as atividades intencionais nas quais estamos engajados? Estes três fatores – genética, circunstâncias da vida e escolhas – compõem o "gráfico da felicidade".[4]

Os estudos em larga escala feitos com a população mostram que os fatores hereditários genéticos, como o temperamento, geralmente representam cerca de 50% das diferenças entre os indivíduos. As circunstâncias da vida – quanto dinheiro possuímos, qual escola frequentamos, onde vivemos – geralmente representam cerca de 10% das diferenças entre os indivíduos. Assim, os 40% restantes da diferença dos níveis de felicidade para as atividades intencionais estão nas nossas escolhas diárias sobre como vivemos nossa vida.

Cada um desses fatores é importante. As porcentagens indicadas, entretanto, não nos falam sobre a importância absoluta de cada uma dessas três seções do gráfico para qualquer pessoa. Isso ocorre porque os indivíduos diferem uns dos outros. Para um, o componente genético pode ser altamente influente, enquanto as circunstâncias de sua vida talvez tenham menos influência. Portanto, a contribuição relativa de cada seção do gráfico para a felicidade será diferente para cada um. No entanto, tal gráfico é um lembrete útil de que a nossa felicidade não é predeterminada. As escolhas contam. Assim, podemos optar por assumir atitudes que melhorarão nossa felicidade.

Conforme veremos, existe um volume considerável de provas científicas da filosofia, da psicologia, da sociologia, da biologia e, recentemente, da neurociência, mostrando que de fato podemos melhorar a nossa felicidade. Há, também, uma boa pesquisa que mostra ser possível aplicar essas técnicas em nossa vida diária.[5]

A tirania do positivo

A felicidade é popular. Imagens dela estão em todos os lugares. Em um passado recente, o desenvolvimento do significado da vida e a busca da felicidade eram um assunto privado e, de muitas maneiras, uma conquista profundamente pessoal.

Atualmente, você pode ir a conferências sobre a felicidade; pode ler mais de 2 mil artigos acadêmicos sobre ela todos os anos,[6] comprar centenas de livros sobre o bem-estar, contratar um treinador da felicidade e pode, até mesmo, aprender sobre a felicidade na universidade. A felicidade se tornou realmente a principal tendência, virando um produto comercializável, e a prova disso é que a Coca-Cola utiliza a palavra "Felicidade" em suas latas[7], e os bancos[8] usam a carinha "sorridente" em suas propagandas.

Com a onda da felicidade na cultura popular, podemos nos sentir pressionados a ser positivos. Somos exortados a viver felizes, radiantes e eufóricos; encorajados à extroversão e à confiança. No trabalho, solicitam-nos a demonstração de liderança positiva, a prática do pensamento focado na solução, a maximização do bem-estar no local de trabalho e a criação de um ambiente alegre e significativo. Em casa, lemos livros sobre como criar uma família feliz e assistimos aos programas de TV sobre como ser feliz. Para algumas pessoas, parece que realmente estamos sendo bombardeados por uma promoção incansável do pensamento positivo, e, por conta disso, algumas delas acabam sentindo-se culpadas por não serem felizes.⁹ É compreensível, portanto, que algumas não estejam muito felizes com a felicidade.

Será que não há como escapar da tirania do positivo?¹⁰ Você deve ser feliz?

Não, não deve. E este livro não é sobre forçá-lo a ser feliz. A felicidade não é uma panaceia. De fato, as emoções chamadas de negativas, como o descontentamento, a incerteza, a repulsa, a raiva e o medo, ocupam um lugar importante na experiência humana. Afinal, tensão, conflito e desacordo são partes vitais do processo criativo.¹¹ Superar as rachaduras do desacordo usando a camuflagem do chamado pensamento positivo ou da felicidade simplesmente abafará as diferenças, que provavelmente surgirão de forma diversa, mais virulentas. Precisamos ser cautelosos com os gurus da felicidade que aplicam o pensamento positivo de forma supersimplificada.

Deixemos bem claro. Não é isso que estamos defendendo. Mas, se você quer fazer mudanças positivas, se gostaria de aproveitar a vida só mais um pouquinho, então este livro vai ajudá-lo. Ele o ajudará a promover mudanças positivas objetivas e, o mais importante, a reconhecer os melhores momentos para praticar a aceitação, a fim de ficar mais atento.

Praticar os oito passos para fazer o programa da felicidade funcionar

Mudança exige ação. Mas nossos esforços para mudar nem sempre são bem-sucedidos. Todos nós já tentamos fazer mudanças pessoais no passado e acabamos descobrindo que o entusiasmo inicial desaparece à medida que voltamos às nossas antigas rotinas familiares. Mesmo que façamos coisas que melhorarão a nossa felicidade, é possível nos sentirmos relutantes para praticar os exercícios desse programa. Entender a dinâmica da mudança nos ajudará, portanto, a permanecer no trilho certo.

O Modelo Transteórico de Mudança,¹² um dos mais pesquisados, descreve cinco etapas. A primeira é a pré-contemplação, quando as pessoas ainda não estão pensando em mudar. A segunda é a contemplação, momento em que as pessoas se conscientizam da necessidade da mudança, pensam em realizá-la, mas ainda não fizeram nada em relação a isso. A terceira etapa é a da preparação, quando aumenta o empenho individual para mudar. Nessa fase, as pessoas já têm ideia do que precisam fazer; elas pretendem tomar alguma medida em um futuro próximo e talvez já tenham começado a fazer algumas pequenas mudanças. Por exemplo, alguém que está se preparando porque quer se sentir mais fortalecido e em forma pode se matricular numa academia local.

Ação é a etapa em que as pessoas fazem as maiores mudanças – elas frequentam a academia regularmente, alimentam-se todos os dias com alimentos saudáveis e usufruem os benefícios das mudanças. E, se essas mudanças forem mantidas por um período de tempo, normalmente por seis meses, podemos dizer que quem as realiza está em fase de manutenção das mudanças, que se transformam, então, em hábitos.

Ao longo do tempo, as pessoas passam da ideia para a ação, das ações para os hábitos. Mas, como sabemos, a reincidência é muito comum. Na verdade, a maioria das pessoas enfrentará alguma recaída e voltará ao seu comportamento antigo diversas vezes antes de consolidar a mudança. Mas você pode consolidá-la.

Ter uma boa visão geral do processo que a envolve, bem como perceber que a mudança não é linear e ter clareza de que a nossa motivação para mudar variará ao longo do tempo, o que é normal, são elementos que nos ajudarão na fidelidade ao processo. Não temos de fazê-lo com perfeição. Quando percebermos que nos desviamos do programa, precisamos apenas nos lembrar das etapas da recaída e voltar à ação, revisar e renovar.

Agora, reserve um momento e responda à questão: em relação à melhora do seu prazer de viver, em qual etapa você se encontra? Onde gostaria de estar?

Oito passos

O programa Oito Passos foi concebido para tornar a mudança mais suave. Mas convém destacar que você não tem que mudar toda a sua vida para colher os benefícios reais dele. Deve apenas fazer um pouco de cada vez; um passo a cada semana já está bom. E a ciência está ao seu lado.

O programa começa com você tendo o seu objetivo em mente. No 1º passo, escreverá a sua própria homenagem póstuma, uma tarefa desafiadora, porém inspiradora. No 2º, colocará o foco nas outras pessoas, observando como os atos de gentileza podem ajudá-las ao mesmo tempo em que aumentam o nosso próprio bem-estar físico e mental. Por termos vivido tanto tempo da nossa vida no piloto automático, passando sem pensar de uma tarefa para a outra, no 3º passo vamos explorar o papel da atenção plena na felicidade.

Uma vez que desenvolvemos a nossa capacidade de atenção, no 4º passo concentraremos nosso foco nos pontos fortes e nas soluções, assim como na energia positiva que eles nos trazem. O 5º passo é sobre gratidão e apreço, partes vitais da equação da felicidade: se não apreciarmos nossa vida e não compartilharmos essa apreciação com os outros, qual então será o nosso ganho? Nós precisamos estar abertos para as outras pessoas se queremos desenvolver ligações significativas. Ressentimentos e amarguras são barreiras tóxicas para a felicidade. Assim, no 6º passo, aprendemos a abandonar o ressentimento e a praticar o perdão. Para alguns, esse passo é difícil, mas não temos que realizá-lo sozinhos. A felicidade não é uma busca solitária. Somos animais sociais, e a felicidade é contagiante. Dessa forma, no 7º passo, vemos não apenas que o social determina a felicidade, mas também que desenvolver relações sociais nos ajudará a sustentar os nossos ganhos. Finalmente, no 8º passo, dedicamos algum tempo para refletir sobre o que aprendemos, para avaliar o nosso progresso e nos renovarmos, a fim de consolidá-lo e desenvolvê-lo de verdade.

Oito pessoas

Para a série pioneira da televisão ABC, *Making Australia Happy*, trabalhamos com oito voluntários e, sob a orientação de uma equipe de treinadores de primeira linha em felicidade, propusemo-nos a transformar tais pessoas. O cérebro delas foi escaneado, suas salivas, analisadas, seus corpos, exercitados e, por fim, suas vidas, examinadas. Nosso desafio foi melhorar radicalmente a felicidade e o bem-estar dos voluntários ao longo de oito semanas, confirmando esse processo de maneira científica.

Ben, 26 anos, é o mais jovem dos nossos voluntários. Ele adora música e suas guitarras. Mas encontra-se preso a uma rotina e desesperado para sair dela; só não sabe por onde começar. Quando nós o conhecemos, ele tinha problemas para lidar com as consequências do rompimento com a sua namorada. Sentia-se solitário, desconectado e desmotivado. Além disso, odiava seu trabalho.

Como muitos australianos, estava atolado em dívidas. Embora parte dele saiba que deve se entender com a vida, ele acha muito mais fácil sair e ir a uma festa – afinal de contas, sempre existe o amanhã –, e Ben adora festas! Não enfrentar suas responsabilidades está custando-lhe demais; sente-se isolado, perdido e insatisfeito. Nas palavras dele: "Eu nunca fui muito bom em descobrir o que eu quero fazer a seguir. Na verdade nunca tive nenhum, nenhum objetivo ou qualquer coisa parecida... Definir alguns objetivos é muito importante. Eu, com certeza, preciso de ajuda para tomar algumas decisões, estabelecer alguns objetivos, mesmo pequenos, e realizá-los. Eu quero ser mais assertivo ou mais confiante. Adoraria criar a vida que eu quero viver, em vez de deixar a vida me levar."

Natalia tem 34 anos. Solteira e procurando um parceiro, ela realmente quer se apaixonar, casar-se, ter filhos e dar sentido e direção à sua vida. Seu trabalho de assistente social é desgastante. Ela se preocupa, mas é prisioneira de um monólogo interno negativo que não apenas a prejudica, mas também compromete sua autoimagem e a forma de apresentar-se ao mundo: "Não tenho um parceiro, e isso faz com que eu sinta que há algo errado comigo. Eu adoraria ser capaz de abrir mão do passado que ainda me assombra, das experiências ruins que certamente afetaram a minha autoestima e a minha capacidade de confiar nas pessoas. Ser capaz de deixar isso para trás seria fantástico porque eu sei que alimentar essa infelicidade só está me fazendo mal. Eu gostaria de me sentir melhor fisicamente e de ser mais gentil comigo mesma, seja ajustando as minhas expectativas sobre mim, seja possuindo melhores estratégias para lidar com o assunto."

Cade tem 34 anos e mora com Matthew, seu parceiro estável há quase oito anos, em uma pequena cabana, com seu amado cachorro Callie. Cade é muito tímido. Ele fica bastante ansioso em situações sociais e se descreve como muito instável, pessimista e neurótico. Trabalha como agendador de tarefas de programas de TV, uma função que, embora soe artística e na moda, é repetitiva, chata e socialmente solitária. Mas existe outro lado da sua vida: Cade é extremamente criativo. Escrever, fotografar, filmar curta-metragens e compor músicas são as suas paixões, e ele passa longas horas à noite fazendo isso. Entretanto, o único lugar onde se sente confortável para exibir a sua criatividade é on-line. Seu trabalho foi bom o bastante para ser percebido e depois exibido no Museu de Arte Moderna de Moscou, na Rússia.

Ele gostaria de fazer algumas mudanças, e precisa fazê-las. "Ter tanto medo de situações sociais mutila a minha vida. A vida está sempre me colocando para baixo, e eu sucumbo facilmente. Prendo-me às coisas, me estresso e me preocupo com elas. Realmente gostaria de aprender a administrar o meu temperamento e a adotar uma perspectiva mais feliz de vida. Gostaria, também, de arrumar um trabalho mais criativo. Já perdi muito tempo sendo infeliz, assim, seria maravilhoso se, na segunda metade da minha vida, eu desse a volta por cima e realmente a vivenciasse e sentisse toda a alegria que há no mundo."

Recém-separada de seu marido por doze anos, **Liz**, 35, é uma mãe tentando se ajustar para educar dois filhos pequenos sozinha. Embora ela os ame e adore rir com eles, sente-se insatisfeita e incompleta. Liz trabalha meio período com vendas, marketing e administração. Apesar do tempo ocupado, continua sentindo uma dor profunda pela morte da mãe, ocorrida há nove anos. Descrevendo-se como viciada em academia, a rotina extremamente agitada de Liz exige um malabarismo constante entre as demandas conflitantes do trabalho, da casa, das crianças e da academia, ao mesmo tempo em que também tenta manter sua vida social. Ela sente necessidade real de estar no controle. "Sou uma daquelas pessoas que acha que o copo está meio vazio em vez de meio cheio. Tendo a enxergar o que não está certo ao invés do que está. Se eu pudesse mudar a minha forma de pensar, talvez fosse capaz de me abrir um pouco mais para aceitar que o que eu tenho de fato é suficiente. A vida não pode continuar a ser mundana e monótona. Realmente quero aprender algumas estratégias para lidar com as situações que normalmente me amedrontam ou me entristecem. Preciso saber como esquecer os erros do passado e seguir em frente e como ter uma perspectiva mais positiva."

Rebekah está para fazer 40 anos. Como mãe de gêmeos com menos de 3 anos, sua vida é muito ocupada. Casada há vinte anos, dedica-se ao marido e aos filhos. Aparentemente, a vida é doce, embora agitada e cansativa. Correr funciona como válvula de escape para Rebekah, pois permite que ela encontre algum tempo para si mesma. Por baixo da aparência feliz, existem questões dolorosas que ela nunca enfrentou; ela teve uma infância infeliz e está zangada com seus pais. Ao mesmo tempo em que dá amor e apoio à sua própria família, ela anseia pelo carinho que nunca recebeu quando criança. Como muitas pessoas, Rebekah teve uma infância dolorosa, mas empurrou as lembranças para o fundo da sua mente. Por um lado, ela é feliz, cheia das alegrias da vida, ativa e entusiasmada. Mas, por outro, sente que perdeu seu poder de recuperação. Os dias parecem repetitivos. Ela está desgastada e exausta; quer um sentido mais rico, mais tolerante, mais significativo para sua vida. "Eu realmente quero ser contente, apenas estar e desfrutar, e não ficar me analisando ou remoendo o passado ou as catástrofes. Eu quero estar presente para os meus filhos e quero encontrar um equilíbrio de forma que a vida não gire só em torno deles ou em torno de mim. Quero me reconectar com a minha vida e comigo mesma."

Tony, 42 anos, tem um casamento feliz, com dois filhos, e é dono de uma agência imobiliária bem-sucedida. Ele possui senso de humor apurado e boa desenvoltura social, conta piadas, faz aqueles que o rodeiam se sentirem de bem com a vida e é o coração das festas. Ama sua família, seu cachorro Dyson e adora receber convidados e fazer churrascos. Ele mora em uma casa linda, com todos os confortos de um lar, mas, apesar de tudo isso, sente-se vazio por dentro. Enfatiza que administrar a empresa o mantém acordado à noite, tossindo e virando de um lado para o outro, além de ter ataques de mau humor que culminam em explosões de raiva e, em seguida, na inevitável autorrecriminação. Tony adoraria que as coisas mudassem, para se ver livre dos sentimentos sombrios e do vazio. Ele está farto de suas mudanças de humor, de sua insônia e de suas preocupações pessoais. "Tenho uma dor no peito, um sentimento de que não valho nada e de que minha vida não tem sentido. Essa é a parte assustadora. Não sei o que vai acontecer se eu não fizer alguma coisa a respeito. Eu adoraria mudar pelo bem dos meus filhos e da minha esposa. Odeio perturbar minha família e meus amigos íntimos. Ainda sou jovem e sei que posso fazer alguma coisa para me sentir feliz e de bem comigo mesmo de novo."

Stephen tem 51 anos. Arquiteto, casado e pai de quatro filhos, ele agora trabalha com vendas e marketing na empresa de vidro arquitetônico da família de sua esposa. Trabalha longas horas e investe muita energia. Além disso, é muito exigente consigo mesmo, um verdadeiro perfeccionista. Stephen luta para equilibrar sua vida pessoal e social com o trabalho, e acha difícil ver como poderia reduzir as horas na empresa. Ele se mantém animado, mas há sempre muita coisa para fazer. Está inseguro em relação aos seus objetivos, porém sabe que sua vida está desequilibrada. Stephen quer ser capaz de fazer escolhas melhores. "Gostaria de passar mais tempo em casa com as crianças e estar mais disponível para a família, acho, mas eu estou comprometido com o trabalho e ele me dá muita satisfação; não é mais importante do que minha família, mas eles talvez achem que sim. Gostaria de ser mais feliz e estar feliz mais vezes para poder me relacionar de forma mais positiva com as pessoas à minha volta. Gostaria, também, de entender melhor a minha forma de pensar e o modo como ela afeta a minha felicidade, além de aprender a priorizar e, assim, encontrar um equilíbrio melhor."

Liz K tem 63 anos e é uma cientista aposentada. Ela cresceu na Escócia, mas vive em Marrickville com seu parceiro Nick há trinta e quatro anos. Eles têm duas filhas crescidas. Recentemente, Liz K deixou de trabalhar e está se perguntando o que fazer. Ela adora seu jardim; adora fazer Sudoku, ler e ajudar outras pessoas. Além disso, é efervescente, falante, vigorosamente interessada pela vida, pela política e pelas pessoas, e preocupada por ainda não ter atingido todo seu potencial. Entretanto, sente que a sociedade não valoriza as mulheres da sua idade e está zangada com isso.

Liz K tem opiniões fortes. Preocupa-se profundamente com o mundo, o que a mantém algumas noites acordada, pensando na paz no Oriente Médio e na pobreza no Terceiro Mundo. Ela quer ajudar a promover uma mudança social positiva, contudo sente-se impotente em vista da política global. "Detestaria pensar que não há nada à frente, mas não tenho muita certeza de como organizar as minhas energias. Acho que passo a ideia de ser muito mais competente e serena do que sinto por dentro. Falta-me confiança e autoestima, embora eu tenha melhorado muito em relação ao que eu costumava ser. Minha cabeça é um pouco ocupada demais, estou sempre tentando entender o mundo. Adoraria me sentir um pouco mais confortável comigo mesma, para alcançar um nível maior de serenidade. Isso seria uma grande coisa."

Nossa equipe de especialistas foi composta pelo dr. Anthony (Tony) Grant, psicólogo de treinamento e líder da equipe, diretor da Unidade de Psicologia de Treinamento da Universidade de Sidney; pelo dr. Russ Harris, médico de família, reconhecido especialista em atenção plena e autor do livro *Liberte-se – evitando as armadilhas da procura da felicidade*; e por Anna-Louise Bouvier, especializada em fisioterapia, apresentadora de um programa sobre boa condição física da rádio ABC e eleita Apresentadora Australiana de condicionamento físico do Ano. Com a ajuda da nossa equipe, os oito voluntários estavam prontos para fazer as mudanças; ao longo do livro, você descobrirá como eles se saíram enquanto estiveram no programa.

Mas ler sobre os outros não é o suficiente. O programa Oito Passos é altamente experiencial e prático, concebido para ajudá-lo a se sentir melhor, a ser mais feliz e a se sentir mais como "você".

Se está pronto para fazer mudanças, se gostaria de ser mais feliz com a sua vida, ou se está simplesmente curioso sobre a ciência da felicidade, continue lendo.

Premissas desafiadoras

"Uma ciência da felicidade? Você deve estar brincando!" Há quinze anos, essa seria uma resposta comum. Hoje em dia, não é brincadeira. Cientistas teimosos e céticos em todo o mundo têm se envolvido em uma das facetas mais subjetivas, controvertidas e profundamente pessoais da experiência humana: a felicidade. No passado, um domínio dos filósofos e dos sonhadores idealistas; agora, entretanto, a felicidade é estudada por pesquisadores das áreas de psicologia, sociologia, biologia e, mais recentemente, da neurociência. Essa nova ciência, normalmente chamada de Psicologia Positiva, objetiva descobrir e promover os fatores que permitem aos indivíduos e às comunidades prosperarem e florescerem. É o estudo do funcionamento humano ideal, o que torna a vida mais digna de ser vivida, uma ciência da felicidade.[1] Ela é, portanto, a espinha dorsal deste programa de oito passos e da série para TV *Making Australia Happy*.

> **Psicologia Positiva**
> Em 1998, Martin Seligman, no começo de seu mandato como presidente da Associação Americana de Psicologia, fez do desenvolvimento da Psicologia Positiva a sua principal meta para aquele ano no cargo. Em janeiro de 2000, a importante revista *American Psychologist* publicou uma edição especial do milênio, apresentando a noção da Psicologia Positiva. Editada pelos professores Martin Seligman e Mihaly Csikszentmihalyi,* principais figuras de proa do movimento de Psicologia Positiva, a edição estabeleceu uma agenda inicial para esse novo campo que, agora, aflorou. Em doze anos, de 1998 a 2010, 4.263 artigos acadêmicos sobre psicologia da felicidade foram citados no banco de dados PsycINFO (o principal banco de dados de psicologia) comparado com apenas 2.746 nos quinze anos anteriores! O volume de pesquisas continua a crescer a cada ano.
> * Seligman, M.E. & Csikszentmihalyi, M., 'Positive psychology: An introduction', American Psychologist, vol. 55, 2000, pp. 5-14.

Não nos entenda mal. Não significa que a psicologia fosse "negativa" antes do surgimento da Psicologia Positiva. Embora, há anos, os cientistas pesquisem o otimismo, a capacidade de recuperação, o bem-estar, a saúde psicológica, os objetivos e a motivação, não havia uma disciplina específica voltada para o estudo dos aspectos positivos da experiência humana. Por isso, não existia uma maneira simples para uma pessoa comum encontrar informações sobre a felicidade baseadas em evidências. É disto que este livro e a série para TV tratam: tirar a ciência do laboratório e colocá-la ao alcance do público; torná-la acessível a todo mundo.

A Psicologia Positiva introduz uma perspectiva ampla – e uma visão abrangente –, olhando para o funcionamento ideal em vários níveis diferentes, como nos campos social, relacional, institucional e cultural, além do pessoal e do biológico.

Também desafia suposições comuns sobre a felicidade. Por exemplo, o dinheiro realmente faz você feliz? Sim e não![2] Os ricos não são mais felizes. Acontece que, uma vez que suas necessidades básicas são atendidas e você pode pagar por moradia básica, boa comida, transporte e o que mais for preciso, a renda adicional aumenta muito pouco os seus níveis de satisfação pela vida.[3]

Que tal status? De fato, profissionais muito bem remunerados, como os advogados, tendem a ter níveis mais elevados de depressão, estresse e ansiedade do que os operários.[4] Que tal trabalho? Todo mundo reclama sobre ele; estar em casa deve ser melhor do que trabalhar. Novamente, sim e não. Parece que as pessoas experimentam níveis mais altos de "fluxo" – um estado mental positivo e agradável em que ficam totalmente absorvidas no momento presente – mais em casa[5] do que no trabalho. Mas o trabalho dá direção, significado e propósito, o que proporciona um sentido real de identidade a muita gente.[6] Certamente o sexo nos faz felizes. Bem, ele não é exatamente a cura para tudo como podemos imaginar. Um estudo constatou que muitas pessoas preferem tomar um banho de banheira ou uma chuveirada para melhorar o humor a fazer sexo[7], e para muita gente um banho de banheira pode ser muito menos complicado!

> **Dinheiro e felicidade**
> Embora o rico talvez não seja mais feliz, o que é relevante acaba sendo a maneira como você gasta o seu dinheiro. Um estudo de quatro anos constatou que o hábito de gastar dinheiro em compras foi idealizado para criar experiências positivas, para aumentar a felicidade das pessoas.* A melhor forma, entretanto, seria fazer uma série de pequenas compras em vez de apenas uma grande. Desse modo, vá ver algumas bandas musicais locais em vez de se dar ao luxo de gastar seu dinheiro em um show musical de nome.
> Espalhe essas experiências ao longo do tempo. Se você quer melhorar a sua satisfação com a sua saúde, gaste o dinheiro com atividades relacionadas ao condicionamento físico, e faça o mesmo em outras áreas da sua vida. Mantenha-se, contudo, dentro do seu orçamento. Gastar mais do que pode leva ao estresse e reduz a felicidade.
> * Zhong, J.Y. & Mitchell, V. – W., 'A mechanism model of the effect of hedonic product consumption on well-being', Journal of Consumer Psychology, vol. 20, 2010, pp. 152-62.

Uma constatação clara do estudo sociológico sobre a felicidade é que o contexto social realmente conta. Nossa rede familiar, nossos amigos e nossas relações sociais influenciam expressivamente nosso bem-estar.[8]

Mas como as pessoas se tornam felizes? Podemos pensar em nós mesmos como pessoas felizes? Afinal de contas, todos nós mantemos um diálogo interno incessante, um fluxo de conversas conosco – que dá sentido às nossas vidas – na forma de uma narrativa que vem completa, com personagens, enredos e mais sub-histórias. Será que podemos simplesmente mudar a narrativa e pensar em nós como pessoas felizes?

Literalmente, milhares de trabalhos de pesquisa indicam que, de fato, podemos reduzir a depressão e aumentar a felicidade mudando de modo proposital os nossos padrões de pensamento.[9] E uma conversa positiva conosco nos ajuda a sintonizar a atitude mental certa para começar a trabalhar nos nossos objetivos e a melhorar o desempenho em uma gama enorme de tarefas, incluindo a solução de problemas.[10]

Grande parte da literatura de autoajuda quer nos fazer crer que somente o fato de pensar sobre a mudança fará com que ela aconteça. Pense positivo, e coisas positivas acontecerão. Pense em riqueza, e você se tornará rico. Basta pensar positivo e você será feliz. Mas não é assim. O "pensamento positivo" irrealista, na verdade, pode realmen-

> **Pensamento positivo**
>
> Um estudo* constatou ser muito mais eficaz usar afirmações positivas moderadamente envolvendo atributos pessoais específicos como "Eu amo e me importo com as pessoas à minha volta", em vez de afirmações arrebatadoras de grande efeito como "Eu sou uma pessoa amorosa e abraço toda a humanidade". Faça-o de maneira real! Lembre-se, se a afirmação soar boa demais para ser verdade quando você a disser, então provavelmente ela é!
>
> * Wood, J.V., Perunovic, W.Q.E. & Lee, J.W., 'Positive self-statements: Power for some, peril for others', Psychological Science, vol. 20, 2009, pp. 860-6.

te fazer estragos. Um estudo com grandes implicações para o uso científico do pensamento positivo constatou que as pessoas com baixa autoestima, as mesmas que mais necessitam de um incentivo real, sentiram-se piores com elas próprias após repetirem as afirmações do chamado pensamento positivo, como "sou poderoso e forte e nada no mundo pode me parar".[11] Por outro lado, autoafirmações positivas ajudaram os indivíduos com autoestima elevada, mas o incentivo foi bem pequeno. Os pesquisadores sugeriram que, se as pessoas com baixa autoestima tentassem usar os chamados pensamentos positivos para bloquear os negativos, elas acabariam, sem querer, lembrando que, na verdade, não atendem aos padrões que elas mesmas estabeleceram para si.

Nossos diálogos com nós mesmos precisam ser realistas. Não podemos nos enganar. Embora não possamos nos forçar a ser sempre felizes e positivos, existe uma coisa que é tão importante quanto esses diálogos para nos deixar felizes com o que fazemos, sentimos ou pensamos, e ela se chama atenção. Foco. Como e onde colocamos nossa atenção influenciam profundamente a nossa felicidade.

Atenção é a chave

Atenção é o processo de focar nossa mente em aspectos específicos da nossa experiência enquanto ignoramos outras coisas. Ela é como um radar ou um holofote. Durante o dia, o nosso radar da atenção varre o meio ambiente, recolhendo pistas ou sinais que podem ser importantes para nós, e, então, o nosso cérebro é programado a fim de que o nosso foco seja atraído para fatores específicos. Isso acontece automaticamente. Imagine se tivéssemos que parar para pensar todo o tempo com o intuito de descobrirmos onde devemos focar a nossa atenção.

Esse mecanismo automático de atenção é realmente útil, pois minimiza a quantidade de esforço consciente que precisamos exercer. Além disso, também tem implicações importantes para a ciência da felicidade e para a infelicidade.

> **Viés cognitivo**
> Um estudo rastreou os movimentos dos olhos dos jogadores de xadrez à medida que tentavam resolver um problema no jogo e constatou que, apesar de afirmarem claramente que estavam procurando por soluções alternativas, seus olhos, de maneira automática, tendiam a focar nas casas e nas peças do xadrez envolvidas em uma solução já familiar, mesmo que eles acreditassem, de fato, que estavam buscando novas alternativas!*
> * Bilalic, M., McLeod, P. & Govet, F., 'The mechanism of the Einstellung (set) effect', Current Directions in Psychological Science, vol. 19, 2010, pp. 111-15.

Há muito se sabe que as pessoas com altos níveis de ansiedade tendem a ter um viés cognitivo para a ameaça,[12] ou seja, indivíduos ansiosos automaticamente tendem a focar em eventos que podem ser perigosos ou ameaçadores de alguma forma e, além disso, também interpretam informações ambíguas como ameaçadoras.[13] Por exemplo, alguém com fobia de aranhas tem mais chances de detectar a palavra aranha entre uma longa lista de palavras diferentes do que alguém sem tal fobia. Além disso, tem mais chances de interpretar um rabisco como uma aranha.

Nosso viés cognitivo pode ser tão forte que, se precisamos achar uma solução, tendemos a nos prender à primeira que encontramos, e nossa mente, em seguida, dirige nossa atenção para encontrar nova informação para apoiar essa primeira decisão e nos afastar de informações novas ou inconsistentes. Esse viés ocorre mesmo quando acreditamos que estamos à procura de alternativas e de novas ideias.

Seja o que for que atraia a nossa atenção, isso pode ter uma influência importante sobre o nosso bem-estar. Tudo acontece inconscientemente,[14] mesmo antes de termos tempo para interpretar ou avaliar conscientemente a situação, e bem antes de nossa conversa com nós mesmos começar.

Entretanto, podemos fazer escolhas que mudam nossos vieses cognitivos ao longo do tempo. Podemos ajustar o nosso foco intencionalmente para coisas que nos ajudarão a melhorar a nossa felicidade. Podemos, ainda, focar a nossa atenção no positivo, em vez de ser sugados pelo negativo. E quanto mais dermos atenção ao positivo, mais tenderemos a notá-lo. A atenção muda nosso cérebro.

Cérebro e mente de felicidade

Prestar atenção propositadamente ao mundo à nossa volta, deixando de ter ciência de todas as experiências diárias, é uma das formas mais poderosas de cultivar um estado de bem-estar. Não temos que ficar à mercê de uma mente inquieta e rebelde; podemos treinar nossa mente para focar no positivo por meio da atenção.

A atenção plena é um estado mental de consciência que nos ajuda a viver de maneira mais consciente ao abrirmos os sentidos e focarmos a atenção no aqui e agora.[15] Ele nos permite não apenas reduzir a influência e o efeito de pensamentos inúteis e de sentimentos difíceis, como também viver com eles enquanto nos engajamos plenamente no momento presente.

Levou muito tempo para a medicina ocidental reconhecer e aceitar que há milhares de anos os místicos orientais já sabiam que a prática da meditação e da atenção plena pode melhorar o nosso bem-estar e até nos ajudar a reduzir dores físicas. Em estudos científicos, a atenção plena tem sido associada à diminuição duradoura de uma variedade de sintomas físicos relacionados ao estresse, incluindo a dor crônica; à diminuição significativa da ansiedade e da depressão; à melhoria da concentração e da criatividade; à melhoria do funcionamento do sistema imunológico e à diminuição dos sintomas resultantes do câncer.[16] Mesmo assim, os cientistas ocidentais eram céticos a respeito porque não conseguiam explicar o que acontecia nos relatados efeitos clínicos e comportamentais da prática da atenção plena. Mas, nos últimos anos, técnicas de neuroimagem de última geração permitiram aos cientistas ver imagens geradas por computador de como nosso cérebro funciona em tempo real. Estudos, um após o outro, encorpam cada vez mais os dados neurológicos objetivos que acompanham a influência do estado da mente sobre a atividade cerebral.[17]

As imagens do cérebro nos dão uma "visão de dentro", de como e por que a atenção plena e outros aspectos da Psicologia Positiva funcionam.

Atualmente, podemos ver quais áreas do cérebro "se iluminam" durante determinadas atividades. Por exemplo, agora nós sabemos que o altruísmo dispara os mesmos circuitos de recompensa no cérebro que as atividades prazerosas ou o contato social positivo.[18]

Ao escanear o cérebro dos monges budistas, que contabilizam individualmente dezenas de milhares de horas de meditação, os cientistas mostraram que o resultado direto dessa prática apresenta um padrão alterado de atividade cerebral na parte do cérebro associada aos reguladores da emoção.[19] Desde os primeiros experimentos, em 2004, já existem provas suficientes para demonstrar que a meditação é um estado único, distinto dos estados de descanso, que parece promover mudanças funcionais e estruturais duradouras nas regiões importantes do cérebro para desempenhar funções clinicamente relevantes.[20]

Embora dezenas de milhares de horas de meditação talvez ex-

> **Meditação**
>
> As pesquisas nessa área são novas. O primeiro estudo feito para examinar como os períodos curtos de mediação de atenção plena podem melhorar subcomponentes específicos da atenção, incluindo a capacidade de priorizar e de gerenciar tarefas e objetivos, a capacidade de focar voluntariamente em informações específicas e de ficar alerta para o que acontece no ambiente, foi publicado somente em 2007. Simulando um ambiente de trabalho, os voluntários que costumavam praticar a meditação da plena atenção concluíram uma gama de tarefas diferentes em um computador que mediu a precisão e a velocidade das respostas. Os resultados sugerem que a meditação da plena atenção, mesmo que por apenas trinta minutos diários, pode melhorar a atenção e o foco das pessoas que sofrem demandas pesadas de tempo e de atenção.*
>
> * Amishi, P., Jha, J.K. & Baim, M., 'Mindfulness training modifies subsystems of attention', Cognitive, Affective and Behavioral Neuroscience, vol. 7, 2007, pp. 109-19.

trapolem o que a maioria das pessoas possa aspirar, pesquisas recentes mostram que não temos que dedicar nossas vidas à meditação para colher seus benefícios. Até mesmo trinta minutos diários podem melhorar a atenção e o foco daquelas pessoas que sofrem pesadas pressões de tempo e atenção.[21] E não é necessário muito tempo para aprender essa habilidade. Uma ampla gama de testes cognitivos revelou que quatro dias de treinamento, com apenas vinte minutos por dia, melhora significativamente a capacidade de raciocínio crítico e o desempenho.[22]

Então, se você quer fazer uma mudança positiva, a pesquisa mostra que ela pode ser feita. Temos escolhas. Podemos mudar a nossa forma de pensar. Podemos treinar nosso cérebro, bem como ajustar o nosso foco e desenvolver hábitos de atenção mais gratificantes e positivos.

Vamos começar.

Fazer mudanças

Se queremos melhorar o nosso bem-estar, ser felizes ou criar alguma mudança positiva, existem cinco áreas da experiência humana que precisamos considerar a fim de maximizar as nossas chances de sucesso.

Primeiro, e o mais óbvio, precisamos saber o que fazer; é necessário realizar mudanças em nosso comportamento. Segundo, devemos ter pensamentos que apoiem as nossas mudanças; duvidar constantemente da nossa capacidade de mudar pode nos impedir até mesmo de dar o primeiro passo em direção aos nossos objetivos. Terceiro, nossos sentimentos ou nossas emoções são fatores poderosos na motivação da mudança, assim, altos níveis de ansiedade não nos ajudam em nada. Quarto, a situação ou o ambiente que constitui o contexto social em que vivemos tem uma forte influência sobre a nossa capacidade de criar mudanças intencionais. Tentar aprender a meditar em um lugar extremamente barulhento ou perturbador não seria uma boa ideia para a maioria de nós. Quinto e último, nossos corpos físicos, ou estados biológicos e físicos, têm forte influência sobre o nosso bem-estar e sobre como podemos utilizar a nossa capacidade de atenção. Se não nos alimentarmos bem, se não dormirmos o suficiente, se tivermos hormônios desequilibrados ou se apresentarmos outros desequilíbrios químicos ou até mesmo baixos níveis de açúcar no sangue, esses problemas biológicos irão impor limitações significativas em nossa capacidade de alcançar o nosso potencial de felicidade.

Se o seu objetivo é ser mais feliz, pergunte a si mesmo:
• Como o seu ambiente (ou situação) atual irá apoiá-lo para você alcançar o seu objetivo?

- O que você está fazendo para ajudar a si próprio a alcançar o seu objetivo? O que poderia ser feito de forma diferente?
- O que você está pensando, e como isso causa impacto em seus sentimentos e comportamentos?
- Você descansa o suficiente? Alimenta-se bem? Recupera-se bem? Que mudanças precisam ser feitas?

Para se beneficiar plenamente do programa Oito Passos, você precisa estar pronto para agir.

Motivação e objetivos

Se criarmos mudanças positivas intencionais, precisaremos de motivação. Algumas pessoas pensam em mudança como uma simples decisão de fazer algo diferente. Na verdade, é um processo muito mais complexo. A chave é a motivação, palavra que vem do latim motivar + ação, cujo significado é movimentar, estar em movimento. Podemos pensar em motivação como "emoções em movimento".[1] Motivação, então, é movimento, não é sentar-se e pensar. É tomar uma atitude, como os nossos voluntários descobriram. Mas, na realidade, a intensidade da nossa motivação flutua consideravelmente de uma hora para a outra, e isso é normal. A ambivalência é normal;[2] não há problema em termos sentimentos mesclados sobre mudanças. Não precisamos estar 100% comprometidos; 51% já é o suficiente. O que você tem que fazer é começar a agir, e uma maneira de dar o primeiro passo nesse caminho é estabelecer um objetivo.[3]

Todos os nossos voluntários começaram estabelecendo valores e objetivos, pois eles nos dão uma direção, um caminho a seguir. Pode ser motivador termos uma imagem mental clara do que queremos alcançar, bem como do que definitivamente não queremos. Mais de 40 anos de pesquisas mostram claramente que, se determinarmos um objetivo para atingir, estaremos muito mais propensos ao êxito.[4] Você encontrará mais detalhes sobre o estabelecimento de objetivos no 1º passo: objetivos e valores.

Manter-se no caminho da mudança

Para ficarmos no caminho certo da mudança, precisamos registrar nosso progresso ao longo do caminho. As pessoas que mantêm um registro escrito tendem a ser muito mais bem-sucedidas na criação de mudanças duradouras.[5] Isso funciona para uma vasta gama de objetivos, incluindo saúde,[6] trabalho[7] e felicidade.[8]

Anote. Mantenha um diário. Tenha uma agenda. Faça anotações. Algumas pessoas relutam em manter um registro escrito. Se você estiver hesitante em escrever, algumas notas sobre a sua jornada em um diário ou em um notebook serão o suficiente. Empenhe-se em encontrar maneiras que funcionarão para você. Não tem de ser escrito à mão. Talvez você possa manter comentários digitados em seu seu computador; talvez simplesmente faça anotações em pedaços de papel guardados em sua carteira ou em sua maleta; talvez, ainda, possa escrever em uma caderneta que você mantém em seu carro. Seja criativo. Anotar o seu progresso realmente ajuda. Experimente.

Os princípios básicos do corpo

Pense em você mesmo como sendo uma Ferrari. Você não dirigiria um carro sofisticado assim com octanagem de baixa qualidade, bem como não o deixaria sem bateria e, provavelmente, o manteria polido e brilhando como novo.

Você precisa dar uma vantagem competitiva a si mesmo, nutrindo o corpo e a mente. Deve realizar um inventário da sua dieta, dos seus hábitos de sono e de quanto exercício você faz para assegurar que está totalmente em forma e pronto para assumir o desafio proposto pelo programa de oito passos.

Exercício

Os seres humanos foram feitos para se movimentar. Há milhões de anos, pelo menos há três milhões, nós andamos eretos.[9] Ao longo de todo esse tempo, os nossos corpos evoluíram e se tornaram sofisticadas máquinas de movimento. No entanto, nos últimos cem anos, temos inventado formas engenhosas para evitar a inconveniência de ficar na posição ereta e nos movimentar. O motor do carro nos leva ao trabalho, à escola, às compras, praticamente a qualquer lugar, de modo que não precisamos caminhar. Com a internet, vieram as compras virtuais e as salas de bate-papo, sem precisar sair de casa. Com o controle remoto da TV, você não tem nem que sair da sua cadeira!

Tudo isso supostamente melhora a nossa qualidade de vida. Mas, em vez de procurarmos caminhos para uma vida mais feliz e saudável, ficamos sentados, o que está nos matando. Um estudo australiano recente revelou que assistir a muita televisão eleva o risco de morte prematura e de morrer de doença do coração.[10] Sentar-se em frente à TV por mais de quatro horas por dia aumenta o risco de morrer em 46% comparado às pessoas que assistem a menos de duas horas de TV diariamente.

Mas assistir à televisão é apenas uma parte da história. O moderno local de trabalho revela-se uma zona perigosa em potencial. Não é incomum as pessoas passarem três quartos do dia trabalhando sentadas de frente para uma tela de computador ou ao telefone. Bebemos café e almoçamos em nossas escrivaninhas. Até mesmo enviamos e-mails para o vizinho de porta no escritório! Em suma, dependendo do nosso

> **Exercícios e felicidade**
> Como pode o exercício físico aumentar a nossa felicidade? Isso ocorre porque ele eleva a serotonina, nosso principal estimulador neurotransmissor do humor. Entretanto, existem muitos fatores em jogo. Por exemplo, quando nos exercitamos vigorosamente, paramos de remoer nossas preocupações e nossos problemas e liberamos a raiva e a frustração reprimidas. O exercício físico também nos permite dormir melhor, além de melhorar o nosso humor.[1] Se puder, descubra um lugar agradável e com bastante verde para se exercitar. Estudos mostram que podemos alavancar ainda mais nosso humor se escolhermos a natureza para nos exercitarmos, sejam os parques urbanos, sejam as praias ou o campo.[2]
>
> [1] Hassed, C., The Essence of Health, Ebury Press, Sydney, 2008, p. 291.
> [2] Pretty, J., Peacock, J., Sellens, M. et al., 'The mental and physical health outcomes of green exercise', International Journal of Environmental Health Research, vol. 15, nº 5, 2005, pp. 319-37.

trabalho, e se saímos depois do trabalho ou se nos afundamos em uma cadeira ao chegarmos em casa, podemos facilmente passar quase três quartos (70%) de todo o nosso dia sentados.[11]

Isso é verdadeiro, independentemente da prática de atividades de lazer ou de fatores de risco de doenças cardiovasculares comuns, incluindo fumar, ter alta pressão sanguínea e alto colesterol no sangue, alimentar-se inadequadamente ou ter circunferência da cintura em excesso.

> **Ficar sentado por muito tempo faz mal a você**
> Como sabemos que ficar sentado por muito tempo é ruim para nossa saúde? Pesquisadores do Baker IDI Heart and Diabetes Institute monitoraram os hábitos de vida de 8.800 adultos e descobriram que cada hora passada em frente à televisão diariamente estava associada com:
> • 11% de aumento de risco de morte por todas as causas;
> • 9% de aumento de risco de morte por câncer;
> • 18% de aumento de risco de morte relacionada a doenças cardiovasculares.

Por que ficar sentado por períodos prolongados de tempo tem um efeito devastador em nossa saúde? "O corpo humano foi concebido para o movimento, não para sentar-se por longos períodos de tempo", diz o professor adjunto David Dunstan, autor principal do estudo. "Mesmo se alguém apresentar um peso corporal saudável, sentar-se por longos períodos de tempo ainda influencia de modo nada saudável o açúcar e as gorduras do sangue."

As contrações musculares que acontecem quando estamos de pé e em movimento são importantes pra o processo metabólico. Exercícios moderados, como a caminhada, ajudam-nos a metabolizar as gorduras e os açúcares e a manter, assim, os níveis sanguíneos mais baixos. Também aumentam o fluxo sanguíneo e abaixam a pressão sanguínea durante e após as atividades físicas, além de estimularem o sistema imunológico. Tudo isso ajuda a reduzir o risco de muitas doenças, incluindo as cardiovasculares. Ao iniciar um programa de exercícios, é importante que você comece em um nível que lhe seja confortável e aumente-o gradualmente ao longo do tempo.

Novas evidências sugerem que o risco permanece mesmo se a pessoa caminhar trinta minutos diariamente. Segundo as orientações da Organização Mundial da Saúde, isso simplesmente não é suficiente para contrabalançar o efeito cumulativo de todo o tempo em que esteve sentado, o que talvez seja uma surpresa para os "viciados em televisão", aquelas almas virtuosas que pensam que podem ficar em forma apenas seguindo a regrinha dos trinta minutos, sentando-se pelo resto do dia; os riscos para a saúde, nesses casos, são tão altos quanto os que envolvem as pessoas que não fazem nada. Temos que nos manter em movimento!

Encarar os fatos

Suspeitamos que os nossos voluntários eram um grupo de sedentários, o que explica em parte o fato de não estarem em boa forma física ou mental. Para descobrir o quão mal estavam, pedimos a eles que usassem um sofisticado sensor em forma de braçadeira para nos informar não apenas o quanto eles se movimentavam, mas também a intensidade dos movimentos, mesmo durante o período de sono.

Os dados revelaram que a maioria dos voluntários era viciada "ativa" em televisão, mas dois deles eram francamente viciados em televisão e quase nunca se movimentavam.

Natalia levava uma vida sedentária durante uma média de quinze horas por dia. Fora o jogo ocasional de tênis, ela quase não fazia exercício. Para piorar as coisas, passava a maior parte das noites em frente à TV ou ao laptop.

> **Monitorar a atividade física**
> Para monitorar os níveis de atividade física dos nossos voluntários em detalhes por minuto, pedimos que eles usassem uma braçadeira SenseWear® o tempo todo. Além de registrar os movimentos, ela mede a temperatura da superfície da pele, os níveis de suor e o calor do corpo. Isso é muito mais sofisticado do que um simples acelerômetro que registra os movimentos, mas não pode distinguir a intensidade das diferentes atividades. A braçadeira registrou exatamente o quanto ou quão pouco cada um dos nossos voluntários se movimentou, quanta energia queimaram, quanto tempo dormiram e até a qualidade do sono. Você encontrará mais informações na Parte 3: por trás do programa.

Somando tudo, ao longo do ano, ela permaneceu o equivalente a 229 dias inteiros sentada, trabalhando, dirigindo, assistindo à televisão ou usando o computador.

Cade estava ainda pior. Um autoconfesso viciado em computador, ele chegava à média de dezesseis horas de sedentarismo por dia, a maior parte em sua escrivaninha ou no computador. Ele admitiu que não era feito para se exercitar e que detestava caminhar! Ao somarmos todas as suas horas, o sedentarismo de Cade equivalia a surpreendentes 242 dias por ano.

"Se você quer ser feliz, tem que se erguer e desafiar o seu corpo", disse-lhes Anna-Louise, nossa especialista no programa mente-corpo. "Pesquisas mostram que um pouco de estresse físico faz você ficar mais resistente ao estresse emocional."

Em primeiro lugar, e o mais importante, a maioria de nós tem que sentar-se menos e movimentar-se mais. Precisamos achar razões para nos levantarmos e nos movimentarmos com mais frequência. Ficar de pé e aguentar o peso do nosso corpo por apenas dois minutos no mínimo uma vez a cada hora é o suficiente para disparar os processos psicológicos que mantêm nosso corpo em bom funcionamento.

Estabelecer o seu objetivo de exercícios

Você deve ter como objetivo geral caminhar 10 mil passos por dia.[12] Dez mil passos são quase oito quilômetros ou de noventa a cem minutos de caminhada, mas a ideia é acumular esses passos ao longo do dia em vez de fazê-los todos de uma só vez. Cada pouquinho conta, mesmo atender à porta ou verificar a caixa do correio. Uma mãe ocupada indo e voltando da escola ou do mercado pode muito bem acumular 10 mil passos sem fazer nenhuma caminhada formal.

Os viciados em televisão talvez estejam dando de 3 mil a 4 mil passos por dia, então é necessário que você crie estratégias para desenvolver sua meta à medida que os níveis de sua energia e de sua disposição física aumentam. A combinação de ficar de pé e dar uma volta, além de mais uma caminhada vigorosa de trinta minutos, cinco dias por semana, é o regime mais eficaz.

Mas não é uma questão de caminhar, apenas! Você pode passear, divagar, passar o tempo caminhando, mas existe a caminhada mais intensa, que vai do moderado para o mais vigoroso estilo de caminhada. É isso que você tem que querer. A chave é a caminhada moderada ou vigorosa. Apenas vaguear não é o suficiente. Sendo assim, coloque um pouco de esforço nisso!

O teste da respiração

Se você não sabe o que é um exercício moderado e um vigoroso, faça o teste da respiração. Ele é assim: se você puder falar e cantar enquanto caminha, não está sendo vigoroso o suficiente e, portanto, precisa acelerar o ritmo. Se puder falar, mas estiver muito sem fôlego para cantar, então seu coração está batendo em um nível moderado. Quando você ficar muito sem fôlego até mesmo para dizer algumas palavras, alcançou o estágio vigoroso. Seus pulmões estão ocupados fornecendo oxigênio para os seus músculos trabalharem; não há nada de sobra para falar.

O ideal é que você esteja em algum lugar no meio, entre moderado e vigoroso, para realmente se beneficiar da caminhada. Vá em frente!

Agir

Natalia despertou para essa questão no dia em que recebeu os primeiros resultados dos dados da sua braçadeira. "Ouvir que durante um ano eu teria passado 242 dias dormindo ou sentada foi realmente assustador e desagradável. Mas a verdade foi muito motivadora, e eu voltei para casa naquela noite como uma selvagem; passei uma hora e meia trabalhando no jardim, rastelando e fazendo qualquer coisa que me viesse à mente para me manter em movimento." Para Natalia, Anna-Louise estabeleceu o desafio de aumentar os exercícios moderados durante toda a semana.

Cade foi instruído a aumentar seu número de passos fazendo o caminho de ida e volta da estação de trem a pé, em vez de simplesmente tomar o ônibus entre a estação e o escritório. Ele também teve que começar a levar o cachorro para passear todas as noites.

Além de se movimentarem e de caminharem, os demais voluntários foram incentivados a centrarem-se em alguma atividade que lhes ajudasse a melhorar o humor e a aumentar o número de passos. Tony precisava de um escape para queimar as suas frustrações. Na juventude, ele não apenas se viciou em academia, como também foi um atleta sério. Anna-Louise sugeriu-lhe, então, uma sessão semanal de luta de boxe, uma das atividades mais mentalmente desafiadoras que alguém pode praticar. Liz K, o membro mais velho do grupo, foi apresentada a uma série de exercícios para desenvolver sua força muscular, e também encorajada a fazer dança de salão, algo que ela e seu parceiro já haviam praticado há anos.

Monitorar seu progresso

As pessoas geralmente exageram na quantidade de exercícios que pensam ter feito. Nossas tendências seletivas inconscientemente focam a nossa atenção no que fizemos, aumentando o realizado.

Vamos ser honestos em relação a isto. Para monitorar com precisão o número de passos que você dá diariamente, invista em um pedômetro barato, que funciona como um incentivo e como um tarefeiro-mestre. As pessoas que o usam normalmente caminham uma média de 2,5 quilômetros a mais por dia.[13]

O pedômetro, no entanto, não é capaz de monitorar com precisão o número de passos que você dá quando mescla uma série de atividades como ciclismo, natação e musculação. Para cada dez minutos dessas atividades, você pode acrescentar mil passos na contagem do seu pedômetro (cem passos por minuto).

Para exercícios vigorosos como corrida ou squash, você pode dobrar a contagem de passos: 2 mil passos para dez minutos (200 passos por minuto).

Ideias para mantê-lo em movimento

Aqui vão dez grandes ideias da Anna-Louise para mantê-lo em movimento. Tente conseguir mais dez por sua conta.

• Desça do ônibus um ponto antes de chegar à sua casa, depois dois pontos antes, depois três pontos e assim por diante.

• Dê mais uma volta pelo quarteirão com o cachorro.

• Compre o jornal na banca da esquina, em vez de recebê-lo em sua casa.

• Estacione o carro na esquina mais distante do estacionamento no shopping.

• Suba as escadas em vez de usar o elevador.

• Proíba e-mails entre os colegas do mesmo escritório no período das 10 às 15 horas. Levante-se e converse com os outros. Multe aqueles que violarem a proibição e doe o dinheiro para uma instituição beneficente.

• Atenda de pé aos telefonemas.

• Distancie a impressora da sua mesa.

• Faça reuniões caminhando. Por que se sentar em volta de uma mesa quando você pode caminhar?

• Assuma uma atividade que você já adora ou pensa que gostaria de executar.

• Entre em uma rotina e registre o seu progresso em diários da felicidade.

Falta de tempo não é desculpa para não se exercitar. Se você quiser viver mais, dormir melhor e sentir-se melhor, deve priorizar os exercícios; é um pequeno investimento para o resto da sua vida e para a sua felicidade hoje.[14]

Dieta e nutrição
Alimento feliz?

Muitos de nós recorremos aos alimentos para nos sentirmos felizes, mas, ironicamente, os próprios alimentos são os que têm mais probabilidade de agir em sentido contrário. Quando foi a última vez que você comeu um pedaço de salmão ao estar se sentindo por baixo? Os alimentos que dão conforto existem e são importantes, mas o conforto oferecido por eles tem vida curta. Em longo prazo, eles podem até nos deixar infelizes.

Dieta e depressão

O número de pessoas com depressão no mundo ocidental é imenso. Até 2020, a depressão será a segunda maior causa de invalidez no mundo, atrás somente das doenças cardíacas,[15] e a nossa dieta moderna de alimentos processados pode ser parcialmente responsável por isso.

Pesquisadores da Universidade de Melbourne constataram uma ligação direta entre a dieta e a depressão. Durante dez anos, eles monitoraram as dietas de mais de mil mulheres e, então, fizeram um controle do humor de tais pessoas. As com hábitos alimentares pouco saudáveis, centrados em alimentos fritos ou processados, grãos refinados, produtos açucarados e cerveja, apresentaram 50% mais propensão para desenvolver sintomas depressivos. As mulheres com hábitos alimentares equilibrados, à base de vegetais, frutas, carne bovina, cordeiro, peixe e alimentos de grão integral, apresentaram 30% menos propensão para desenvolver doenças de depressão e ansiedade.[16]

Outro estudo na Espanha, envolvendo 11 mil homens e mulheres, apresentou resultados semelhantes: as pessoas com hábitos alimentares de estilo mediterrâneo, rico em vegetais, frutas, nozes, grãos integrais e peixe, apresentaram uma redução de mais de 30% no risco de depressão do que aquelas em cuja alimentação faltavam esses elementos cruciais.[17]

Outro estudo no Reino Unido monitorou as dietas de 3.500 pessoas pelo período de um ano. Cinco anos depois, eles constataram que – adivinhe – as pessoas do grupo que comeram alimentos processados apresentaram mais propensão a mostrar sintomas de depressão do que aquelas que se alimentaram com alimentos integrais.[18]

Então, são os alimentos que as deixam depressivas, ou é a depressão que as leva a ingerir esses alimentos? Provavelmente, é um círculo vicioso.

Chocolate, sorvete, bolos, biscoitos, batatas fritas, hambúrgueres, pãezinhos de salsinha, pizzas, refrigerantes: alimentos antes considerados como indulgências raras, pouco mais de uma geração atrás se tornaram básicos para milhões de famílias. Eles são chamados de "comida de baixo valor nutritivo" (junk food), e por uma boa razão, já que levantam o estado de espírito temporariamente, dando-nos uma explosão de energia temporária. Mas o bem-estar não é duradouro. Acabamos insatisfeitos e querendo mais. O mais preocupante é que os alimentos básicos da comida de baixo valor nutritivo privam o cérebro dos nutrientes essenciais,[19] necessários para o bem-estar físico e o mental. Tal hábito poderia até nos transformar em viciados em comidas de

> **Junk food (comida de baixo valor nutritivo) pode ser viciante**
> Cientistas da Universidade de Princeton e do Scripps Research Institute, na Flórida, mostraram, separadamente, que os ratos alimentados com comidas de baixo valor nutritivo sofreram alterações neuroquímicas no cérebro, as quais imitam aquelas produzidas pela heroína, pela nicotina e por outras substâncias viciantes. Como as drogas, os alimentos estimulam as células que liberam a dopamina, seguida por um pico de prazer. No entanto, esse pico tem vida curta e deixa os ratos, e nós por extensão, desejando mais. Eles rapidamente desenvolveram tendências a ataques de voracidade alimentar, e, se a comida parasse de chegar, começavam a tremer, da mesma forma que os viciados em drogas.*
> * Johnson, P.M. & Kenny, P.J., 'Dopamine D2 receptors in addiction-like reward dysfunction and compulsive eating in obese rats', Nature Neuroscience, vol.13, 2010, pp. 635-41. Avena, N.M., Rada, P. & Hoebel, B.G., 'Evidence for sugar addiction: behavioral and neurochemical effects of intermittent, excessive sugar intake', Neuroscience and Biobehavioral Reviews, vol. 32, 2008, pp. 20-39.

baixo valor nutritivo, e passaríamos a enfrentar as mudanças de humor acarretadas pelo vício.[20]

Está claro que realmente podemos nos proteger contra a depressão ingerindo alimentos de mais qualidade. Então, assim como todos os voluntários do programa, antes de embarcar no programa da felicidade, você realmente deve observar seriamente o que come e estar preparado para as mudanças.

Dieta do Cade

Quando conhecemos Cade, ele vivia exclusivamente de comidas de baixo valor nutritivo; não comia nem uma única verdura ou fruta durante toda a semana. Seu desjejum consistia de uma barra de chocolate pequena e uma lata de Red Bull. No almoço, ele ingeria uma tigela de macarrão e mais uma lata de Red Bull. E outra barra de chocolate e um Red Bull para o lanche. Uma pizza no jantar concluía seu dia. Aos sábados e domingos, Cade não tinha hora para comer, mas, quando comia para matar a fome, dependendo da hora, alimentava-se de cereais, queijo fatiado com torrada ou pizza, e bebia leite de baixo valor calórico ou achocolatado, junto com um suprimento incessante de Red Bull. Ele complementava sua dieta com analgésicos sem receita médica para aliviar as dores de cabeça, que despontavam regularmente meia hora depois de se levantar.

Cade era um caso extremo. O fato de ele ainda andar e falar é quase um milagre. Era fisicamente inativo, tinha um contato mínimo com outras pessoas e estava constantemente sem energia. Portanto, é natural que se sentisse infeliz!

O corpo de Cade era como um carro que rodava sem combustível. Da mesma forma que os carros necessitam de combustível, o corpo necessita de glicose (um tipo de açúcar), que é convertida em energia. Enquanto um carro precisa ser constantemente abastecido com combustível para continuar funcionando, o corpo e o cérebro precisam de uma liberação constante de glicose para se manter ligados.

O corpo obtém glicose dos carboidratos. O problema com as comidas de baixo valor nutritivo é que elas contêm os chamados carboidratos simples: açúcares que se transformam em glicose tão rapidamente que a explosão de energia é agradável, mas de pouca duração. Anna-Louise Bouvier chama-as de "combustível de curta energia".

Cade precisava de um "combustível de energia duradoura" para manter o motor funcionando por longas distâncias. E tal combustível vem de carboidratos "complexos", que permanecem mais tempo no organismo porque são convertidos mais lentamente em glicose. Estes são os componentes da dieta mediterrânea: verduras, legumes, frutas, nozes, arroz, grãos integrais e peixe. Eles são muitas vezes denominados de alimentos com baixo IG (índice glicêmico), fazendo referência à velocidade em que o alimento é transformado em glicose. Assim, não fornecem aquela explosão deliciosa de açúcar, mas também não dão aquela sensação de falta quando a explosão maravilhosa desaparece.

A dieta de Cade também era destituída de ômega 3, outro ingrediente essencial em uma dieta saudável. Precisamos de muitos ácidos graxos poli-insaturados ômega 3 para as engrenagens e os ciclos do motor humano funcionarem. Sem eles, as peças começam a falhar. O problema, no entanto, é que se encontra o ômega 3 em peixes gordurosos e animais de caça que praticamente desapareceram da dieta ocidental produzida em massa. Em seu lugar, consumimos grandes quantidades de gorduras insaturadas dos produtos agropecuários. E também consumimos grandes quantidades de ácidos graxos poli-insaturados ômega 6, encontrados nos óleos vegetais usados nas comidas de baixo valor nutritivo e nas guloseimas. Estamos inundando nossos motores humanos com ômega 6, e parece que ele está emperrando o funcionamento, como se tivesse uma chave de porca travando-o.

O ômega 3 exerce um papel vital nos processos que mantêm os nossos corpos funcionando, tais como no crescimento de novas células do cérebro, e ainda atua como agente anti-inflamatório. O ômega 6 em demasia pode inibir essas funções e afetar a capacidade das células do cérebro de se comunicarem entre si.

Parece cada vez mais provável que esse desequilíbrio entre ômega 3 e ômega 6 esteja contribuindo para o aumento meteórico de pessoas que sofrem de depressão e de distúrbios de humor. Crescem as evidências de que os indivíduos que ingerem muito peixe apresentam menos possibilidade de ser infelizes ou depressivos em comparação com os que não o consomem.[21]

A terrível dieta de Cade estava claramente contribuindo para a sua falta de energia e constantes dores de cabeça. Desacostumá-lo de seus maus hábitos não ia ser nada fácil. Mas, em vez de começar devagar, Cade decidiu parar de forma abrupta e definitiva. Ele cortou totalmente as bebidas e os alimentos altamente energéticos, com açúcar e alto teor de gordura, o que fez seu corpo se rebelar. "Sinto-me ridiculamente cansado e letárgico", escreveu ele em seu diário, "e com ondas de dores de cabeça e náuseas intermitentes. Meu corpo está gritando por açúcar e gordura". Cade estava mostrando os sinais clássicos dos sintomas de abstinência.

A existência do vício de açúcar é um assunto controverso no meio científico.[22] Mas, chame-o como quiser, vício ou dependência, muitos de nós, como Cade, têm dificuldade em controlar a ingestão de alimentos açucarados e gordurosos. Agora é a hora de começar. Você não precisa parar de forma abrupta e definitiva como fez Cade. Você não precisa seguir uma dieta especial.

Sono

Um dos ônus de vivermos em sociedade durante 24 horas por dia, sete dias por semana, mantendo baixos níveis de exercícios e uma dieta pobre, é que fica cada vez mais difícil termos uma boa noite de sono.

Questões relacionadas ao sono

Há muitas evidências de que uma má noite de sono é a razão principal para o mau humor; assim, quando o sono melhora, o humor melhora. Antes do advento da eletricidade, geralmente as pessoas dormiam uma média de dez horas por noite, do pôr ao nascer do sol.[23] No mundo desenvolvido, atualmente, a média é cerca de sete horas. Você talvez ache que pode viver com cinco horas de sono ou menos, mas a ciência nos diz que precisamos de mais. O sono de boa qualidade e quantidade é uma necessidade biológica. É fundamental para o nosso bem-estar e para nossa saúde física e mental, tão importante quanto o alimento e a água.[24] Um sono ruim ou restrito a poucas horas reduz a nossa qualidade de vida e pode até mesmo representar um perigo para a saúde.[25]

Sem um sono adequado, as partes do cérebro que controlam as nossas emoções ficam perturbadas, interferindo no modo como lidamos com os desafios e as interações sociais do dia seguinte.[26] Há anos a insônia crônica vem sendo reconhecida como um sintoma de depressão, mas agora também sabemos como funciona no sentido inverso: ela também pode causar depressão e,[27] no mínimo, nos deixará cansados e emotivos.

Assim como arruína o nosso humor e as nossas emoções, dormir pouco reduz a nossa capacidade de concentração, prejudica nossa memória e capacidade de julgamento e nos torna mais propensos a acidentes. Os trabalhadores de turnos de longa jornada ficam especialmente em risco no local de trabalho e na estrada. Depois de vinte e quatro horas sem dormir, a coordenação das suas mãos com os olhos é afetada como se você apresentasse uma taxa de 0,1 de álcool no sangue. Um em

> **O sono afeta o seu humor**
> Uma boa noite de descanso pode regular o humor e ajudá-lo a lidar com os desafios emocionais do dia, de acordo com um estudo de 2007 feito com imagens do cérebro na Harvard Medical School e na Universidade da Califórnia.* Perder uma noite de sono tem, portanto, o efeito oposto, impulsionando as áreas do cérebro associadas à depressão, à ansiedade e a outros distúrbios psiquiátricos.
> Nesse estudo, mostrou-se uma série de imagens a pessoas que estavam acordadas há trinta e cinco horas, algumas delas emocionalmente sobrecarregadas. Usando a Máquina de Ressonância Magnética (fMRI), os pesquisadores foram capazes de monitorar a forma como o cérebro de tais pessoas respondia, comparada com um segundo grupo que tivera uma boa noite de sono.
> No grupo mantido acordado, os mecanismos cerebrais que regulam

> as nossas emoções reagiram radicalmente, perdendo a capacidade de racionalizar e minimizar as respostas às fotos, ao contrário do cérebro do segundo grupo, que passara por uma boa noite de sono.
>
> A amígdala é a região do cérebro que alerta o corpo para se proteger em tempos de perigo. No curso normal dos eventos, o córtex pré-frontal, que comanda o raciocínio lógico, reconheceria as imagens de faz de conta e enviaria sinais para "acalmá-lo". Mas, ao contrário, o cérebro privado de sono fechou o córtex pré-frontal e, assim, impediu a liberação dos químicos necessários para acalmar o reflexo do estresse agudo.
>
> * Walker, M.P., Annals of the New York Academy of Science, vol. 1156, Issue: The Year in Cognitive Neuroscience 2009, pp. 168-97.

cada seis acidentes provavelmente é causado pela falta de sono. Nas estradas rurais na Austrália, o número é de um em cada quatro.[28]

Nosso corpo está programado para trabalhar em um ciclo de alternância de descanso e atividade. O sono permite o tempo para a reparação e o crescimento. Se o ciclo é interrompido, a nossa saúde sofre. Não conta tanto o número de horas que dormimos, e sim a qualidade do nosso sono. É por isso que algumas pessoas se sentem bem dormindo cinco ou seis horas, enquanto outras precisam de sete ou oito horas de sono.

O que causa o sono de má qualidade

Há todos os tipos de razões para não conseguirmos dormir. O estresse é uma delas, e bastante forte – preocupação com o trabalho, com o dinheiro, com as crianças. O barulho é outra – um bebê chorando, a TV do vizinho, um parceiro que ronca. O quarto pode ser muito frio ou muito quente. A cama pode ser macia demais ou dura demais. Pode ser apenas por ficar acordado até muito tarde bebendo e fumando, o que superestimula o sistema nervoso, dificultando ainda mais o sono. Poderia ser o nosso relógio interno que está em desacordo.

Ritmos circadianos ou biológicos

O sono é regulado pelos ritmos circadianos, os ciclos de 24 horas que regulam os processos biológicos e fisiológicos de todos os seres viventes. Tais ritmos são programas biológicos internos que ativam as secreções hormonais e as variações da temperatura corporal, as quais determinam quando nos sentimos sonolentos ou, então, alerta.

A maioria das pessoas sente-se mais alerta pela manhã e sonolenta à tarde. Ficamos alerta novamente no início da noite, quando a nossa temperatura geralmente é mais elevada. Ao cair da escuridão, no curso normal dos eventos, o hormônio melatonina entra em ação. A melatonina se acumula até os níveis máximos entre as 17 horas e 22 ou 23 horas e, em seguida, a nossa temperatura cai e o nosso corpo se deixa levar pelo sono. Quando a luz do dia desponta, os níveis de melatonina diminuem, as temperaturas do nosso corpo sobem e, se tudo funcionar dentro dos planos, nós acordaremos nos sentindo descansados e alertas.[29]

Ir para a cama em horas estranhas atrapalha o nosso relógio biológico. Isso nos força a vencer a barreira do cansaço no mesmo momento em que nosso corpo está nos dizendo que é hora de dormir. Mas, independentemente da causa ser por "Jet lag", por turno de trabalho ou mesmo por nossos próprios maus hábitos de sono, se o relógio interno se ajustou de forma errada, nós talvez tenhamos nos acostumado a não adormecer até as primeiras horas da manhã ou a acordar com frequência durante toda a noite. Esse é um padrão que nos priva do sono profundo, este que nos sustenta. Alguns distúrbios do sono são físicos. Movimentos periódicos dos membros, como o próprio nome diz, são ações frequentes e involuntárias que continuam a noite toda. Apneia do sono é o resultado de uma obstrução na garganta que restringe a respiração. As pessoas que dela padecem normalmente roncam e bufam como trens, mas em geral não notam que são despertadas do sono centenas de vezes à noite, enquanto lutam para respirar. Em ambos os casos, o despertar permanente não permite que a pessoa entre em sono profundo.

Sono ruim revelado

Os dados da braçadeira coletados com os nossos voluntários revelaram que a maioria deles estava perdendo o sono restaurador. Mais da metade tinha menos de cinco horas de sono de boa qualidade por noite, geralmente porque passava muito tempo de frente para uma tela de luz, navegando na internet, até pouco antes de ir para a cama, na verdade lutando com seu ritmo circadiano natural.

Liz K estava indo para a cama depois da 1 hora da manhã e acordando às 6 horas, após uma noite de sono descontinuado. O problema era sua mente hiperativa.

A braçadeira de Ben revelou padrões de sono extremamente irregulares.

Em algumas noites, ele dormia menos de três horas. Mesmo que permanecesse na cama por seis horas, com sorte, podia conseguir no máximo cinco horas de sono em razão de toda agitação e movimentação de um lado para o outro. Liz, por sua vez, ficava até tarde tocando violão ou conversando com amigos ao telefone ou saindo, porque se sentia solitária e isolada.

Tony tinha o pior sono do grupo: em média quatro horas e meia por noite. Ele roncava muito e acordava a cada vinte minutos. Consequentemente, pela manhã, estava exausto e mal-humorado. Ele não se lembrava sequer de qual teria sido a sua última noite de sono decente.

O sono perturbado de Tony parecia ser apneia do sono, uma condição, conforme já comentado, em que as pessoas param de respirar repetidas vezes durante o sono, às vezes até por um minuto inteiro. Além de deixar a pessoa cansada e abatida, a apneia do sono pode ser perigosa se não for tratada. Como tem sido associada à hipertensão, pode levar à insuficiência cardíaca, a acidente vascular cerebral e a outras patologias que ameaçam a vida.

Depois de visitar uma clínica do sono, Tony foi diagnosticado com apneia leve. O especialista disse que não era grave o suficiente para fazer tratamento, mas explicou-lhe que ele provavelmente dormiria melhor se fizesse mais exercício e perdesse um pouco de peso. Além disso, recomendou a Tony que tentasse algumas das estratégias listadas (veja o quadro) para mudar seus padrões de sono.

> **Estratégias para ajudá-lo a dormir**
> - Exercite-se vigorosamente no final da tarde/começo da manhã. Não faça exercícios exaustivos imediatamente antes de se deitar.
> - Não tire cochilos muito longos e muito perto do final do dia. Uma soneca curta (menos de vinte minutos) diretamente após o almoço pode ser reparadora. Se, no entanto, durar mais tempo ou acontecer mais tarde do que isso, reduzirá as chances de um sono profundo à noite.
> - Reduza a ingestão de álcool. Inicialmente ele o ajuda a dormir, mas o acordará na segunda metade da noite e, ao longo do tempo, poderá fragmentar o seu sono de forma crônica.
> - Evite ingerir estimulantes como chá, café e outras bebidas cafeinadas antes de ir para a cama.
> - Faça alguma coisa para relaxar, como meditar ou tomar um banho quente.
> - Somente vá para a cama quando você se sentir sonolento.
> - Pare de ler, de se preocupar ou de assistir à televisão na cama. Além disso, pare de usar o computador meia hora antes de ir para a cama. Limite as suas atividades no quarto apenas ao sono e ao sexo.
> - Se você não consegue dormir, levante-se, vá para outro quarto e faça alguma outra coisa até se sentir sonolento de novo.
> - Levante-se na mesma hora todas as manhãs, independentemente da quantidade de sono que você teve.
> - Se o seu cérebro está agitado com pensamentos preocupantes, escreva-os em uma caderneta ao lado da cama e decida lidar com eles no dia seguinte.

Começar a se movimentar

O exercício é uma das melhores formas de nos ajudar a dormir bem, dormir mais tempo e dormir mais profundamente. O que precisamos é de exercícios vigorosos, que mantenham o ritmo cardíaco e os músculos bombeando continuamente por pelo menos vinte minutos. A hora ideal para praticá-los é no final da tarde ou de manhã bem cedo. Se deixarmos para muito perto da hora de dormir, iremos nos superestimular justamente quando queremos nos acalmar. Nossa temperatura corporal ficará alta justamente quando deveria estar caindo para podermos dormir.[30]

Uma boa noite de sono por si só não nos fará felizes. As ansiedades da vida diária ainda estão por aí. Mas ela nos ajudará muitíssimo a gerenciar nossa rotina diária.

Seja gentil consigo. Movimente-se mais, durma mais e alimente-se bem. Ao fazer isso, você estará se preparando para a sua jornada de oito passos para a felicidade, e poderá esperar por um percurso mais suave e mais confortável.

Manter-se no rumo certo

É realmente importante manter-se nos trilhos. Organize um registro das suas mudanças. Anote os seus padrões de sono. Mapeie os seus passos diários. Anote a sua ingestão diária de alimentos. Comece. Estabeleça os seus objetivos, meça as suas mudanças e você vai melhorar e ficar mais feliz.

Parte 2

Oito Passos para sua Felicidade

O Índice Happy 100

Ao fazermos qualquer tipo de mudança intencional positiva, precisamos ser capazes de monitorar como estamos nos saindo. Precisamos ser capazes de monitorar o nosso progresso. Esta seção lhe fornece algumas ferramentas para ajudá-lo a fazer exatamente isso.

Queremos oferecer aos nossos voluntários e aos nossos leitores uma forma simples, mas abrangente, de medir a sua jornada para a felicidade. Queremos que a medição seja fácil de entender, fácil de preencher e significativa. O ideal é que, para torná-la realmente fácil de entender, seja necessário apenas um único número que represente um progresso, o que, para ser feito, apresentou uma série de desafios.

Primeiro, a questão sobre podermos ou não reduzir a felicidade para um único número é controversa. Por um lado, os psicólogos tendem a não adotar tal padrão porque essas reduções podem simplificar demais os complexos conceitos psicológicos. Por outro lado, medidas como o QI, as quais usam um único dígito e reduzem um conceito de inteligência altamente complexo a um número, são largamente usadas pelos psicólogos e pelo público em geral, sendo muito úteis e muito bem aceitas. Talvez possamos fazer o mesmo para medir a felicidade.

Segundo, este programa trabalha reduzindo o estresse, a ansiedade e a depressão, bem como aumentando a felicidade. Assim, precisaríamos medir a presença (ou ausência) do estresse, da ansiedade e da depressão, bem como a presença (ou ausência) da felicidade.

Terceiro, existem muitos questionários diferentes que medem a felicidade e o bem-estar, além de outros que medem a ansiedade, o estresse ou a depressão. Alguns são muito complexos. Alguns exigem formação em psicologia ou em medicina para serem usados. Assim, nem todos esses questionários são adequados para o uso com o público em geral, pois muitos são projetados para pacientes altamente deprimidos ou psiquiátricos, enquanto este programa é projetado para a pessoa comum, não para aquelas com problemas de saúde mental. Então, quais seriam os melhores questionários para nós usarmos?

Quarto, os questionários tiveram que ser validados cientificamente. Este programa é baseado na ciência. Não há absurdos. Não há ilusões. Ele é baseado em evidências da Psicologia Positiva. Os questionários tinham que ser bons. Eles precisariam funcionar, e funcionar bem. Qual a melhor maneira de lidar com essas preocupações? Voltamos à estaca zero, às teorias básicas da felicidade, para ver o que a literatura pesquisada diz sobre ela.

Se pudéssemos dividir a felicidade nas diferentes peças que a compõem e identificar as diferentes questões sobre a saúde mental relacionadas a ela, talvez fôssemos capazes de reunir uma boa quantidade de questionários bons e previamente validados. O ideal seria acabar com uma medida composta, e encontrar uma que combinasse uma série de aspectos da saúde mental de forma a nos fornecer uma única pontuação significativa da felicidade.

A estrutura da felicidade

Há muito tempo a natureza e a estrutura da felicidade vêm sendo debatidas. No passado, os filósofos tendiam a dividir a felicidade em dois conceitos principais: bem-estar hedonista – a vida prazerosa –, e bem-estar eudemonista – a vida com significado. Porém, trabalhos recentes de psicólogos positivos foram além dessa divisão um tanto simplista e incluíram noções de bem-estar subjetivo e bem-estar psicológico.

O bem-estar subjetivo tem dois componentes: um emocional, que inclui sentimentos positivos e negativos, e outro cognitivo: avaliações ou julgamentos racionais sobre a qualidade da nossa vida, isto é, quão satisfeitos estamos com ela. A felicidade a partir dessa perspectiva resulta de um equilíbrio entre as emoções positivas e negativas e considera o quanto estamos satisfeitos. As emoções positivas incluem alegria e contentamento, e as emoções negativas, o sentimento depressivo ou ansiedade. Se tivermos mais emoções positivas do que negativas, então somos mais felizes.[1] E maior satisfação leva à maior felicidade.

O bem-estar psicológico, por outro lado, foca mais em conceitos como crescimento pessoal, aceitação, capacidade de fazer escolhas significativas e ter um objetivo na vida. Desse modo, foca mais no bem-estar mental da pessoa do que nas emoções ou nos sentimentos. Tanto o bem-estar subjetivo quanto o psicológico são partes vitais da felicidade.

Com permissão dos autores originais, nós usamos questionários validados pela ciência e previamente bem-estabelecidos, os quais levam em conta todos esses aspectos da felicidade. Em seguida, seguimos a ideia de medir a felicidade proposta por alguns dos principais pesquisadores em Psicologia Positiva.[2] Pelo fato de o bem-estar subjetivo e o bem-estar psicológico (ou mental) estarem intimamente relacionados[3], usamos ambos. Incluímos também questionários que avaliam a ansiedade, o estresse e a depressão. O resultado é um questionário curto e abrangente que incorpora todos os três principais aspectos da felicidade. Não é a avaliação final da felicidade, mas é muito útil. E funciona!

Forma de medida?

Mas será que a felicidade pode mesmo ser medida? Se isso significa que queremos atingir uma avaliação verdadeiramente objetiva de felicidade, da mesma forma que você pode medir objetivamente a sua altura ou peso, então a resposta deve ser "não". Mas a felicidade não é peso nem altura. É uma experiência subjetiva. E podemos medir com confiança o que as pessoas pensam sobre quão felizes elas são. Podemos medir com confiança as avaliações subjetivas delas. Existem literalmente milhares de estudos investigativos, centrados em indivíduos e até em populações de um país inteiro, que mediram felicidade dessa forma. No entanto, para tirar o máximo proveito, é importante você preencher esses questionários de maneira franca e honesta. Não tente blefar. Você estaria enganando a si mesmo.

Nós projetamos o Índice Happy 100 de forma que, se você fizer 50 pontos, significa que não está totalmente feliz nem totalmente triste. Você está neutro. Com esse total de pontos, você poderia ter um alto nível de sentimentos positivos e, ao mesmo tempo, um alto nível de sentimentos negativos. Isso é possível e relativamente comum. Cinquenta pontos significa que as suas pontuações de felicidade e tristeza se equilibram. Se você obtiver mais de 50 pontos no geral, significa que você está mais feliz do que triste. Menos de 50 pontos, você está mais triste do que feliz. Com base em pesquisas anteriores tanto em bem-estar como em felicidade,[4] esperávamos que a média australiana ficasse entre 70 e 75 no Índice Happy 100 – que era a nossa referência na série.

O Índice Happy 100 foi feito para ser usado de forma a ajudá-lo a avaliar o seu progresso. Você pode fazê-lo uma vez por semana ou até mesmo a cada dois dias. Registre a sua pontuação. Isso não é uma competição. Não tente se comparar com outras pessoas. Use-o para se entender melhor e manter-se nos trilhos. Pretendemos ajudá-lo a alcançar seus objetivos pessoais de felicidade, e não ser melhor do que outras pessoas.

Observe que os dados do Índice Happy 100 são apenas para informações gerais e não devem ser usados para autodiagnóstico. Não é possível determinar se alguém sofre de depressão, ansiedade ou estresse excessivo com base em uma pontuação do Índice. Você deve consultar o seu clínico geral ou um profissional de saúde mental qualificado, caso a sua pontuação do Índice Happy 100 o preocupar ou se você estiver apreensivo com a sua saúde mental.

Índice Happy 100
Seção A

	Por favor, leia cada afirmação e circule um número – 0, 1, 2, 3, 4, 5 – que indica o quanto a afirmação se aplica a você na semana que passou, incluindo hoje. Não existem respostas certas ou erradas. Não gaste muito tempo em uma ou outra afirmação. Para obter resultados precisos, você precisa responder a todas as questões com honestidade. Leia cada uma delas cuidadosamente.						
	A escala de avaliação é como se segue: 0 Discorda fortemente: isto não se aplica a mim (de forma nenhuma) 1 Discorda 2 Discorda ligeiramente 3 Concorda ligeiramente 4 Concorda 5 Concorda fortemente: isto se aplica a mim (praticamente o tempo todo)	De forma nenhuma					Praticamente o tempo todo
1	Sinto-me otimista em relação ao futuro	0	1	2	3	4	5
2	Sinto-me útil	0	1	2	3	4	5
3	Tenho energia de sobra	0	1	2	3	4	5
4	Lido bem com os problemas	0	1	2	3	4	5
5	Penso com clareza	0	1	2	3	4	5
6	Sinto-me bem comigo mesmo	0	1	2	3	4	5
7	Sinto-me próximo às outras pessoas	0	1	2	3	4	5
8	Sinto-me capaz de tomar decisões sobre as coisas	0	1	2	3	4	5
9	Sinto-me amado	0	1	2	3	4	5
10	Sinto-me interessado pelas coisas	0	1	2	3	4	5
11	Senti-me inspirado e motivado	0	1	2	3	4	5
12	Senti-me alegre	0	1	2	3	4	5
13	Senti-me confiante	0	1	2	3	4	5
14	Senti-me entusiasmado	0	1	2	3	4	5
15	Senti-me satisfeito	0	1	2	3	4	5
16	Sinto que as minhas condições de vida são excelentes	0	1	2	3	4	5
17	Senti-me satisfeito com a minha vida	0	1	2	3	4	5
18	Senti que, se pudesse viver a minha vida novamente, eu não mudaria quase nada	0	1	2	3	4	5
19	Senti que a vida é boa	0	1	2	3	4	5
20	Eu estava realmente feliz	0	1	2	3	4	5
	Soma da pontuação acima: Pontuação total da seção A						

Índice Happy 100
Seção B

Por favor, leia cada afirmação e circule um número – 0, 1, 2, 3, 4, 5 – que indica o quanto a afirmação se aplica a você na semana que passou, incluindo hoje. Não existem respostas certas ou erradas. Não gaste muito tempo em uma ou outra afirmação. Para obter resultados precisos, você precisa responder a todas as questões com honestidade. Leia cada uma delas cuidadosamente.

A escala de avaliação é como se segue:
0 Discorda fortemente: isto não se aplica a mim (de forma nenhuma)
1 Discorda
2 Discorda ligeiramente
3 Concorda ligeiramente
4 Concorda
5 Concorda fortemente: isto se aplica a mim (praticamente o tempo todo)

#	Afirmação	De forma nenhuma					Praticamente o tempo todo
1	Sinto raiva	0	1	2	3	4	5
2	Sinto-me desanimado ou triste	0	1	2	3	4	5
3	Sinto-me frustrado	0	1	2	3	4	5
4	Sinto-me solitário e distante das pessoas	0	1	2	3	4	5
5	Sinto-me insatisfeito ou infeliz comigo mesmo	0	1	2	3	4	5
6	Sinto a secura em minha boca	0	1	2	3	4	5
7	Sinto-me com dificuldade em começar a fazer as coisas	0	1	2	3	4	5
8	Sinto que minhas reações são exageradas para as situações	0	1	2	3	4	5
9	Sinto tremor (por exemplo, nas mãos)	0	1	2	3	4	5
10	Sinto que estou usando muita energia tensa	0	1	2	3	4	5
11	Preocupo-me com situações em que posso entrar em pânico e fazer papel de bobo	0	1	2	3	4	5
12	Senti que não tinha nada para esperar do futuro	0	1	2	3	4	5
13	Peguei-me ficando agitado	0	1	2	3	4	5
14	Senti dificuldade em relaxar	0	1	2	3	4	5
15	Fui intolerante com qualquer coisa que me afastasse do que eu estava fazendo	0	1	2	3	4	5
16	Senti que estava quase entrando em pânico	0	1	2	3	4	5
17	Não fui capaz de me entusiasmar com nada	0	1	2	3	4	5
18	Senti que não valia muito a pena como pessoa	0	1	2	3	4	5
19	Senti-me assustado sem nenhuma boa razão	0	1	2	3	4	5
20	Senti que a vida não tinha sentido.	0	1	2	3	4	5
Soma da pontuação acima: Pontuação total da seção B							

O Índice Happy 100 é uma medida composta de saúde mental, bem-estar subjetivo e bem-estar psicológico. Ele compreende as Escalas de Depressão, Ansiedade e Estresse (DASS),[5] a Escala de Bem-Estar Mental de Warwick Edimburgo,[6] a Escala de Satisfação com a Vida[7] e uma Escala de Equilíbrio entre Sentimentos Positivos e Negativos.[8]

Como calcular a sua pontuação do Índice Happy 100

Para calcular a sua pontuação total do Índice Happy 100, preencha as seções A e B dos questionários. Em seguida, simplesmente some os seus pontos para a seção A e divida o número por 2. Isso lhe dará a sua subpontuação A. Depois, some todos os seus pontos para a seção B e divida o número por 2. Isso lhe dará a sua subpontuação B.

Agora, subtraia a subpontuação B da subpontuação A. Esse subtotal pode ser um número negativo ou um número positivo. Certifique-se de manter o sinal positivo ou negativo (+ ou -) em frente do subtotal. Acrescente cinquenta ao subtotal. Se o seu subtotal for um número negativo (-), você deve subtrair o subtotal de cinquenta e chegar à sua pontuação do Índice Happy 100. Se o seu subtotal for um número positivo (+), você simplesmente acrescenta cinquenta ao seu subtotal (veja a tabela abaixo).

Total de pontos da seção A dividido por 2 = subpontuação A	Menos	Total de pontos da seção B dividido por 2 = subpontuação B	Subtotal + ou -	Acrescente 50 ao seu subtotal para obter sua pontuação total do Índice Happy 100	Pontuação total do Índice Happy 100

Aqui estão alguns exemplos:

- A pontuação total da seção A de Fred é 40 e da seção B, 70. Em seguida, ele divide a pontuação da seção A por 2 (40 / 2 = 20) e divide sua pontuação da seção B por 2 (70 / 2 = 35). Depois, Fred calcula a "subpontuação A menos a subpontuação B", ou seja, 20 - 35 = -15. Finalmente, Fred calcula 50 - 15 = 35. Sua pontuação do Índice Happy 100 é 35.

• A pontuação total da seção A de Jane é 76 e da seção B, 30. Em seguida, ela divide a pontuação da seção A por 2 (76 / 2 = 38) e divide sua pontuação da seção B por 2 (30 / 2 = 15). Depois, Jane calcula a "subpontuação A menos a subpontuação B", ou seja, 38 - 15 = 23. Finalmente, Jane calcula 50 + 23 = 73. Sua pontuação do Índice Happy 100 é 73.

Lembre-se. Você pode fazer o Índice Happy 100 uma vez por semana ou a cada dois dias. Recomendamos que anote a sua pontuação. Ela foi projetada para ajudá-lo a se entender melhor. Aumentar a sua percepção. Não há juízes, e isso não é uma competição. Use a pontuação para manter-se nos trilhos. Agora que você já conhece a sua pontuação do Happy 100, está pronto para embarcar no programa dos oito passos para a felicidade.

1º Passo: Objetivos e valores

A maioria de nós tira algum tempo para planejar as férias. Imaginamos, pelo menos, o lugar para onde gostaríamos de ir, quanto dinheiro podemos gastar, quanto tempo podemos nos afastar do trabalho, como podemos adequar a viagem às férias escolares das crianças. Pensamos nas roupas que precisaremos levar, se necessitaremos ou não de visto se formos para o exterior. Pensamos em como os animaizinhos da família serão cuidados. Compramos seguro de viagem. Iniciamos o planejamento.

À medida que fazemos isso, começamos a desenvolver uma imagem mental das nossas férias, do que faremos quando chegarmos lá. Em nossas mentes, nós planejamos esse período. De certa forma, estamos usufruindo-o mesmo antes de chegarmos lá. Podemos também, à proporção que fazemos os preparativos para as férias, perceber que estamos ficando frustrados. A imagem mental que desenvolvemos atua como um guia interno para nos prepararmos para a jornada. As ideias que temos sobre as nossas férias nos incentivam e nos mantêm motivados e nos trilhos. Em termos de Psicologia Positiva, isso significa o desenvolvimento de "linhas de pensamento",[1] pois pensar nos mantém avançando na direção de algo que valorizamos. Não é surpresa que esteja fortemente relacionado à esperança e à mudança positiva bem-sucedida.

Não parece estranho que tenhamos tempo e nos esforcemos para planejar cada detalhe das nossas férias, ainda que raramente façamos o mesmo com as nossas vidas? Então, de certo modo, vamos fazer exatamente isso agora, logo no início desta jornada. Nas palavras de Stephen Covey, "vamos começar com o fim em mente."[2]

À medida que iniciamos esta jornada, a jornada para alcançar a nossa felicidade plena, a jornada para uma vida mais gratificante e significativa, pode ser que seja útil desenvolver um guia interno, uma bússola, um meio de nos ajudar a permanecer nos trilhos.

Você passará algum tempo redigindo a sua própria homenagem póstuma, uma carta-legado. A homenagem póstuma é um discurso formal, a celebração da vida de alguém. Ela enaltece as melhores qualidades e destaca as realizações.

Pensar sobre o seu próprio legado e escrever sobre ele é uma tarefa desafiadora, mas muito prática, pois irá ajudá-lo a identificar os seus principais valores.[3]

Por que a homenagem póstuma?

Recordar os nossos valores é o que realmente nos mantém no caminho certo em direção aos nossos objetivos. Se conscientemente não dedicarmos o nosso tempo para identificar tais valores, ficará muito difícil fazermos mudanças positivas intencionais em nossas vidas. É como tentar viajar sem uma bússola ou sem sinalização para mostrar a direção a seguir. Fica fácil nos perdermos. Esquecermos as razões pelas quais precisamos mudar. Esquecermos as nossas melhores intenções. Ficarmos presos nos detalhes das nossas vidas e deixarmos de ver a situação como um todo. Os valores são nosso sistema de orientação, o nosso GPS. Eles atuam como as balizas e as crenças que nos direcionam. De certa forma, eles são a bússola que nos leva para onde definimos as nossas vidas e, ao deixarmos muito claro, para nós mesmos, quais são esses valores, eles se tornam o nosso GPS pessoal. Uma vez que temos a bússola a nos guiar, podemos dizer a nós mesmos: "Esta é a direção para onde eu quero ir." Mas os valores são mais do que apenas objetivos. Eles nos dizem por que queremos ir para uma determinada direção.

Em geral, quando as pessoas fazem esse exercício, fica muito claro perceberem onde elas se encontram no momento, para onde elas não querem ir e por que elas se encontram exatamente onde não queriam estar. A partir dessa posição, podemos realmente começar a pensar sobre onde queremos estar e o que precisa ser mudado.

Comece pensando nos valores que norteiam as nossas vidas atualmente – e nos valores que não queremos em nossas vidas (e todos nós estamos fazendo isso de certa forma). Mas é comum as pessoas ficarem confusas sobre quais são tais valores. Na verdade, algumas delas têm uma forte reação negativa à simples ideia dos valores. Elas os confundem com aqueles baseados na vida de crenças politicamente corretas ou comportamentos socialmente desejáveis. Não é isso que queremos dizer. Preferimos pensar nos valores como sendo "Os Princípios da Vida"[4] – os quais podem nos nortear na criação de uma mudança intencional positiva em nossa jornada rumo a uma vida mais plena e significativa.

Os valores são semelhantes aos objetivos. Enquanto estes geralmente são descrições específicas bastante concretas das coisas que gostaríamos de alcançar, os valores são mais conceituais. "'Fazer academia três vezes por semana" é um objetivo bem específico. "Ficar em forma, ativo e saudável" é um valor. Assim, a diferença entre valores e objetivos é que os valores são objetivos em um nível superior ou mais abstrato.

Esta é uma lista geral de valores. Alguns deles podem ser importantes para você. Talvez todos. Talvez você tenha outros valores que precisaria acrescentar.

- realização
- precisão
- aventura
- altruísmo
- autenticidade
- colaboração
- comunidade
- camaradagem
- coragem
- criatividade
- fazer o bem
- fortalecimento
- excelência
- foco
- perdão
- liberdade de escolha
- entrega
- crescimento
- harmonia
- saúde
- honestidade
- humor
- independência
- integridade
- interdependência
- alegria
- justiça
- amor
- carinho
- ordem
- participação
- paz
- força pessoal
- reconhecimento
- respeito
- retribuição
- autorrealização
- espiritualidade
- sucesso
- entusiasmo

Você pode querer deixar essa lista geral de valores mais específica e mais pessoal. Por exemplo, algumas pessoas podem considerar saúde física como um importante valor pessoal. Outras podem ver a justiça social como um princípio de vida importante. Outras podem aspirar a "ser um bom pai".

Valores autênticos trazem liberdade de escolha

Conhecer os seus próprios valores lhe dá uma grande liberdade. Significa que, no mínimo, você pode parar de desperdiçar tempo em atividades que não significam tanto para você e passar a investir tempo nas coisas com as quais realmente se importa. Precisamos distinguir entre os valores que achamos que "deveríamos" ter e os valores autênticos que são realmente nossos. Tantas vezes nos vemos fazendo coisas porque achamos que "deveríamos" fazer ou porque é o que as outras pessoas querem que façamos. Com o tempo, podemos até ficar confusos sobre como nos sentimos sobre elas. Acabamos assumindo os valores e as crenças de outras pessoas. Sem pensar a respeito, os valores das outras pessoas passam a ser a força dominante em nossa vida. Perdemos nossos valores autênticos, o nosso sentido real de ser.

Valores

As pesquisas apontam que as pessoas que buscam objetivos autoconcordantes, ligados a seus interesses e valores subjacentes, mostram mais bem-estar subjetivo e mais realização dos objetivos. Elas também tendem a experienciar maior satisfação com o objetivo: sentem-se mais realizadas quando alcançam seus objetivos. Em um estudo, os estudantes com motivações condizentes com eles próprios cumpriram de forma melhor suas metas para o primeiro semestre, o que, por sua vez, previu um aumento no ajuste e maior concordância nos objetivos do semestre seguinte.* É interessante que o aumento da autoconcordância, por sua vez, previu uma conquista ainda melhor dos objetivos durante o segundo semestre, o que levou a mais aumentos no ajuste e a níveis mais altos de desenvolvimento pessoal até o final do ano.

* Sheldon, K. M. & Houser-Marko, L. (2001), 'Self-concordance, goal attainment, and the pursuit of happiness: Can there be an upward apiral?', Journal of Personality and Social Psychology, vol. 80, nº 1; pp.152-65.

Alguns dos sinais dessa perda de autenticidade ocorrem ao nos sentirmos controlados e dominados. Quando pensamos em nossos valores e objetivos, talvez usemos palavras como "deveria", "sou obrigado" e "tenho que". Culpa, vergonha e ansiedade caracterizam o nosso pensamento. A ideia de falhar envolve pânico. Geralmente há sinais de que os nossos valores são "controlados externamente" – ou seja, são valores que vêm de ideias de outras pessoas sobre o que é certo e errado – em vez de serem nossas crenças pessoais autênticas.

Todos nós tivemos a experiência de trabalhar muito duro para alcançar algum objetivo apenas para descobrir, ao chegarmos lá, que a vitória foi em vão. A realização do objetivo realmente não nos deixou satisfeitos. Foi uma vitória vazia. Talvez tenhamos nos sentido como uma fraude, como um impostor. Foi quase como se a vitória pertencesse a outra pessoa. Descobrimos que realmente não era o que queríamos. Não era autêntica, não era nossa, não tinha nada a ver conosco.

Harmonia pessoal ocorre quando você sente que busca seus objetivos porque eles se encaixam com seus valores e interesses mais íntimos, em vez de fazê-lo porque outras pessoas acham que você deveria. Os objetivos de harmonia pessoal são autênticos. Sentimos que eles foram feitos para nós; são muito naturais. Quando pensamos neles, sentimo-nos revigorados. Quando focamos neles, nossas ações se tornam mais plenas de significado. Tarefas mundanas tornam-se passos significativos na jornada.

Estabelecimento de objetivos

A pesquisa sobre estabelecimento de objetivos é extensa. Edwin Locke, da Universidade de Maryland, analisou mais de trinta anos de trabalho de investigação sobre relacionamento entre estabelecimento de objetivos e desempenho. Mais de 40 mil pessoas participaram desses estudos, de crianças até cientistas de pesquisa nuclear, em oito países diferentes em todo o mundo. Ele concluiu que objetivos específicos ou desafiadores resultaram em melhor desempenho do que os objetivos fáceis ou nenhum objetivo.[1] O estudo descobriu que, com suficiente capacidade e comprometimento, existe um relacionamento direto entre objetivos e dificuldades, e que o objetivo mais difícil produziu o mais alto nível de esforço.[2] Estabelecimento de objetivos é mais efetivo quando existe um feedback sobre o progresso da busca pelo objetivo, e estabelecer

> objetivos estimula e melhora o planejamento.
> Esses resultados de estabelecimento de objetivos mesmo entre várias culturas foram encontrados no Reino Unido, na Austrália, nos Estados Unidos, no Canadá, no Japão, em Israel e na Alemanha com resultados semelhantes.
> [1] Locke, E.A., 'Motivation through conscious goal setting', Applied and Preventive Psychology, vol. 5, nº 2, pp. 117-24.
> [2] Locke, E.A. & Latham, G.P., 'Building a practically useful theory of goal setting and ask motivation—a 35-year odyssey', American Psychologist, vol. 57, nº 9, 2002, pp. 705-17.

Valores autênticos são mais do que apenas nos sentirmos bem com o que fazemos. Eles aumentam a nossa sensação de autonomia[5] – a nossa capacidade de fazer escolhas intencionais e com conhecimento de causa. Eles também influenciam muito positivamente o nosso desempenho. As pessoas que estabelecem objetivos autoconcordantes são mais propensas a envidar mais esforços, têm mais chances de alcançar seus objetivos[6] e mais probabilidade de se sentirem satisfeitas com eles.[7] E isso não é só nas culturas ocidentais. Mesmo nas culturas que enfatizam o dever das pessoas de se conformarem com as expectativas da sociedade e de normas centradas em grupos, como na China e na Coreia do Sul, o objetivo autoconcordante – sentimento de que o seu objetivo é consistente com você – está relacionado com a felicidade.[8]

Evitar a Síndrome da Felicidade Atrofiada

Identificar nossos valores autênticos e ter uma ideia clara da direção que queremos seguir nos ajudará a evitar a Síndrome da Felicidade Atrofiada,[9] que é a tendência a suportar uma vida diária insatisfatória, a sacrificar a felicidade no presente, na esperança de que a longo prazo um dia esse sacrifício valerá a pena.

Naturalmente todos precisamos aprender a conter os nossos sentimentos de satisfação para colocarmos os esforços na realização dos nossos objetivos. A Síndrome da Felicidade Atrofiada surge quando isso se transforma em uma abordagem disfuncional da vida. Suportamos longas horas em empregos decepcionantes. Fazemos grandes sacrifícios pela qualidade dos nossos relacionamentos com a família e com os amigos. Adiamos as coisas que "sempre quisemos fazer". Aguentamos muitos anos de estresse. Suportamos problemas de saúde e depressão.

As motivações para adiar a felicidade são as mais variadas: aspirações cada vez maiores por estilos de vida mais caros, necessidade de acumular o máximo possível – especialmente para a aposentadoria –, medo de "ficar atrás" de nossos pares e amigos. Especialmente os profissionais homens parecem ser assolados pela culpa por negligenciar seus filhos enquanto trabalham por longas horas, o que lhes dificulta a sociabilidade com outros indivíduos.

Muitas pessoas passam a vida pensando "eu serei feliz quando...", "eu serei feliz quando estiver dirigindo um carro chique", "eu serei feliz quando estiver dez quilos mais magro", "eu serei feliz quando tiver mais 100 mil dólares, "eu serei feliz quando me casar", "eu serei feliz quando tiver filhos"... e, de repente, elas já têm 80 anos e descobrem que se esqueceram de ser felizes em todos os momentos presentes quando poderiam ter sido felizes. Elas perdem seus valores autênticos de vista e ficam presas na esteira da felicidade ilusória.

O nosso desafio é romper a ilusão de perseguir esses objetivos que impõem condições – o "eu serei feliz quando" –, parar de viver iludido pensando que, quando adquirirmos aquela coisa ou ganharmos aquela experiência, a felicidade durará. Mas não é assim. Acabamos desiludidos e decepcionados.

O verdadeiro perigo é chegarmos aos 80 anos e termos vivido uma vida de objetivos condicionais – de felicidade atrofiada – e perdido tantas oportunidades de felicidade no presente; é sentirmos que desperdiçamos a nossa existência. No fim da sua vida, você gostaria de olhar para trás, para todas as oportunidades em que você poderia ter obtido mais satisfação do que teve? Esse pensamento é assustador. O desafio é dar uma boa olhada agora. Para ver como podemos ser felizes no momento presente. Para fazer um balanço. Para escrever a nossa própria homenagem póstuma. Para começar com o fim em mente.

Escrever a sua homenagem póstuma

Ao escrever uma homenagem póstuma, imagine como você viveu a sua vida, e agora, com tristeza, está em seu próprio funeral.

Permita-se entrar em contato com os seus sentimentos por estar lá. Imagine-se de pé no fundo, onde ninguém pode vê-lo, mas você pode ver e ouvir tudo. Feche os olhos e transporte-se para lá. Para entrar no clima, você pode querer imaginar que é capaz de ouvir as vozes, ver os rostos, perceber as cores ou sentir o calor ou a frieza do lugar. Transporte-se para lá. Imagine.

Você está ouvindo o que as pessoas estão dizendo – as coisas boas e as não tão boas, os sonhos, as aspirações, aquilo com o que você tinha uma ligação, aquilo que significava muito para você. Talvez ainda inclua coisas que você não conseguiu fazer, ou grandes oportunidades que foram perdidas. E você está lá de pé, ouvindo a forma como as pessoas falam sobre você. O que elas diriam? Tire pelo menos quinze minutos para escrever a sua homenagem póstuma. Seja honesto. Quais são os principais valores e realizações pelos quais você gostaria de ser lembrado? Volte à lista geral de valores se precisar de incentivo.

Inicialmente, Stephen achou muito difícil escrever sua homenagem póstuma. Mas o fez pensar. "O processo para mim não se traduziu rapidamente em palavras escritas, mas desencadeou uma resposta emocional que me levou a conversar com as pessoas mais próximas de uma maneira muito direta e honesta," ele disse.

Ao chegar à sua casa naquela noite, ele chamou sua esposa e seus filhos em particular, um por vez, e lhes disse o quanto os amava e os valorizava. "É o tipo da coisa que você pode pensar em fazer, mas não faz com a frequência necessária. Foi muito importante e significativo para todos nós." Mais tarde, ele escreveu sobre seus valores em seu diário:

"Honestidade: Acho importante ser honesto consigo mesmo e com as pessoas que você encontrar em sua vida.

Respeito/Compaixão: Ter respeito e compaixão pelos outros e ter ciência do efeito das minhas ações sobre os outros.

Integridade: É importante ter integridade. Isso significa ser coerente, confiável e manter suas crenças. Algumas vezes também pode exigir ser franco, sem rodeios."

Quando chegou a hora de escrever sua homenagem póstuma, Liz ficou perplexa.

"Liz era uma mãe maravilhosa e não poderia pensar em nada mais importante do que educar seus filhos para que se tornassem pessoas respeitosas, equilibradas e felizes. Às vezes, ela se preocupava excessivamente com a felicidade das outras pessoas e não o suficiente com a sua própria, mas esse traço a fez quem ela era. Liz realizou um trabalho maravilhoso durante sua vida e deixou pessoas que sentirão muito a sua falta."

"É isso aí", disse ela.

Mais tarde, ela ficou muito triste por poder pensar exclusivamente no fato de ter sido mãe, razão pela qual seus pares se lembrariam dela. "Eu fracassei. Não conseguia pensar em nada que as pessoas poderiam dizer sobre mim."

O exercício de escrever a homenagem póstuma foi um catalisador para Liz. Ele a incentivou a pensar muito em seus objetivos e valores. Embora ela, com razão, valorizasse ser uma boa mãe, realmente não havia definido sua vida em termos do que ela queria ser. Liz estava colocando sua vida em compasso de espera, aguardando um futuro melhor, embora ela não pudesse prevê-lo ainda. Ela não havia se inserido em sua própria vida.

Com a ajuda do dr. Tony, ela conseguiu ver que estava sacrificando a sua própria autoestima ao desempenhar papéis segundo os desejos de outra pessoa – e não os dela própria. Em seu diário, ela escreveu: "Aprenda a gostar de você por quem você é e por como você pode ser feliz sendo você mesmo, e não pelo quão feliz você pode fazer os outros."

O dr. Tony a encorajou a começar a ser mais autêntica em suas escolhas, a prestar menos atenção ao que ela achava que deveria estar fazendo e a dar mais atenção ao que ela sentia ser autêntico e genuíno para si mesma.

Quando você vive de acordo com seus objetivos e valores, o que parece uma obrigação frequentemente se torna algo que você escolhe fazer e que lhe proporciona prazer. Por exemplo, sentar-se com as crianças para ajudá-las em seus deveres de casa pode dar-lhe a sensação de ser uma tarefa – algo que você deve fazer. Mas, quando você tirar dessa situação a ênfase de ser uma obrigação e pensar nela como uma escolha, ela se tornará algo que você quer fazer.

Ao mudarmos a nossa forma de pensar, intencionalmente focando em nossos valores e objetivos, podemos mudar a importância que damos aos acontecimentos, tornando nossa experiência mais gratificante, mais feliz.

Liz abraçou essa ideia. "Ajudar meus filhos nos deveres é algo que eu sei que posso aprender a gostar. Acaba sendo uma tarefa porque tenho pouco tempo. Estou tentando aproveitar todos os espaços da minha agenda ao máximo e perdendo o prazer de fazer as coisas. Preciso olhar para isso de forma diferente. Estou agindo assim como um serviço para os meus filhos. Eles vão crescer e ser mais bem-educados. Tenho que pensar na situação geral."

Quando chegou a hora de escrever a sua homenagem póstuma, Ben fez algo bastante incomum: escreveu duas. A primeira representava a história verdadeira como ele a via se morresse amanhã:

"Há uma pequena congregação de pessoas em um lugar ensolarado e ventilado não distante do mar; um casal de amigos, talvez Baz e Gabi, fala do meu desejo inabalável de me divertir e desanuviar o clima. Mamãe fala da minha ambição não realizada de viajar e conhecer o mundo... Alguns falam da minha vontade de ajudar da melhor forma possível quando alguém precisava de mim, mas também há um

desapontamento por eu não ter sido capaz de fazer as coisas que eu queria em minha vida... Uma sensação de que adiei tanto a decisão sobre o que fazer com a minha vida e como agir.... Todos gostariam que eu tivesse aproveitado mais as oportunidades. Isso é verdade, se o meu funeral fosse amanhã."

O segundo foi bem diferente:

"Gabi fala das minhas aventuras no Sudeste da Ásia e na Europa e conta histórias sobre explorar praias intocadas e belos lugares remotos, cidades agitadas, vielas lotadas, uma profusão de culinárias e culturas... Mamãe fala da minha vontade de ajudar sempre que é necessário, e sempre de forma atenciosa e leal... Alguns contam sobre o meu trabalho voluntário com as pessoas menos favorecidas na Austrália e no exterior. Evan e Dana falam das minhas viagens pela Austrália, de minhas muitas aventuras em cidades tranquilas, no interior deserto do país e nos trópicos. Todos comentam sobre meu desejo de me divertir e manter o bom astral."

Fazer esse exercício ajudou Ben a perceber que ele havia perdido o seu eu verdadeiro. Seu estilo de vida girava em torno de segurança financeira e de conforto. Ele fazia escolhas seguras com base no que acreditava que tinha que fazer, mas sentia-se sufocado pela segurança à qual ele se agarrava.

Ben confessou estar cansado de ficar reprimido e resolveu "agarrar o touro pelos chifres".

Antes de escrever

Alguns pensamentos finais antes de você começar a redigir. O exercício é para explorar a forma como enxergamos a nossa vida agora e como vemos os valores que a permeiam e não permeiam. Portanto, não se trata de: "Será que redigi a melhor homenagem póstuma?" É muito mais do que isso: "Qual foi a minha experiência ao escrever esta homenagem?"

É importante lembrar que nós nunca de fato satisfazemos plenamente os nossos valores. De certa forma, eles funcionam quase como uma direção – orientando para leste ou para oeste. Você pode rumar àquela direção, mas nunca chega lá – você nunca chega ao "leste" ou ao "oeste". O importante durante a jornada é que você sabe qual será a próxima parada, você sabe qual será o próximo objetivo, a próxima ação que fará para aprumá-lo na direção certa rumo à realização da sua potencialidade pessoal.

Como mostram as homenagens fúnebres do programa *Making Australia Happy*, não há uma forma única de encarar esse exercício. Tente ser fiel aos seus sentimentos e instintos e não comece a racionalizar como deveria ser.

Permita-se realmente entrar em contato com o processo. Coloque seus esforços nele como se estivesse indo para as suas férias de 5 mil dólares. Afinal de contas, trata-se da sua vida.

Depois de redigir

Há três coisas importantes para você fazer depois de redigir a sua homenagem póstuma, as quais foram projetadas para transformar a ideia em ação. Primeiro, reflita sobre a sua experiência de redigir a homenagem. Pergunte-se o que você aprendeu ao escrevê-la. Essas ideias podem ocorrer em vários níveis diferentes. Poderia ser: "Oh, preciso prestar mais atenção a este ou àquele aspecto da minha vida. Mas, da mesma forma, pode ser que eu ache muito difícil dar um passo atrás e refletir sobre quem sou eu." Outro tipo de aprendizado poderia ser sobre a forma como você vive a sua vida, ou sobre o que você pensa da sua vida.

Seja qual for o seu aprendizado, dedique algum tempo para anotá-lo em seu diário. Inúmeros estudos comprovam que manter um sistema de arquivos e um diário não só influenciam positivamente, mas também fornecem uma estrutura para reflexão.

1 PASSO: OBJETIVOS E VALORES

Em seguida, avalie se os valores que você listou realmente são seus e não de outra pessoa, que não sejam dos seus pais ou que não sejam "controlados externamente". Medite sobre os valores que você identificar. Passe algum tempo refletindo sobre eles e pergunte a si mesmo: Você se sente confortável com eles? Você os sente como seus, ou como sendo de outra pessoa? Fique com os valores que você sente serem realmente seus.

Finalmente, refletir sobre eles não é o suficiente. Você precisa passar das ideias para a ação. Então, a terceira etapa é identificar duas ou três pequenas coisas que você pode fazer para se ajudar a seguir em frente e criar uma mudança positiva intencional. Para algumas pessoas, elas podem ser mesmo pequenas coisas, como chegar a sua casa mais cedo do trabalho, ou fazer mais ou até menos em casa. Para outras, pode ser passar mais tempo sozinhas. Sejam quais forem essas ações, anote-as, certifique-se de que elas reflitam os seus valores reais e faça-as!

2º Passo: Atos espontâneos de bondade

À medida que você dirige "costurando" no trânsito, ansioso e chateado por estar atrasado para o trabalho, você observa um adesivo no carro em frente ao seu: "Aviso: Eu pratico atos espontâneos de bondade." Estressado e impaciente, é o seu lado interno cínico que responde: "Faça um favor a todos nós, pare de dirigir espontaneamente", ou talvez, "Eu farei alguns atos de bondade... tirar o seu traseiro espontâneo do meu caminho". O cínico mais pragmático pode pensar: "Por que os carros que têm esses adesivos são sempre os que se encontram em más condições? Será que eles esperam que alguém seja bondoso com eles quando quebrarem?" A maioria de nós pode se identificar com pelo menos uma dessas vozes cínicas.

Até mesmo alguém que não é cínico pode se perguntar quantas pessoas achariam o mesmo adesivo inspirador. Quantas se sentiriam motivadas a de fato praticar algum ato de bondade, e, se alguma delas o fizesse, será que haveria alguma diferença? Afinal, pensamos nós, a ideia de bondade espontânea é mais Nova Era do que uma ciência contemporânea genuína.

Sentado em seu carro, enquanto continua na mesma linha de pensamento, você também pode se surpreender refletindo sobre se é ou não uma pessoa bondosa. Você transmite boas coisas para os outros? Transmite? Claro, todos nós o fazemos vez ou outra, mas será que o fazemos incondicionalmente?

Agora, dedique um minutinho para pensar em alguns atos de bondade incondicional que você praticou para outras pessoas ou que outras pessoas praticaram para você. Então, pare e pense sobre as boas coisas que advieram disso. Pense em como você se sentiu. Como elas podem ter se sentido. Pode ser que essa lembrança evoque pensamentos agradáveis, talvez até mesmo alguns fortes e bons sentimentos, um ânimo ardente.

Como resultado dessa experiência mental, você pode se sentir propenso a praticar algum pequeno gesto de bondade para alguém. Você pode até mesmo anotá-lo mentalmente para praticá-lo em um futuro próximo. Você provavelmente já tomou este tipo de resolução no passado também.

Mas, é claro, a vida continua. Nós nos ocupamos. Ficamos estressados. Esquecemos. Deixamos de notar as oportunidades para fazermos uma pequena diferença positiva na vida de alguém. Voltamo-nos para nossas próprias necessidades. Cuidamos dos negócios. Mantemo-nos animados em tempos difíceis. Altruísmo acaba ocupando o último lugar em nossas mentes.

O que é altruísmo? Ele é definido como um estado motivacional com o objetivo final de aumentar o bem-estar do outro, um olhar ou devoção generosa para o bem-estar de outros.[1] Está ligado à doação, a ser voluntário e a servir aos outros. É o oposto do egoísmo, de enxergar apenas a si mesmo, e da hostilidade.

A noção do altruísmo é a base para todas as principais religiões. Compaixão, carinho e fazer o bem ao próximo perfazem a essência da filosofia budista. Os cristãos são clamados a "amar o seu próximo como a si mesmo". Maomé proclamou que os muçulmanos devem "desejar aos seus irmãos o que eles desejam para si mesmos". A religião sufista ensina que devemos dar preferência aos outros ao invés de a nós mesmos ao praticarmos uma boa ação, preferindo os interesses comuns da comunidade aos nossos próprios. O judaísmo promove a ideia de que as pessoas não podem ser verdadeiramente justas se elas não demonstrarem uma preocupação altruísta para com os outros.

Embora os conceitos relacionados ao altruísmo venham de longa data nas tradições religiosas, foi somente no século 19 que o termo altruísmo foi cunhado pelo filósofo francês Auguste Comte (1798-1857).

Derivado do latim alter hie ("este outro"), o termo foi usado para designar a conduta motivada por razões totalmente desinteressadas, inspirando-se no desejo de levar a felicidade ou o bem-estar ao outro sem preocupar-se com o custo para si mesmo, ou, até mesmo, com sacrifícios do doador.

O que motiva o altruísmo?

Podemos ser de fato puramente altruístas, ou os atos de altruísmo realmente nos servem de alguma forma? Um dos lados desse debate filosófico interessante argumenta que o altruísmo puro é um ato completamente desprendido e intencional que beneficia o outro, não incorre em qualquer benefício próprio e algumas vezes tem até mesmo um custo pessoal.[2] O outro lado do debate argumenta que o altruísmo puro não pode existir porque, conforme se supõe, os atos puramente altruístas sempre beneficiam o doador de alguma forma. Os benefícios podem ir de um sentimento prazeroso, um calor agradável,[3] até a aceitação social por meio do respeito às normas sociais, tais como o reconhecimento da reciprocidade ou generosidade, promovendo o aumento do status pessoal dentro de uma sociedade ou de uma comunidade,[4] ou até a sobrevivência de toda uma espécie.

Embora sejam pontos filosóficos interessantes, o nosso foco neste livro é pragmático – o que funciona na prática. Se tivermos que praticar o altruísmo, precisamos diferenciar claramente quando estamos sendo altruístas de verdade e quando estamos sendo egoístas de fato. Precisamos de uma maneira de distinguir entre o altruísmo em causa própria[5] e o que chamamos de altruísmo centrado no outro.

O altruísmo em causa própria é a prática de atos aparentemente altruístas quando vistos do lado de fora, mas basicamente inspirados ou motivados pelos próprios interesses das pessoas. Existem atos de altruísmo que são praticados para nos fazer parecer bem, para aumentar o nosso status, para fazer com que nos sintamos superiores. Por outro lado, os atos de altruísmo centrados no outro são basicamente motivados pelo desejo de beneficiar a outra pessoa, e essa é a razão irresistível, independente de o doador receber ou não algum benefício oriundo do ato. Em nossa busca para entender a felicidade, e a aplicação do coaching e da Psicologia Positiva em nossa vida, a distinção entre o altruísmo em causa própria e aquele voltado para o outro pode atuar como um bom guia para nos ajudar a definir se um ato é realmente altruísta.

Então, qual é a relação entre altruísmo e felicidade?

Pagar impostos pode ser um prazer

Até mesmo pagar impostos pode deixar o doador mais feliz, de acordo com um estudo de 2007 da Universidade de Oregon,* se for visto como sendo para o bem-estar público.

Um grupo de estudantes do sexo feminino foi recrutado para participar do jogo "doar para instituições beneficentes". Cada uma recebeu 100 dólares em dinheiro em uma conta e a informação de que poderia manter o que sobrasse dele no final do jogo. Além disso, as participantes também foram informadas sobre um banco local de alimentos que se beneficiaria com as doações da conta delas. O jogo exigiu que as estudantes interagissem com uma tela à medida que o computador ativava uma série de transações de entrada e saída de suas contas. Enquanto elas jogavam, o cérebro de cada uma era escaneado por uma máquina de ressonância magnética (fMRI).

Algumas vezes o computador oferecia às estudantes a oportunidade de doar para o banco de alimentos. Outras vezes ele automaticamente "tributava" a conta transferindo dinheiro para a conta da instituição de caridade sem a aprovação delas. Vez ou outra, um dinheiro extra de uma fonte desconhecida aparecia na conta de uma estudante ou na conta do banco de alimentos.

Quando a maioria das estudantes escolheu fazer uma doação, os centros de recompensa do cérebro se iluminaram – as mesmas áreas que respondem às coisas agradáveis, como chocolate, sexo ou receber dinheiro. Dada a revelação de que o altruísmo é um fator de aumento dos níveis de felicidade, isso não é nenhuma surpresa. É o "efeito do brilho ardente".

O fator surpreendente foi que algumas das estudantes mostraram sinais do chamado "altruísmo puro". Ao verem o dinheiro aparecer na conta do banco de alimentos por uma transferência automática de suas próprias contas, os centros de prazer das estudantes se iluminavam, embora não tanto quanto quando elas mesmas faziam o depósito de doação. E, ainda mais surpreendente, elas reagiram mais positivamente ao verem que o dinheiro extra foi depositado na conta bancária de alimentos, e não em suas próprias contas.

O coautor desse estudo, Ulrich Mayer, afirma que essas revelações têm implicações para as políticas fiscais, pois indicam que algumas pessoas preferem que o dinheiro seja destinado para o bem público e não para si mesmas.

> No geral, o estudo reconheceu que ambos atos – presenciar a doação de dinheiro para caridade ou fazer a doação de dinheiro para caridade – ativam as mesmas áreas do cérebro, mas que o "efeito do brilho ardente" decorrente da livre escolha promove uma resposta ainda maior.
> * Harbaugh, W.T., Mayr, U. & Burghart, D.R., 'Neural responses to taxation and voluntary giving reveal motives for charitable donations', Science, vol. 316, 2007, pp. 162-5.

Pessoas felizes são mais altruístas

Existem boas evidências para mostrar que as pessoas felizes têm mais disposição para ajudar, para doar para entidades beneficentes e para outras causas nobres e, geralmente, são mais altruístas.

A pesquisa sobre como o humor positivo se relaciona ao comportamento altruísta vem de longe. Um estudo feito nos anos 1970 descobriu que as pessoas bem-humoradas, depois de acharem moedas devolvidas nos telefones públicos enquanto elas mesmas davam um telefonema, ou por receberem biscoitos inesperadamente, tinham mais probabilidade de ajudar espontaneamente, por exemplo, recolhendo do chão as coisas que alguém deixara cair por acidente.[6] Mas o bom humor faz muito mais do que apenas motivar o altruísmo. Outro estudo revelou que as pessoas bem-humoradas também tendem a buscar mais informações – são mais inquisitivas e mais dispostas a ajudar.[7]

As instituições beneficentes também podem se beneficiar da felicidade. Em um experimento, o número de estudantes universitários felizes que se ofereciam como voluntários para contribuir com as coletas para caridade era muito maior do que o de estudantes mal-humorados ou indiferentes.[8] A felicidade também é traduzida no aumento de doações financeiras para as instituições beneficentes, e o efeito é especialmente forte quando as pessoas são lembradas de seus próprios objetivos pessoais de autoaperfeiçoamento.[9]

E parece que dar é melhor do que receber. Um estudo inovador em larga escala com 2.016 membros da igreja revelou que ajudar os outros estava associado a altos níveis de saúde mental, bem acima e além dos benefícios encontrados ao receber ajuda.[10]

No local de trabalho, felicidade e altruísmo também estão ligados. Um estudo norte-americano, em 2009, acompanhou de perto oito pessoas durante uma semana de trabalho, e no decorrer desse período elas preencheram todos os dias cinco pesquisas usando o Palm Pilot[11]. Quando os participantes eram contatados aleatoriamente durante o dia, eles tinham que inserir informações sobre seu humor e uma série de experiências, incluindo se eles haviam ajudado alguém desde a enquete anterior. Esse estudo permitiu aos pesquisadores estudar o efeito do bom humor sobre o altruísmo e o comportamento propenso a ajudar ao longo do tempo. Eles encontraram um elo importante entre o humor positivo, o comportamento propenso a ajudar e os traços de personalidade do altruísmo. É importante lembrar que a predisposição básica dos indivíduos para o altruísmo varia naturalmente de um para outro, sendo que alguns naturalmente gostam mais de ajudar. Infelizmente, outros nem tanto. Esse estudo, entretanto, descobriu que, quando se sentem muito felizes, as pessoas naturalmente não propensas a ajudar se tornam tão altruístas quanto as que ajudam muito naturalmente. Altos níveis de felicidade parecem deixar todos mais altruístas – até mesmo as pessoas "difíceis"!

Além do mais, o elo entre o humor positivo e o altruísmo parece ser multicultural e impactar positivamente tanto no desempenho profissional quanto no comportamento geral de disposição para ajudar. Um estudo feito em Taiwan coletou dados de 588 vendedores de seguro e constatou que o humor positivo previu o desempenho de tarefas por meio de fatores interpessoais, por exemplo, ajudando e apoiando colegas de trabalho, e mediante processos motivacionais cada vez maiores, como autoconfiança e perseverança em uma tarefa.[12]

Portanto, o altruísmo é útil no trabalho. Mas e em relação às férias? Imaginar que você está em férias também pode aumentar o altruísmo! Em um estudo, os pesquisadores induziram a felicidade ao convidar as pessoas a se imaginarem de férias em um belo cenário havaiano.[13] Após as férias imaginárias, os participantes ficaram mais propensos a ajudar o pesquisador (respondendo a mais questionários) do que o grupo de controle que não passou pela mesma experiência.

Será que o altruísmo induz à felicidade?

A ideia de que as pessoas felizes são mais altruístas proporciona uma boa sensação intuitiva e, como temos visto, as pesquisas ao longo dos anos mostram isso. Mas a grande questão é: será que os atos de altruísmo aumentam a felicidade e o bem-estar? Será que o altruísmo induz à felicidade?

Essa é uma pergunta difícil para estudar porque não é fácil trazer à tona os diferentes fatores intimamente relacionados aos aumentos da felicidade. Uma maneira de fazer isso é realizar um experimento e dar dinheiro às pessoas para elas gastarem consigo mesmas ou com os outros. As pessoas, em um determinado estudo, receberam 5 ou 20 dólares, e em seguida foram aleatoriamente designadas para gastar esse dinheiro inesperado pagando uma conta, uma despesa, ou comprando um presente para elas mesmas ou um presente para alguém ou, ainda, fazendo uma doação para caridade.[14] Aquelas que gastaram o dinheiro com outras pessoas ou o doaram para caridade ficaram mais felizes no final do dia do que as que gastaram o dinheiro consigo. E mais, a quantia de dinheiro gasto por elas (5 ou 20 dólares) não influenciou seus níveis de felicidade no final do dia, sugerindo que conta mais a forma como as pessoas gastam seu dinheiro, e não o valor gasto. Parece que mesmo pequenas quantias doadas para caridade podem aumentar os nossos níveis de bem-estar.

Outra boa forma de explorar a influência do altruísmo sobre a felicidade e bem-estar é estudar como as pessoas mudam ao longo de um período. Estudos longitudinais podem nos dar ideias sobre o mundo real de uma forma que é difícil conseguir com experimentos. Uma pesquisa acompanhou 427 esposas e mães de Nova York durante trinta anos e descobriu que as mulheres que faziam trabalhos voluntários pelo menos uma vez por semana viviam mais tempo e apresentavam melhores condições físicas, mesmo depois de serem considerados o número de filhos, a ocupação, a educação e outros fatores, como a classe social.[15]

O elo entre o altruísmo e saúde duradoura e felicidade está muito bem-estabelecido. A boa notícia é que o altruísmo pode trazer benefícios para a vida toda. Um estudo iniciado na Califórnia, nos anos 1930, entrevistou um grupo de adolescentes a cada dez anos até o final dos anos 1990 e descobriu que aqueles envolvidos em um comportamento pró-social altruísta, como ajudar os outros quando eles eram jovens, apresentaram melhores condições de saúde física e mental na vida adulta.[16] Surpreendentemente, os efeitos positivos do altruísmo não estavam relacionados à classe social ou a quão religiosas eram as pessoas. A partir do estudo, parece que os principais fatores foram as emoções, como generosidade e acolhimento, e os pesquisadores sugeriram que a capacidade de colocar emoções desse tipo na prática de atos de altruísmo fez a verdadeira diferença em longo prazo.

Então, sabemos que o altruísmo e os atos de bondade e generosidade aumentam os níveis de felicidade e bem-estar e até mesmo fazem você viver mais tempo. A questão é: o quanto é suficiente? O quanto precisamos fazer para os outros antes de nós mesmos obtermos efeitos positivos? A resposta poderia ser cerca de duas horas por semana. Um estudo longitudinal em larga escala com 4.860 idosos para analisar os efeitos do trabalho voluntário e do trabalho remunerado na terceira idade revelou efeitos fortemente positivos no bem-estar daqueles que fizeram até cem horas por ano.[17] Exceder esse número de horas por ano não aumentou o bem-estar em relação aos níveis associados a cem horas. Naturalmente que a quantidade necessária de trabalho voluntário por semana para aumentar a felicidade irá variar de pessoa para pessoa, e, pelo fato de o estudo ter observado o trabalho voluntário e o remunerado ao mesmo tempo, não podemos distinguir os efeitos exatos, em separado, apenas do trabalho voluntário. No entanto, parece que não é necessário dispormos de muito tempo por semana para receber os benefícios; assim, dedicando-nos a trabalhos voluntários espontâneos, os efeitos serão imediatos em nosso bem-estar.

Com isso em mente, *Making Australia Happy* providenciou que os nossos oito participantes ajudassem a Exodus Foundation por cerca de duas horas por semana. A Exodus Foundation conta com um exército de cerca de mil voluntários para organizar alimentos, assistência médica e educação para as pessoas sem-teto e desfavorecidas. Segundo o reverendo Bill Crews, que dirige a instituição beneficente, tanto os voluntários quantos os doadores dizem que trabalhar lá e doar dinheiro os faz se sentirem bem, e, quanto mais eles doam, melhor eles se sentem.

Qualquer pessoa que precisar pode conseguir uma refeição gratuita no restaurante da instituição. Diariamente, de segunda-feira a sábado, centenas de pessoas o fazem. Alguns dos membros da série *Making Australia Happy* ajudaram na cozinha, enquanto os outros serviram as mesas. Liz e Tony, que são naturalmente sociáveis, passaram bastante tempo conversando com a clientela. Outros, como Cade, preferiram não chamar atenção; apenas lavar os pratos e limpar as mesas. No início ele estava bastante ansioso por ter que interagir com muita gente que nunca havia visto antes, mas ficou extremamente grato pela experiência.

"Depois que entramos lá, eu realmente gostei muito mesmo. Eu sempre pensei que gostaria de fazer algo assim, mas nunca tive coragem de realmente fazer acontecer... É uma parte da sociedade que você sabe que existe, mas, como não está diante dos seus olhos, você se esquece dela, por causa da vida agitada. Então, saber que você realmente pode auxiliar e ajudar, mesmo que numa pequena escala, já é uma recompensa. Provavelmente eu fui o mais feliz durante toda duração do programa," disse Cade.

Stephen achou a experiência tão inspiradora que ele decidiu abrir mais tempo em sua agenda para ajudar a sua comunidade imediata. "O negócio do altruísmo é que você de fato ganha uma recompensa e isso enriquece o que está fazendo. Com quatro crianças sempre existem muitas oportunidades para se envolver e envolvê-las também, as equipes esportivas e assim por diante, então acho que meu foco está aí."

Cada um deles sentiu a mesma experiência gratificante, e a prova disso estava na comida, ou melhor, na saliva deles. Pegamos amostras da saliva de todos antes e depois do trabalho voluntário. Esperamos ver um aumento dos anticorpos de imunoglobulina, que protegem o corpo das doenças comuns como resfriado e gripe. Nosso experimento funcionou! Com certeza, vimos um aumento de 35%, mais de um terço, um resultado significativo para apenas duas horas de trabalho voluntário.

Será que o altruísmo pode ser prejudicial?

O altruísmo pode ser prejudicial em algumas circunstâncias. O altruísmo ocupacional é fundamental para muitas profissões, como a medicina, a orientação psicológica ou o serviço social. Quando o altruísmo está associado a altos níveis de estresse, a baixos níveis de recursos e a demandas esmagadoras, o resultado pode ser fatiga empática[18] ou esgotamento profissional. Os indivíduos altruístas que são os principais cuidadores de membros da família com distúrbios debilitantes crônicos, como a demência, também podem vivenciar efeitos negativos significativos em sua saúde se eles não tiverem apoio ou descanso suficiente.

Algumas pessoas altruístas estão tão focadas em ajudar os outros que negligenciam os cuidados consigo, e podem acabar levando uma vida sem alegria, triste, empobrecida. Algumas delas podem até mesmo ter grande dificuldade em reconhecer e em satisfazer as suas próprias necessidades básicas. No entanto, uma abordagem altruísta ou centrada em ajudar os outros não é o mesmo que destruir ou sacrificar a si mesmo. Sugerimos evitar esse tipo de altruísmo disfuncional.

É importante perceber que precisamos cuidar de nós mesmos se quisermos ser capazes de nos doar aos outros. Isso pode soar egoísta, mas não é. Cuidar de você para você poder cuidar dos outros. Renovação, regeneração, revitalização são as fundações do altruísmo sustentável.

A armadilha de se doar com a intenção de sentir-se melhor

O paradoxo de tudo isso é que, embora a pesquisa mostre que o comportamento altruísta de fato aumenta a felicidade e o bem-estar, se agirmos de forma altruísta apenas para nos sentir melhor, poderemos acabar nos sentindo muito pior! No mínimo, talvez acabemos não nos sentindo tão bem como esperávamos. Podemos até sentir raiva e ressentimento em relação às pessoas que não manifestaram a gratidão apropriada pelos nossos atos altruístas. É fácil ver como poderíamos cair na atitude mental de vítima, dizendo: "Faço tudo de bom para outros sem que me peçam, por pura bondade do meu coração, e ninguém aprecia esse gesto."

Uma maneira de lidar com isso é entender as nossas razões para o altruísmo. Precisamos verificar se elas dizem respeito principalmente à outra pessoa, e não a nós mesmos. Precisamos realmente concentrar nossa atenção nelas. A atenção voltada para nós mesmos reduz a nossa capacidade de sermos altruístas e também o comportamento pró-social.[19] Mas como sabermos se os nossos atos de altruísmo são para valer?

O teste decisivo do altruísmo

Uma maneira simples de aumentar as chances de o nosso altruísmo ser verdadeiramente voltado para o outro é ver como nos sentimos quando não nos agradecem nossos esforços. Por exemplo, ao dirigir em um trânsito pesado, permitir que outro carro entre na nossa frente é um ato simples de altruísmo, um ato espontâneo de bondade do cotidiano. Portanto, constitui um teste decisivo de altruísmo. Se você se sentir perturbado, triste ou com raiva após deixar o carro entrar na sua frente e o motorista não lhe agradecer, então esse ato não atende aos critérios do altruísmo voltado para o outro. Isso porque a sua reação, conforme revelado depois do ocorrido, mostra que você estava esperando algum tipo de recompensa ou de reconhecimento pelo seu comportamento. Em razão disso, o seu ato pode ser classificado apenas como um comportamento educado – boas maneiras. E estas, é bom apresentá-las, elas são agradáveis para os outros. Mas não são altruísmo!

Faça o teste você mesmo. É o teste da verdade inestimável da intenção altruísta voltada para o outro.

Praticar espontâneos atos de bondade

Muitos de nós não conseguimos achar tempo para nos comprometer com trabalhos voluntários regulares. Se você puder se comprometer a fazê-lo com regularidade, isso é ótimo. Mas para muitas pessoas a vida já é agitada demais – imagine então assumir mais compromissos! Porém, todos podemos experimentar os benefícios do altruísmo simplesmente fazendo atos espontâneos de bondade. É simples praticá-los. Toma muito pouco tempo. E funciona! Cientificamente demonstrados, os atos espontâneos de bondade aumentam a nossa felicidade e o nosso bem-estar. Mesmo os advogados durões têm praticado esse exercício nas firmas de advocacia.[20]

O que é exatamente um ato espontâneo de bondade? Uma definição diz:

Um ato espontâneo de bondade é um ato desprendido praticado por uma ou mais pessoas que desejam ajudar ou animar uma pessoa ou, em alguns casos, um animal. Geralmente não haverá nenhuma razão específica a não ser fazer a pessoa sorrir, ou ficar mais feliz. Inesperados ou planejados com antecedência, os atos espontâneos de bondade geralmente são encorajados por várias comunidades, como organizações comerciais ou comunitárias.[21]

Nós proporcionamos aos nossos voluntários a noção do ato randômico de bondade ao dar a cada um deles 20 dólares e deixá-los no principal shopping center de Marrickville. Inicialmente, eles ficaram inibidos por se sentir coagidos, e Ben descobriu isso ao ser rejeitado quando se ofereceu para carregar as sacolas de compras ou para empurrar os carrinhos pesados. Mas, depois de conversar com o dr. Tony, Ben mudou sua abordagem. Ele escolheu um senhor idoso a quem dar o dinheiro para um café e bolo, e ambos acabaram conversando por um longo período.

Liz estava nervosa, constrangida por não saber se ela seria rejeitada. Depois, decidiu comprar um buquê de flores para alguém que realmente iria apreciá-lo. "Eu sabia que queria dá-lo para uma mulher e queria que fosse uma mãe, alguém que se desdobra para fazer as coisas... E então comecei a pensar na faixa de idade e vi uma mulher por perto da idade da minha mãe, 70 anos, por ocasião de sua morte... Uau, ela adorou o buquê! Abraçou-me e me beijou... Eu não poderia ter achado mais ninguém no shopping que teria apreciado as flores tanto quanto ela. Eu não esperava por isso. Esperava que alguém ficasse confusa e dissesse: 'Por que isso?'. Foi ótimo. Foi tão emotivo e eu me senti fantástica, muito mais do que imaginava que me sentiria."

De todos eles, Stephen foi o que ficou mais surpreso de como algo tão simples pode ser tão agradável e eficaz. "Eu estava cansado depois de um dia de trabalho, e não era exatamente o que eu queria fazer", lembra ele. No entanto, ele "entrou no jogo" e teve a ideia de comprar uma caixa de papelão de chocolates embalados, os quais ofereceu às pessoas que estavam fazendo compras, enquanto elas aguardavam na fila do caixa. "As respostas foram fantásticas e me deram muita confiança na humanidade. Fiquei realmente surpreso. Comecei não querendo fazer aquilo e terminei sendo muito beneficiado pelo ato."

Bondade organizada

Embora a ideia de fazer atos espontâneos de bondade para os outros seja literalmente antiga, apenas há pouco tempo a expressão "atos espontâneos de bondade" entrou na cultura contemporânea ocidental. Desde que Anne Herber cunhou a frase "Pratique atos de bondade e beleza insensata" em um restaurante de Sausalito, na Califórnia, em 1982,[22] a ideia de praticar atos de bondade intencionais espontâneos de forma sistemática e organizada se propagou. Não é surpresa que a mídia a tenha adorado.

DJs dos Estados Unidos, do Reino Unido, do Canadá e da África do Sul promoveram o Dia da Bondade. O vídeo "Free Hugs" (Abraços grátis), no YouTube, recebeu mais de 57.915.000 cliques. O livro *Random Acts of Kindness* foi lançado pela Conari Press em 1993. Uma organização sem fins lucrativos, denominada Fundação Atos Espontâneos de Bondade, foi fundada em 1995. O filme *A Corrente do Bem*, lançado em 2000, foi baseado em um livro chamado *Pay if Forward* (Passe Adiante, em tradução livre), de Catherine Ryan Hyde, que, por sua vez, se inspirou na ideia de atos espontâneos de bondade. A campanha de um milhão de atos espontâneos de bondade foi lançada pela Rádio BBC em 2008.

Existem muitas organizações voltadas para a bondade em todo o mundo. Uma organização do Reino Unido, a Kindness Offensive, ou TKO (Bondade Ofenciva, em tradução livre), administra atos espontâneos de bondade para o público. Seus eventos de bondade incluem a doação de 25 toneladas de alimentos, distribuição de centenas de entradas gratuitas para assistir a musicais de West End, concertos, eventos esportivos, aém de doações de instrumentos musicais, equipamentos de cozinha e produtos elétricos! No Dia da Panqueca, 24 de fevereiro de 2009, a TKO distribuiu 500 mil panquecas, a maioria delas para instituições beneficentes.[23]

Portanto, existe um movimento mundial considerável de muitos atos espontâneos de bondade. Mas e a ciência? Será que funciona?

Atos espontâneos de bondade: a ciência

Uma série de estudos tem analisado o efeito de se praticarem atos espontâneos de bondade. No estudo mais conhecido até hoje, estudantes universitários foram convidados a praticá-los um dia por semana durante seis semanas.[24] Esses atos foram descritos como ações que beneficiavam outras pessoas ou deixavam outras pessoas felizes, normalmente com algum custo para o doador. Alguns exemplos deles são colocar moedas no parquímetro para um estranho, doar sangue, ajudar alguém com um problema ou visitar alguém que estava doente. Os resultados foram bastante impressionantes. Enquanto o grupo de controle experimentava uma redução da felicidade durante o período de seis semanas, o grupo dos atos espontâneos de bondade experimentava um aumento. Os dados mostram que não havia diferença entre os dois grupos no começo das seis semanas, mas o grupo dos atos espontâneos de bondade teve um aumento de 41,66% no bem-estar em comparação com o grupo de controle após as seis semanas. Isso funciona!

Então, como podemos nos beneficiar dessa pesquisa? As instruções dadas às pessoas no estudo fornecem orientações muito úteis. Isto é o que foi dito a elas:[25]

Em nosso dia a dia, todos nós praticamos atos de bondade para os outros. Esses atos podem ser grandes ou pequenos, e a pessoa para quem o ato foi praticado pode ou não estar ciente dele. Exemplos incluem alimentar o parquímetro para um estranho, doar sangue, ajudar um amigo com uma tarefa, visitar um parente idoso, ou escrever uma carta de agradecimento. Em um dia da semana, você deve praticar cinco atos de bondade. Eles não precisam centrar-se na mesma pessoa, esta pode ou não estar ciente do ato, e ele pode ou não ser semelhante aos atos listados acima. Não pratique nenhum ato que possa colocar você ou outras pessoas em perigo.

Nossos voluntários ficaram muito criativos com seus atos espontâneos de bondade. Aqui está uma lista de algumas das coisas que eles fizeram:

• Liz K varreu as folhas do caminho do jardim de sua vizinha e esvaziou as latas de lixo de outro vizinho.

• Stephen deu uma caixa de frutas, que ele preparou viajando aos mercados produtores de Flemington, para um internato local para doentes mentais, e levou uma cerveja para o seu vizinho em uma sexta-feira à tarde.

• Cade deu 10 dólares para um mendigo sem-teto e aparou a cerca viva de seu vizinho.

• Ben comprou café para um homem de idade sozinho e sentou-se e conversou com ele por meia hora.

• Natalia preparou um banho de espuma para sua companheira de apartamento.

• Liz gravou um CD de músicas para sua vizinha.

• Rebekah preparou refrescos gelados para os construtores que trabalhavam sob um calor escaldante na casa de um vizinho.

• Tony comprou um par de sapatos novos para um amigo sem-teto.

Experimente fazer este exercício por sua conta: um dia por semana, pratique cinco atos espontâneos de bondade. Aqui temos mais 30 ideias acerca deles para você começar:[26]

Na vida cotidiana

• Num café ou restaurante, deixe uma gorjeta extraordinariamente grande para uma conta pequena.

• Dê algum dinheiro ou mantimentos para um mendigo ou pessoa de rua.

• Deixe alguém passar à sua frente no trânsito ou em uma fila.

• Abra a porta para alguém.

• Presenteie alguém com o seu tempo – faça alguma coisa que exige tempo e esforço para alguém.

• Agradeça claramente às pessoas por seus esforços ou por um bom serviço.

• Diga algo agradável para todas as pessoas que encontrar hoje.

• Pague um café ou uma entrada de cinema para a pessoa atrás de você.

• Renove uma amizade antiga enviando-lhe uma carta ou um presente.

• Ao dirigir, pare para deixar as pessoas atravessarem a rua.

No local de trabalho

• Dedique algum tempo para mostrar o seu apreço aos seus colegas ou funcionários.

• Doe uma porcentagem da sua receita de um dia a um grupo em necessidade.

• Convide alguém novo para almoçar e pague-lhe a refeição.

• Ajude um colega de trabalho sobrecarregado em suas tarefas.

• Surpreenda alguém com um lanche, bebida ou café.

• Faça um elogio.

• Lembre-se dos aniversários dos outros e de eventos importantes.

• Elogie alguém que o tenha ajudado com o seu chefe.

• Escreva uma nota de agradecimento para alguém que saiu de seu caminho para ajudá-lo.

• Dê um mimo surpresa para seus funcionários – convide-os para uma refeição ou libere-os uma hora antes.

Em sua comunidade

• Converse com um vizinho solitário.

• Faça trabalhos voluntários em sua comunidade.

• Limpe um espaço público – apanhe o lixo.

• Plante algumas flores – crie um jardim comunitário.

• Telefone ou visite uma pessoa confinada em casa.

• Corte o gramado do vizinho.

• Angarie produtos para uma instituição beneficente.

• Dê uma ajuda na cozinha para preparar sopa ou num abrigo de pessoas sem-teto.

• Organize uma festa do bairro.

• Seja o mentor ou ensine os jovens no seu bairro.

Passar do pensamento para a ação

Naturalmente, esses atos de bondade não são verdadeiramente espontâneos. É natural e importante que pensemos em como eles serão recebidos. Também é importante termos certeza de que não nos colocaremos em perigo algum enquanto praticamos atos altruístas. Portanto, eles não são realmente espontâneos. Eles são intencionais. Para avaliar isso, precisamos escolher praticar esses atos e fazê-los conscientemente. Prestando atenção ao que fazemos. Fazendo de propósito, não no piloto automático. Então, procure oportunidades para praticar atos intencionais de bondade. Reserve um tempo para notar o que acontece quando você os pratica. Reflita sobre a sua experiência. Registre as suas ações em seu diário. Lembre-se de evitar a cilada de ser superficialmente altruísta para se sentir melhor. Aja sobretudo porque é uma boa coisa a ser feita. Podem ser pequenos gestos, mas a característica é que você os faça genuinamente como um ato de doação. Faça pelos outros, e os benefícios pessoais virão em seguida.

Seja cuidadoso – atos espontâneos de bondade podem se tornar um vício! Aproveite!

3º Passo:
Atenção plena

A maioria de nós leva uma vida tão corrida, no piloto automático, que acaba se esquecendo do presente, que fica adormecido. Nós raramente estamos de fato cientes dele. Somos descuidados. Em contraste, a atenção plena é um estado mental de consciência que nos ajuda a viver de maneira mais consciente ao abrirmos os sentidos e focarmos a atenção no aqui e agora. Adotamos uma abordagem não avaliativa e sem julgamentos para o fluxo de pensamentos e de emoções que compõem a nossa vivência interior.

Podemos usar a atenção plena para "acordar", conectarmo-nos conosco e apreciarmos a plenitude de cada momento das nossas vidas. A prática da atenção plena reduz os hormônios do estresse e deixa o cérebro aberto às novas experiências. É um elemento crucial da felicidade. No 3º passo, aprendemos como nos envolver plenamente nas experiências do dia a dia para lidar de forma mais eficaz com pensamentos e emoções complicados. Aprenderemos a lidar com mais, fazendo menos.

Neste século, que privilegia o consumo, somos tentados a querer mais, comprar mais, usar mais, consumir mais. Os celulares e e-mails nos permitem ficar conectados vinte e quatro horas por dia. Nosso tempo é escasso e nos preocupamos cada vez mais com o futuro. Nossas cabeças estão tão cheias dessa conversa que deixamos de notar ou simplesmente aceitamos como normais as boas coisas aqui e agora.

Uma das maneiras mais poderosas para combater essa confusão é cultivar a atenção plena, prestar atenção ao mundo à nossa volta, em vez de ficarmos presos em nossos pensamentos. Sintonizar a nossa atenção.

Redirecionar o foco da nossa atenção. O dr. Russ Harris, o "Coach da Atenção Plena" da série *Making Australia Happy*, a define como "prestar atenção com abertura, curiosidade e flexibilidade".

O que é a atenção plena?

Até recentemente, no mundo ocidental, podíamos aprender a atenção plena somente por meio das práticas orientais antigas, como meditação, yoga, tai chi, artes marciais ou caminhos filosóficos e espirituais como o Budismo, Taoismo ou Zen.

Mas, nos últimos trinta anos, as práticas da atenção plena se tornaram parte integrante e importante da psicologia ocidental. Muitos dos modelos cientificamente validados ensinam a atenção plena por meio de métodos tradicionais como a meditação e a yoga, mas outros a ensinam de maneiras geralmente mais adequadas ao estilo de vida do século 21.

O dr. Russ Harris é um dos principais praticantes da Terapia de Aceitação e Compromisso (TAC).[1] TAC é uma de muitas terapias cognitivas comportamentais que enfatizam o desenvolvimento das habilidades da atenção plena. Mas a TAC é bastante amigável. Ela não enfatiza a prática formal da meditação por duas razões muito simples: a maioria das pessoas reluta em praticar a meditação formal, e existem outras formas mais rápidas e mais fáceis de aprender essas habilidades. Vamos explorá-las nesta seção.

"A atenção plena é abrir-se e absorver o que acontece à nossa volta. Ela nos ajuda a parar de viver em nossos pensamentos para começar a viver aqui e agora", diz o dr. Russ. "O objetivo da TAC é criar uma vida rica e significativa ao aceitar a dor que inevitavelmente vem junto com ela. A atenção plena lhe permite reduzir a influência de pensamentos inúteis e sentimentos complicados, envolvendo-se plenamente no momento presente."

Nos estudos científicos, a atenção plena tem sido associada com uma redução duradoura de uma variedade de sintomas físicos relacionados ao estresse, incluindo a dor crônica.² Também é associada com frequência à diminuição significativa de ansiedade e depressão,³ à melhor concentração e criatividade, ao melhor funcionamento do sistema imunológico e à redução dos sintomas secundários do câncer.⁴ A TAC tem se mostrado especialmente eficaz com relação à ansiedade social, à depressão, ao vício em drogas, ao transtorno obsessivo compulsivo, à síndrome da dor crônica, à epilepsia, à perda de peso, a deixar de fumar,⁵ ao autocontrole da diabetes, a lidar com o estresse ocasionado pelo câncer, à esquizofrenia, ao estresse de trabalho e ao aprimoramento de desempenho.⁶

> **Atenção Plena**
>
> A atenção plena promove alterações estruturais e funcionais no cérebro. No curso normal dos eventos, o lado direito do córtex pré-frontal, na frente do cérebro, se torna superativo quando ficamos emocionalmente perturbados, enquanto o córtex pré-frontal esquerdo está hipoativo. Diversos estudos descobriram que, após praticar a meditação regularmente, o equilíbrio começa a mudar. O córtex pré-frontal, a parte que mantém a pessoa engajada e focada no momento presente, começa a ficar mais ativo. O córtex pré-frontal, a parte que faz você ficar emocionalmente alterado e perturbado, começa a acalmar.
>
> Em 2007, Norman Farb e seus colegas na Universidade de Toronto esclareceram ainda mais a forma como a atenção plena remodela as nossas redes neurais.* Eles partiram do princípio de que passamos a maior parte da nossa vida vivenciando o mundo por meio do filtro do que está acontecendo em nossa cabeça, criando uma "narrativa" mediante a qual percebemos o nosso eu, com referência ao mundo ao nosso redor. Eles decidiram, então, investigar o que acontece no cérebro quando tentamos ignorar o nosso diálogo interno e desfrutar o sentido "experiencial" do eu ao prestar atenção no momento presente.
>
> Os cientistas puderam demonstrar que existem duas redes neurais distintas regulando os tipos de experiência: a "experiencial" e a "narrativa", e que, embora a maioria das pessoas tenha dificuldade em dissociar as duas redes, aquelas com algum treinamento em atenção plena são mais capazes de se alternar entre uma e outra.
>
> Norman Farb e colegas recrutaram pessoas de uma clínica de estresse hospitalar para participarem em um programa de treinamento de oito semanas em atenção plena. Juntamente com um grupo de controle, elas foram instruídas sobre a diferença entre vivenciar o mundo saboreando as atuais sensações ou ficarem presas à tagarelice mental.
>
> Foi mostrada a ambos os grupos uma série de palavras emocionalmente evocativas, como "honesto", "amar", "estoico" e "covarde", e depois foram

convidados a responder, pensando deliberadamente na conotação dessas palavras: "Eu sou honesto?"; "Eu admiro a coragem?"; "Eu lembro como foi quando eu me apaixonei?", e assim em diante. Em seguida, eles tinham que responder a uma série semelhante de palavras prestando atenção somente àquelas que estavam na tela. Se memórias ou julgamentos lhes viessem à mente, eles foram instruídos a deixar que tais pensamentos viessem e fossem embora, sem se deixarem enredar por eles. O cérebro de cada participante foi escaneado durante o processo.

Quando eles foram instruídos a vivenciar as palavras no modo "narrativo" apenas pensando nelas e julgando-as, ambos os grupos mostraram atividade cerebral semelhante na parte do cérebro que lida com análise e avaliação, a área da linha mediocortical. Quando simplesmente instruídos para prestar atenção às palavras na tela, ambos os grupos mostraram menos atividade na mesma área da linha mediocortical. Mas a descoberta empolgante foi que, quando eles estavam nesse modo vivencial, o grupo que havia participado do treinamento da atenção plena exibiu atividade em uma área completamente separada do cérebro, associada às sensações do sentimento em relação ao aqui e agora, a ínsula direita.

Farb e seus colegas haviam descoberto uma evidência neural difícil: os humanos podem treinar as suas mentes para alternar, de acordo com sua vontade, entre o pensamento conceitual e a vivência imediata. "Treinar a mente para prestar atenção ao momento presente pode gerar alterações neurais duradouras nos cérebros de pessoas com perturbações de humor", diz Norman Farb. "E assim serão ajudadas a sair de modos arraigados de pensamento os quais as mantêm prisioneiras de uma narrativa inútil que promove continuamente uma visão negativa da vida."

* Farv, N.A.S., Segal, Z.V., Mayberg, H. e outros, 'Attending to the present: Mindfulness meditation reveals distinct neural modes of self-reference', Social Cognitive and Affective Neuroscience, vol.2, nº 4, 2007, pp. 313-22.

Pensamentos negativos

Nossa mente evoluiu para pensar negativamente, enviando-nos com muita frequência pensamentos desafiadores e difíceis. Embora possamos aprender a pensar mais positivamente, isso não fará a nossa mente parar de sugerir pensamentos negativos.

Muitas abordagens psicológicas sugerem que os pensamentos negativos são tóxicos ou nocivos e, portanto, você precisa se livrar deles. A TAC sugere que isso é basicamente inútil. Conforme diz o dr. Russ, os mestres Zen são como os atletas olímpicos do treinamento mental, e mesmo eles estão cheios de pensamentos negativos. "Tentar se livrar deles é uma perda de tempo e de esforço. Em vez de lutar contra os nossos pensamentos, opondo-nos a eles, ou tentarmos nos livrar deles, podemos aprender a mudar a nossa relação com eles. Podemos tirar todo o poder desses pensamentos, para que, ao surgirem, eles não nos controlem. Podemos aprender a deixá-los surgir e desaparecer sem ficarmos presos a eles. A atenção plena nos permite fazer isso."

A maioria dos cientistas concorda que a nossa espécie, Homo sapiens, apareceu no planeta há cem mil anos. Naquele tempo, o mundo era um lugar perigoso, regido pela lei do comer ou ser comido, matar ou ser morto. A mente tinha que prever o pior, procurar coisas que poderiam nos ferir ou prejudicar, e, assim, impedir que fôssemos feridos ou mortos.

O dr. Russ afirma: "Se a mente de um homem das cavernas não fosse boa para prever as ameaças, ele acabava sendo morto rapidamente. Nós não evoluímos a partir desses homens das cavernas; evoluímos, sim, a partir daqueles que estavam sempre procurando pelo perigo. O resultado disso é que a mente do homem moderno está constantemente tentando alertá-lo sobre coisas que podem feri-lo ou prejudicá-lo. Não é de admirar que todos tenhamos uma tendência a nos preocupar ou prever o pior."

A mente do homem moderno é uma faca de dois gumes. É muito útil para todos os tipos de coisas diferentes, como esclarecer os nossos valores, estabelecer objetivos, planejar e fazer estratégias, solucionar problemas, comunicar-se, criar e assim por diante. Mas o lado negro da mente é que ela tende a ser muito inútil. Como diz o dr. Russ: "Na maior parte do tempo, as nossas mentes ficam desenterrando memórias dolorosas do passado e invocando cenários assustadores sobre o futuro. É como uma máquina do tempo, sempre nos puxando para o passado ou nos atraindo para o futuro, o que nos dificulta a concentração no presente."

Pensamentos negativos e a crítica interna

Todos conhecemos a crítica interna – aquela "vozinha" em nossa cabeça que está constantemente nos aborrecendo, dizendo-nos que nossas ações não estão sendo bem feitas. Ela também é muito rápida para julgar e criticar. E por quê?

De novo, volte atrás cem mil anos. Imagine estar vendo a sombra de alguém caminhando em sua direção. Você tem que decidir rapidamente se é amigo ou inimigo. Obviamente, será muito mais seguro ficar na defensiva, presumir que é um inimigo e preparar-se.

Podemos reconhecer de forma lógica e racional que a nossa mente faz isso, o que, no entanto, não impede que continue a acontecer, produzir julgamentos em abundância como uma máquina no automático: julgamento após julgamento após julgamento. Ouça a sua mente por cinco minutos e observe quantos julgamentos surgem dela. Experimente. Sente-se em silêncio por cinco minutos agora e ouça a sua mente. O que a sua voz interior está dizendo?

Nesse sentido, o dr. Russ diz: "Não podemos impedir a nossa mente de fazer julgamentos, mas podemos aprender a vê-los apenas como palavras pipocando em nossa cabeça. Podemos aprender a deixá-los surgir e desaparecer sem ficarmos presos a eles."

A atenção plena nos ajuda a mudar a nossa relação com a nossa mente. Ela nos permite tratar da tagarelice como se fosse um rádio tocando ao fundo. Se estiver transmitindo alguma coisa útil que podemos usar, sintonizamos e permitimos que guie as nossas ações. Mas, se estiver transmitindo coisas sombrias e maledicentes – julgamentos, lutas com o passado, preocupações sobre o futuro –, então, ao praticarmos a atenção plena, podemos deixá-las falando ao fundo enquanto vivemos no presente e nos concentramos na tarefa em mãos.

Emoções

A felicidade não é o mesmo que sentir-se bem. Felicidade significa viver uma vida plena e significativa. As coisas que tornam a vida assim, rica, plena e significativa, como desenvolver relacionamentos próximos, normalmente dão origem a toda uma gama de emoções humanas, de amor e alegria a medo e tristeza. Tal como acontece com nossos pensamentos, a atenção plena pode nos ajudar a lidar com as nossas emoções de maneira mais eficiente.

Pense em suas relações mais próximas com crianças, pais, parceiros, amigos. No rico entremeado do amor e da amizade, não haverá apenas um céu de brigadeiro. Junto com as emoções agradáveis, você às vezes também sentirá ansiedade, tristeza ou raiva.

"Amor e dor são parceiros íntimos de uma dança. Emoções torturantes são partes valiosas de uma vida plenamente vivida. Imagine como a vida seria difícil se você não fosse capaz de vivenciar a tristeza ou a culpa ou o medo. Essas emoções contribuem para uma vida rica e plena", diz o dr. Russ. "Se vamos viver uma vida humana plena, sentiremos toda a gama de emoções humanas. Então, deixemos de nos referir a elas como emoções positivas e negativas, e vamos chamá-las de dolorosas ou agradáveis."

Atualmente estamos no processo de entrar em contato com os nossos valores, estabelecer objetivos, identificar as mudanças a serem feitas em nossa vida. Aprender e crescer são partes importantes na jornada da vida, ainda que signifique deixar a zona de conforto e tentar coisas novas.

Assim que deixamos nossa zona de conforto, nós nos sentimos desconfortáveis, o que se expressa pela maneira mais comum, ou seja, o medo e a ansiedade. Tal situação nos remete diretamente aos dias dos homens nas cavernas. Movimentar-se em território estranho significava sentir muito medo do perigo, dos novos riscos, da falta de apoio, dos perigos desconhecidos. A sobrevivência dependia da força e da vigilância, e de enfrentar ou recuar – a fiação que coloca o corpo em estado de alerta para qualquer luta ou para escapar de chutes. No século 21, isso se manifesta como medo ou ansiedade, e pode ser deflagrado por uma gama ampla de razões, desde a insegurança no trabalho e o aumento das taxas de juros até o encontro com novas pessoas ou preocupações com o mundo como um lugar assustador, cheio de agressões e de violência. Nesse tipo de luta ou modo de voo, a frequência do coração bate mais rápido, a respiração se acelera e fica mais superficial, o sistema nervoso aumenta o fluxo sanguíneo para os músculos grandes dos braços e pernas para que você esteja pronto para correr ou lutar, fechando o fluxo sanguíneo dos órgãos digestivo e sexual.

Somos facilmente esmagados por esses medos, por essas ansiedades e por outras emoções dolorosas. Em geral, elas nos refreiam. Lutamos com elas, tentamos superá-las ou procuramos por distrações. Infelizmente, essa batalha com o medo e a ansiedade só os agrava. Com muita frequência, tentamos fazê-los desaparecer recorrendo às drogas, ao álcool, aos cigarros, ou comendo porcarias, ou evitando desafios, adiando decisões importantes, ou tentando nos distrair assistindo à televisão ou navegando na internet – e a lista continua, o que exerce uma influência negativa sobre a nossa saúde e o nosso bem-estar. Sentimo-nos totalmente exauridos pelas mesmas coisas que acreditávamos que iriam nos fazem bem.

A atenção plena nos dá um conjunto de instrumentos para nos ajudar a lidar com as nossas emoções de forma mais eficaz. Sem nos deixar oprimir por elas. Sem lutar contra elas. Sem brigar com elas. Sem deixar que elas nos aprisionem.

Conjunto de habilidades da atenção plena do dr. Russ

Em *Making Australia Happy*, o dr. Russ orientou os nossos voluntários ao longo de uma série de exercícios derivados da TAC, que desenvolvem três habilidades fundamentais da atenção plena:

1 Conexão: Conectar-se com a sua experiência aqui e agora, envolvendo-se plenamente com todos os cinco sentidos (mesmo que isso pareça mundano, chato ou desagradável).
2 Neutralização: Enxergar os pensamentos como eles são, nada mais nada menos do que sons, palavras, histórias, visões, partes da linguagem fluindo pela nossa cabeça, e deixá-los surgir e sumir sem se permitir enredar por eles.
3 Expansão: Abrir-se e fazer espaço para as suas emoções, deixan-

do que elas fluam livremente através de você sem resistência, sejam elas agradáveis ou dolorosas.

(Obs.: Existem muitos termos diferentes para essas habilidades da atenção plena. Os termos aqui usados vêm do livro do dr. Russ, Liberte--se: evitando as armadilhas da procura da felicidade.)

Conexão

Todos nós, de vez em quando, prestamos atenção ao que está acontecendo aqui e agora, mas isso não ocorre com a frequência necessária. Todos temos momentos de atenção plena quando saímos em férias e absorvemos um cenário lindo, ou quando estamos em um país estrangeiro e observamos atentamente todos os sinais e sons diferentes. Ou, ainda, quando alguém prepara uma refeição fantástica e nós saboreamos as primeiras garfadas, realmente desfrutando o sabor, o cheiro e a textura. Mas, na maior parte do tempo, vivemos no piloto automático, presos no rodamoinho da vida diária. Com mais frequência do que imaginamos, assistimos à televisão ou conversamos durante as refeições sem prestar atenção ao alimento. Quando nossos filhos falam conosco, ficamos mentalmente elaborando as listas de compras.

Você notaria – e pararia para escutar – um artista de rua fazendo uma apresentação? Ou você passaria batido por ele, concentrado no prazo ou em uma reunião que está para acontecer? Quando providenciamos para que uma das melhores flautistas do mundo tocasse perto da sede da felicidade, em Marrickville, a maioria dos nossos voluntários simplesmente passou por ela sem notar. Nem um deles parou para ouvi-la, e somente um lhe deixou alguns trocados.

A atenção plena facilita nosso envolvimento com o que estamos fazendo no momento presente, ajudando-nos a apreciar as coisas que simplesmente aceitamos como naturais, e até mesmo a encontrar realização e satisfação naquilo que em geral consideramos maçante e chato, como lavar pratos e passar camisas. Um exercício simples de atenção plena ilustra o ponto.

Saborear: o exercício da uva-passa

Para aprender a realmente apreciar o que você normalmente encara como corriqueiro, a observar os pequenos detalhes que no dia a dia não enxergaria, você vai reservar cinco minutos para almoçar apenas uma uva-passa. Seja curioso e abra-se para a experiência. Você ficará surpreso com a variedade de aprendizados que pode existir em uma simples atividade.

Para muitos dos participantes da série *Making Australia Happy*, esse exercício no início foi um verdadeiro desafio. Cade detesta uvas-passas e não conseguia se imaginar gastando cinco minutos deliciando-se com a experiência. Ben previu que sua mente divagaria, mesmo antes de a experiência começar!

Ao acionar o cronômetro, o dr. Russ pediu aos participantes para olharem para a uva-passa, estudarem-na como se jamais tivessem visto uma antes. Experimente.

Pegue uma uva-passa. Aperte-a ligeiramente. Observe a sua textura. Aproxime-a do seu nariz. Cheire-a. Depois, encoste-a em seu ouvido e vire-a gentilmente entre os seus dedos para observar o som que ela emite. Lentamente, leve-a aos seus lábios e observe o que acontece quando você a pressiona contra eles. Sinta a textura. Toque-a com a língua. Em seguida, ainda lentamente, explore-a enquanto a leva à sua boca. Uma vez dentro dela, observe o seu sabor, textura e sensações à medida que você a movimenta com a língua, então, mastigue-a e finalmente a engula. Concentre-se na uva-passa o tempo todo, e, à medida que você fizer isso, observará que muitos pensamentos diferentes continuarão a surgir. Deixe que eles venham e desapareçam e mantenha-se focado na uva-passa. Feche os seus olhos para intensificar a experiência. Observe o som enquanto você a come. Saboreie o gosto.

Natalia ficou surpresa com a rapidez com que o tempo passou. "Foi interessante como tudo passou tão rápido. Parecia ter demorado apenas dois ou três minutos. Ainda a sinto em minha boca agora." Esta é uma das coisas importantes da atenção plena: quando estamos muito envolvidos e absorvidos pelo que estamos fazendo, o tempo voa. Simplesmente voa quando realmente vivemos o momento presente. "Acho que, quando os meus olhos ficaram fechados, eu me distraí com os sons," disse Natalia.

Há momentos durante os quais realmente queremos prestar atenção aos sons, como quando a flautista estava tocando ou quando os nossos filhos estão nos contando algo importante, mas em outros instantes podemos simplesmente deixá-los desaparecer ao fundo.

Ben: "Segurei a uva-passa perto do meu ouvido e me soou como uma estática no início de um disco LP. Aquilo foi incrível!" Seu exercício não falhou, caso você não tenha "ouvido" a sua uva-passa. A maioria delas faz um barulhinho crepitante quando você as aperta, mas outras não.

Tony: "Minha mente divagou algumas vezes. Pensei apenas em uma videira assim que comecei a mastigar a uva-passa, e isso me lembrou de umas férias que tirei com minha esposa em Hunter Valley."

Liz: "Eu estava interessada em como a pele externa da uva-passa era bem dura e o interior, macio, e então a língua pressionou uma parte arenosa no centro, da qual eu não gostei, e em seguida comecei a mapear as papilas gustativas em minha mente. Descobri que eu estava pensando em como as pequenas coisas são inteligentes, elas até produzem vinho! Em seguida, percebi que estava dialogando comigo mesma sobre eu estar ou não concentrada na uva-passa. Estar dialogando me fascinou, e então voltei a me concentrar na uva-passa."

A mente com constância chamava a nossa atenção à medida que varria o banco de memórias conectando uma história à outra.

A maioria das pessoas divagou dez, vinte, trinta ou mais vezes durante esse exercício, então não se preocupe quando você praticá-lo. Você será constantemente enredado em pensamentos sobre a uva-passa, esquecendo momentaneamente do sabor e da textura reais. Quando perceber isso, basta recuar e voltar a se concentrar na uva-passa. Este é o estado natural da mente humana: afastar-nos da nossa experiência, e de novo, repetidas vezes. A atenção plena não vem naturalmente. Temos que treinar a nossa atenção. Temos que desenvolver conscientemente as habilidades da atenção plena.

Tarefa diária de atenção plena

Para realmente se familiarizar com ela, você precisa praticar regularmente ao longo das próximas semanas.

Selecione três coisas que você faz diariamente por uma questão de disciplina e decida fazê-las com atenção plena. Não importa o que você vai escolher.

Você pode observar como se sente, digamos, no chuveiro, quando a água começa a correr pelas suas costas. Ou, quando você estiver cozinhando, observe os cheiros, os sons e as texturas. Envolva-se totalmente no presente.

Você pode escolher, ainda, a primeira coisa da sua rotina diária, algo que você tende a fazer com muita rapidez, no piloto automático, como escovar os dentes ou lavar o rosto. Faça-o com atenção plena, esteja totalmente envolvido e presente no que você está fazendo. Esteja aberto e curioso. Observe as sensações. Quando você divagar em seus pensamentos, recue e volte-se para o que está acontecendo no momento, para o que você está fazendo.

Agora escolha uma atividade agradável da sua rotina diária e faça-a com atenção plena. Pode ser o seu café da manhã, comer um pedaço de chocolate, ou a primeira garfada do jantar. Pode ser abraçar alguém que você ama. Pode ser escutar uma música bonita. Pode ser parar e cheirar as rosas. Seja o que for que você escolher, saboreie a experiência e faça-a com atenção plena.

Finalmente, escolha uma tarefa que você tem que fazer para o seu dia funcionar. Pode ser uma tarefa diferente a cada dia, ou pode ser a mesma todos os dias. Algo como passar camisas ou encher a máquina de lavar louça, ou, ainda, preparar o almoço das crianças ou arrumar a cama. Algo que normalmente você vê como sendo cansativo e tende a fazer com muita pressa, ou até mesmo tende a se distrair assistindo à televisão ou ouvindo o rádio. Faça-o com atenção plena. Realmente observe cada pequeno movimento do corpo e cada suspiro, som, cheiro e o sabor, se for importante.

Anote em seu diário tudo o que você observou e experimentou e quaisquer pensamentos ou sentimentos que afloraram.

Neutralização

Outro elemento da atenção plena é a neutralização, ou seja, separar-se ou distanciar-se de seus pensamentos.

A crítica interna está constantemente produzindo autojulgamentos negativos. Não podemos impedir que eles pipoquem, embora possamos aprender a enxergá-los como realmente são: apenas palavras sem sentido. O mais comum deles todos é: "Eu não sou bom o bastante." A velha questão! Elas existem de muitas formas. Eu sou gordo, eu sou velho, eu sou feio, eu sou burro, eu sou incompetente, eu sou egoísta, eu sou preguiçoso, eu sou workaholic, eu sou chato, eu sou antipático, eu não sou tão inteligente, tão rico, tão bonito quanto as outras pessoas.

Você pode pensar que você é a única pessoa no mundo que pensa dessa forma, mas um dos segredos mais bem guardados do planeta é que todos têm a sua própria versão do "Eu não sou bom o bastante". Múltiplas versões, na verdade. Não importa quão pessoal ela seja, é também muito comum!

Para ilustrar como aprendemos a viver com esses pensamentos e passar a controlá-los, tente fazer os seguintes exercícios, os quais o dr. Russ aplicou nos voluntários da série *Making Australia Happy* durante a filmagem.

Exercícios de neutralização

Recorde-se de algum autojulgamento negativo, realmente desagradável com o qual costuma criticar-se. Pense na última vez em que você se martirizou por alguma coisa. O que a sua mente diz sobre você ou sobre o seu corpo?

> **Rotulando suas emoções**
> Uma equipe da Universidade da Califórnia, Los Angeles (UCLA), explorou a evidência neurobiológica por trás de outra das habilidades-chave da atenção plena que usamos em nosso programa de oito passos: desencorajar altas emoções ao rotulá-las ou dar-lhes um nome.
> Eles apresentaram uma série de faces mostrando expressões emocionais diferentes a um grupo de estudantes universitários e, em seguida, pediram que juntassem um rótulo a cada uma delas a partir da escolha de duas palavras oferecidas sob cada foto. Algumas vezes as palavras descreviam uma emoção, como raiva ou temor. Outras vezes era um nome como Harry ou Susan, indicando que o rótulo significava a escolha do gênero correto em vez de alguma emoção.*
> Os pesquisadores descobriram que as faces que expressavam raiva e temor disparavam uma atividade cerebral na amígdala, a área do cérebro ligada à percepção de emoções, mas, quando os estudantes davam um nome à emoção, a amígdala ficava menos ativa e outra área no cérebro – o córtex pré-frontal – ficava mais ativa.
> Comentando sobre seu estudo, Matthew Lieberman, professor adjunto de psicologia na UCLA, disse: "Quando você coloca seus sentimentos em palavras, ativa esta região pré-frontal e observa uma redução na resposta da amígdala. É como pisar o freio assim que você vê uma luz amarela quando está dirigindo. Ao traduzir os sentimentos em palavras, parece que você coloca o pé no freio das suas respostas emocionais."
> De acordo com o principal autor do estudo da UCLA, o cientista pesquisador David Cresswell, a equipe foi capaz de determinar que os participantes com mais atividade no córtex pré-frontal e menos atividade na amígdala foram os mais atentos. "Nossas descobertas sugerem que as pessoas mais atentas trazem todos os tipos de recursos pré-frontais para desligarem a amígdala, e mostram uma razão neurológica subjacente que justifica como os programas de mediação de atenção plena melhoram o humor e a saúde."
> * Creswell, J.D., Way, B.M., Eisenberger, N.I. et al., 'Neural correlates of dispositional mindfulness during affect labeling', Psychosomatic Medicine, vol. 69, 2007, pp. 560-5

Os voluntários sugeriram rótulos comuns. Para Liz, foi "inadequado". Ben escreveu "indigno". Cade escolheu "maçante" e Rebekah disse "egoísta". A palavra do Stephen foi "lento", Tony escolheu "preguiçoso", Natalia escolheu "nojento" e Liz K, "inadequado".

Resuma aquele autojulgamento negativo em uma sentença curta, tipo "Eu sou X" ou "Eu não sou Y o suficiente", por exemplo, "Eu sou gorda" ou "Eu não sou inteligente o suficiente".

Em seguida, você precisará realmente acreditar nesse pensamento por uns vinte segundos. Faça o jogo. Acredite nele o máximo que puder. A intenção é a de que você possa aprender como se afastar e vê-lo de longe como ele é de verdade: nada mais nada menos do que palavras e imagens.

Não estamos interessados se o pensamento é verdadeiro ou falso. A finalidade de aprender a se afastar e a enxergar nossos pensamentos como eles realmente são é avaliar se podem nos ajudar, se são úteis a nós. Talvez seja melhor dizer que esses pensamentos são úteis ou inúteis, em vez de negativos ou positivos.

Pergunte a si mesmo: será que esses pensamentos me ajudam a ser a pessoa que quero ser, viver a vida que quero viver, fazer as coisas que quero fazer?

Então, agora, por vinte segundos, feche seus olhos e acredite no autojulgamento negativo (por exemplo, "Eu sou burra", "Eu não bom o bastante") o máximo que puder. Observe o que você sente em termos emocionais quando se envolve e se enreda nele. Em seguida, repita esse pensamento para si mesmo, palavra por palavra, exceto que agora ele vai começar com: "Estou tendo um pensamento de que..." (por exemplo, "Estou tendo um pensamento de que sou indigno"). Agora, repita a frase, alongando-a um pouquinho: "Tenho notado que estou tendo um pensamento de que..." (por exemplo, "Noto que tenho tido um pensamento de que sou incompetente").

O que aconteceu? A maioria das pessoas descobre que elas começam a se distanciar do pensamento, e ele perde muito de seu impacto.

Em seguida, experimente estas técnicas mais lúdicas de neutralização. (Para cada técnica, você pode usar o mesmo autojulgamento de antes ou escolher um diferente.) Primeiro, recupere o pensamento, e, por vinte segundos, aceite-o e acredite nele o máximo que puder. Agora, silenciosamente, cante esse pensamento no ritmo da canção de Feliz Aniversário. Então, ainda silenciosamente, diga o pensamento para si mesmo, mas, desta vez, ouça-o na voz de uma estrela de cinema, de um personagem de desenho animado ou de um comentarista esportivo. Experimente fazer isso algumas vezes com vozes diferentes, e veja o que acontece.

O dr. Russ liderou os voluntários por alguns outros exercícios lúdicos de neutralização. Em um deles, inalaram um bocado de gás de um balão cheio de gás hélio, então repetiram o autojulgamento negativo em voz alta. Com seus pulmões cheios desse gás, suas vozes soaram como esquilos estridentes, e eles não puderam formar nenhum autojulgamento sério. (Na verdade, a maioria deles caiu na gargalhada.)

Em outro exercício, ele pediu que os voluntários escrevessem os autojulgamentos negativos em uma etiqueta de cartolina e a fixassem no peito. Em seguida, dr. Russ lhes pediu que imaginassem que estavam em um coquetel, encontrando-se uns com os outros pela primeira vez. Ele lhes pediu que passeassem pelo salão e se apresentassem, usando as etiquetas como se fossem seus nomes.

Cade e Ben se apresentaram da seguinte forma:

Cade (estendendo a mão): "Olá, eu sou maçante."

Ben (apertando a mão dele): "Oh, olá, maçante, eu sou indigno. Prazer em conhecê-lo."

A seguir, reproduzimos como os nossos voluntários responderam a alguns desses exercícios:

Ben: "Senti o mantra negativo por todo o meu corpo, por minha mente, meu peito e por todo o meu ser. Não é agradável. Ser indigno para mim anda de mãos dadas com insatisfatório. Às vezes, sinto não poder justificar a minha própria existência. É exaustivo e, em muitas ocasiões, acho difícil sair desse pensamento. Mas escutar o Bugs Bunny e o Arnold Schwarzenegger falando sobre ser indigno diluiu o poder dele. Agora, posso até rir disso."

Liz: "Estou sempre me sentido insatisfeita e culpada. Estou sempre pensando que não posso ser uma boa amiga porque não estou dedicando tempo para contatar as pessoas, que eu não deveria ter gritado com as crianças, que eu não deveria tê-las apressado tanto para saírem, e sempre eu deveria, eu deveria, eu deveria. É como uma corrente e uma bola de ferro. Quero chegar a um lugar onde eu consiga me sentir satisfeita e ver que posso fazer as coisas da melhor forma possível, e que elas sejam boas o bastante. Hoje eu aprendi que tais pensamentos são apenas palavras. Quando eu os coloco no papel, percebo que eles são apenas palavras e não fazem parte de mim. Vou continuar a fazer isso e pensar que realmente vai me ajudar."

Isso é o que pretendemos fazer com a atenção plena. Não estamos tentando nos livrar desses pensamentos. Estamos tentando ser capazes de vê-los como são e deixá-los surgir e sumir sem permitir que eles controlem as nossas vidas. Até o final da série, Natalia havia aprendido a realmente valorizar a técnica da neutralização.

"Minha palavra era 'nojenta'. Eu guardo o crachá com essa etiqueta em uma gaveta que abro sempre. É engraçado como ele virou apenas uma palavra em um pedaço de papel, e eu dou uma risadinha quando a olho, pois ela perdeu seu efeito poderoso desagradável. Sinto-me separada dela. Não tem mais aquele efeito doloroso... Não uso mais aquela palavra comigo mesma; é apenas uma palavra."

Até o final do exercício, os voluntários já não mais falavam seriamente sobre esses autojulgamentos. Os pensamentos haviam perdido seu impacto.

Durante a primeira metade do programa, descobrir a felicidade parecia algo inalcançável para Liz. Ela estava recém-separada e educando dois filhos sozinha. Sendo uma pessoa bastante ansiosa, ajustar-se a esse novo papel e manter a casa e o lar estava consumindo-a de ansiedade.

O dr. Russ trabalhou diversas técnicas de atenção plena com a Liz para ajudá-la a parar de tentar controlar suas ansiedades e deixá-las acontecerem. Uma dessas técnicas é um exercício clássico de meditação que tem sido praticado há milhares de anos: meditação com a respiração. O dr. Russ levou Liz a uma praia para liderá-la nessa meditação, mas você pode praticá-la em qualquer lugar, desde que se sinta confortável e permaneça em silêncio.

A postura tradicional é sentar-se com as pernas cruzadas, mas você não tem que fazer isso, apenas observar que suas costas fiquem eretas. Você pode fixar os olhos em um ponto ou cerrá-los, conforme preferir.

Durante a respiração, concentre-se em esvaziar os pulmões, expirando todo o ar deles, e depois permitindo que sejam preenchidos de ar novamente. Observe que tão logo os pulmões se esvaziam, eles automaticamente são preenchidos de novo com ar. Não há necessidade de inspirar profundamente. Permita que seus pulmões encontrem seu próprio ritmo natural. Não há necessidade de controlá-los. Apenas se permita inspirar e expirar. Observe o ar entrando e saindo do seu corpo, assim como as ondas se movimentam para a costa e de volta para o oceano.

Seu objetivo nos próximos minutos é se concentrar em sua respiração, observando-a como se você fosse um cientista curioso que nunca percebeu uma respiração antes. A ideia é observar cada pequena nuance. Observe o ar entrando e saindo das suas narinas. Observe o movimento de expansão e contração das costelas. Observe o movimento de expansão e contração do abdômen. Enquanto você faz isso, a mente vai tentar distraí-lo. Afinal, ela é uma exímia contadora de histórias, e vai lhe contar todos os tipos delas para tentar fisgá-lo e tirá-lo do exercício.

Esse processo é normal e natural, e continuará a acontecer. Portanto, você não poderá impedir sua mente de fazê-lo. No momento em que perceber que foi fisgado por uma história ou por uma distração qualquer, simplesmente aceite o fato, desvencilhe-se e volte para a respiração.

O objetivo é permitir que a sua mente tagarele como um rádio tocando ao fundo. E apenas preste atenção à sua respiração. Deixe os seus pensamentos chegarem e partirem como se fossem somente carros passando, e mantenha a sua atenção na respiração, observando como você inspira e expira.

Ao longo do exercício, os sentimentos e as sensações em seu corpo irão mudar. Poderão surgir alguns agradáveis, da mesma forma que poderão surgir outros desconfortáveis e confrontantes.

O objeto é deixar que os sentimentos e as sensações em seu corpo sejam exatamente como eles são. Não tente controlá-los ou mudá-los. Não tente se prender a eles ou afastá-los. Apenas permita que sejam exatamente como são, e mantenha o seu foco na respiração.

Se você deparar com um sentimento difícil, tente reconhecê-lo silenciosamente. Diga para si mesmo: "Estou sentindo uma dor de cabeça" ou "Estou sentindo ansiedade", algo apenas para reconhecer o sentimento. Permita que ele fique lá, e mantenha a sua atenção na respiração.

Por diversas vezes, a sua mente vai tentar fisgá-lo e afastá-lo do exercício. Lembre-se, isso é normal. Na verdade, passaram-se dez segundos antes da sua mente fisgá-lo e distraí-lo; você está indo bem. No momento em que você perceber isso, reconheça o que aconteceu, desvencilhe-se e volte para a respiração.

Expanda ainda mais a sua consciência. Depois que você acompanhou a sua respiração entrando e saindo, observou o abdômen e o peito expandirem e contraírem, observe também o seu corpo em torno da respiração. Endireite as costas, e perceba os braços e as pernas, a cabeça, o pescoço e os ombros. Esteja consciente do seu corpo e da sua respiração o tempo todo.

Agora expanda ainda mais a sua consciência. Continue consciente do seu corpo e da sua respiração, assim como dos sons que você pode ouvir. Fique assim por um tempo. Quando você estiver pronto, abra os olhos. Se você decidir fazer da meditação um hábito regular, comece suavemente e vá num crescendo. Cinco minutos, uma ou duas vezes por dia, é um bom começo. Depois, dez minutos duas vezes ao dia é um bom objetivo e fácil de ser alcançado para a maioria das pessoas. Não existem regras rígidas e rápidas sobre onde e como se sentar, exceto que é melhor não se deitar, pois você pode acabar dormindo!

As reflexões da Liz sobre a respiração com atenção plena: "Minha mente me fisgou algumas vezes. Observei várias coisas, como o meu cabelo movimentando-se com a brisa, então, em um determinado ponto, eu me perguntei quão perto a água estava chegando, mas foram pensamentos passageiros. A única sensação que tive três vezes, eu acho, foi de calor. É como se um calor interno começasse nos meus ombros e descesse pelos braços, e por um segundo eu me perguntei se o sol havia aparecido. Mas foi uma sensação diferente daquela que sentimos quando o sol está aquecendo. Foi interno. E, quando tive esse pensamento, voltei a minha atenção novamente para a respiração. Ajudou muito eu me concentrar em alguma coisa, como as costelas se movimentando para cima e para baixo. Sinto que às vezes concentrar apenas na respiração não é o suficiente."

O primeiro esforço de Liz foi de doze minutos – muito mais do que ela havia imaginado. Ao terminar, ela abriu os olhos e se alongou, absorvendo os elementos em volta de si mesma. Liz achou que seria razoável começar com cinco minutos diariamente em casa.

Nesse exercício, concentramo-nos na respiração, mas poderíamos ter nos concentrado em comer a uva-passa ou em escovar os dentes ou, ainda, em passar uma camisa. Você pode aplicar a atenção plena em qualquer lugar, em todos os lugares.

Aqui temos outro exercício de atenção plena, novamente do modelo da TAC, para neutralizar seus pensamentos.

Exercício das folhas na corrente d'água

Encontre uma posição confortável. Feche os olhos.

Imagine um riacho, com folhas boiando sobre ele (ou uma tira preta em movimento). À medida que os pensamentos surgirem, coloque-os sobre as folhas e deixe que flutuem para longe (ou coloque-os sobre a tira preta em movimento e deixe que boiem para longe).

De vez em quando, a sua mente vai fisgá-lo com algum pensamento interessante e afastá-lo do exercício. Isso é normal. Portanto, quando ocorrer, reconheça-o suavemente, desvencilhe-se e recomece o exercício.

Pratique tal exercício uma ou duas vezes por dia, de três a cinco minutos.

Expansão

O dr. Russ descreve a expansão como uma forma de abrir-se e dar espaço para as suas emoções, deixá-las ser o que são, deixá-las surgir, deixá-las ficar e deixá-las ir embora quando estiverem prontas para partir. Lutar com emoções dolorosas apenas as intensifica. Expandir é permitir que elas estejam presentes sem que nenhum esforço ou energia seja investido na luta contra elas. Isso não significa que você goste, queira ou aprove uma emoção dolorosa; significa simplesmente que você permite que elas estejam presentes sem conflito. Paradoxalmente, se agir assim, a emoção exercerá muito menos influência sobre você.

Existem três etapas para chegar à expansão: observar – respirar – permitir.

1 - Observar: Você observa o sentimento basicamente da mesma forma que você observou a uva-passa: Observa onde ele está em seu corpo, sua forma, seu tamanho, sua profundidade, sua temperatura e assim por diante.

2 - Respirar: Você "respira" o sentimento. É como se a sua respiração fluísse para dentro e em volta dele.

3 - Permitir: Você permite que o sentimento exista. Você não tem que gostar ou querer; apenas permita que ele aflore.

Este próximo exercício será difícil porque estamos sugerindo que você deliberadamente evoque alguma memória de dor ou de dificuldade a fim de gerar uma emoção dolorosa. Mas, se estiver disposto a fazê-lo, será capaz de praticar o exercício da expansão e aprender uma habilidade valiosa que irá ajudá-lo a lidar com sentimentos semelhantes no futuro.

Sente-se com as costas eretas e com os pés firmemente pressionados contra o chão. Você pode fixar os olhos em um ponto ou cerrá-los, conforme preferir. Reserve um momento para observar como você está sentado. Observe a sua postura corporal. Observe os diferentes sons que você pode ouvir em volta da sala ou vindo de fora dela. Observe o que a sua mente está lhe dizendo.

Durante a respiração, concentre-se em esvaziar os pulmões, expirando todo o ar deles, e apenas permitindo que sejam preenchidos de ar novamente.

Busque uma memória que seja associada com algum tipo de emoção dolorosa para você – medo, raiva, tristeza, culpa, ansiedade.

O que você vê? O que você ouve? O que você está fazendo com os braços e pernas? Mergulhe novamente nessa situação e veja se você pode entrar em contato com o que ela lhe trouxer. Entre em contato com essa raiva ou essa tristeza ou com esse medo ou essa ansiedade ou dor.

O dr. Russ fez esse exercício com a Liz. A emoção dolorosa escolhida por ela foi a ansiedade que sempre sente quando tenta deixar os filhos na escola e eles fazem corpo mole.

"Sempre acontece comigo", diz Liz. "Minha filha leva quarenta minutos para comer uma fatia de torrada, e eu fico muito furiosa."

"Abra espaço para esse sentimento", diz o dr. Russ. "Deixe que aflore sem lutar contra ele. Apenas respire. É como se a sua respiração fluísse para dentro e em volta do sentimento. Se você quiser, coloque a mão sobre ele. Veja se pode segurá-lo suavemente. Esse é só um pedacinho do passado aparecendo no presente. Você tem um longo histórico de ser intimidada por esse sentimento, mas não tem de brigar ou lutar com ele. Apenas respire, disponibilize-se, deixe-o ficar lá. Você não tem que gostar ou querer. Apenas observe se você consegue permitir que ele fique lá para que, em vez de lutar com ele, você possa investir a sua energia em estar com seus filhos."

Liz praticou esse exercício muitas vezes. Ela achou que estava visualizando automaticamente o que sentia como uma bobina apertada dentro dela. Imaginava que a bobina se abria, permitia que ela respirasse através dela de forma que pudesse parar de lutar com o sentimento e conseguisse viver com ele. Ao mesmo tempo, Liz estava aprendendo a se distanciar da crítica interna que a castigava por estar atrasada. "Ele não tem mais tanta influência assim", disse Liz. "Não é mais aquele rugido estrondoso e enorme que costumava ser. Eu realmente posso aceitar que não mudará a vida de ninguém se eu me atrasar quinze ou vinte minutos para alguma coisa. Provavelmente eu sou a única que percebe."

O dr. Russ continuou: "Haverá momentos em que a mente vai fisgá-la e levá-la de volta para seus antigos hábitos autodestrutivos. E haverá momentos durante os quais você vai perceber e desvencilhar-se, e vai respirar e voltar à atenção plena e aos seus valores. Será um processo contínuo. Você nunca será perfeita, mas o que você pode fazer é ficar cada vez melhor em perceber quando foi fisgada pela vozinha interna despótica para poder se desvencilhar, voltar ao presente, ficar alerta."

Assim como a Liz, aprenda a escanear o seu corpo.

Análise corporal

Comece pelo topo da cabeça e vá descendo. Observe as diferentes sensações despertadas em você, na testa, nos olhos e assim por diante.

Concentre-se na parte do corpo onde você sente determinada emoção mais intensamente. Observe tal parte como se você fosse um cientista curioso que nunca deparou com tal sensação ou sentimento antes.

Respire fundo em torno dele. À medida que você faz isso, imagine que, de alguma forma mágica, você expande. Todo esse espaço se abre dentro de você, em torno do sentimento, dando-lhe bastante lugar para se movimentar.

Esse sentimento pode aumentar, diminuir ou desaparecer. Não há como prever o que acontecerá. Enquanto ele estiver presente, observe que você está em total controle de suas ações. Mexa os braços e as pernas para verificar isso por si mesmo. Enquanto estiver atento, você poderá sentir as emoções mais intensas, e também assumir o controle dos braços e das pernas e da boca, e agir e comportar-se como quiser, independentemente dos sentimentos presentes.

A finalidade do exercício é aprendermos a viver com os nossos sentimentos e prosseguir com o que queremos fazer em nossas vidas;

agir de acordo com os nossos valores e buscar nossos objetivos, mesmo quando sentimentos difíceis surgirem no processo.

Até recentemente, tínhamos que fazer longos cursos de meditação para aprender a como nos distanciar dos pensamentos inúteis, deixando de lutar contra os sentimentos dolorosos. Mas exercícios desse tipo nos ensinam como fazer isso rapidamente. E eles funcionam.

As habilidades de atenção plena podem ser aprendidas rápida e facilmente sem a necessidade da meditação formal, e os nossos voluntários demonstraram tal fato claramente. Não apenas os seus níveis de felicidade aumentaram, mas também os mapeamentos cerebrais realizados antes e depois do programa de oito semanas mostraram mudanças interessantes. Falaremos mais sobre isso na 3ª parte, na seção denominada "a ciência".

4º Passo:
Pontos fortes e soluções

Imagine que três pessoas – uma botânica, uma geóloga e uma arquiteta – caminham juntas em um parque nacional. O que cada uma delas vê? Sobre o que elas conversam?

A botânica está encantada. Ela vê uma abundância de vida selvagem em todos os lugares, e sua atenção é capturada. Ela se vê apreciando a diversidade da vida vegetal. Com prazer, observa uma série de plantas diferentes e espécies de insetos. E começa a pensar na conservação. Por outro lado, a geóloga se encontra cativada pela quantidade de pedras e de solos existentes no parque. Para ela, cada afloramento ou formação rochosa conta uma história diferente, e cada uma dá uma pista sutil, porém poderosa, de como a paisagem foi formada ao longo dos anos. Ela percebe a sua atenção sendo atraída pela textura do solo sob os pés, a quantidade de diferentes tipos de pedras deitadas formando o caminho sobre o qual as três caminham. Ela se pergunta como a água da chuva teria moldado os canais ao lado da colina e especula a possibilidade de haver depósitos minerais na cordilheira distante. A mente da arquiteta, por sua vez, começa automaticamente a pensar em como um bairro bonito poderia ser construído ali. Mentalmente, ela vê casas com vistas magníficas e ruas silenciosas e seguras para as crianças andarem de bicicleta. Vê as famílias e os amigos interagindo. Prevê uma vida comunitária ecologicamente correta. Ela se sente inspirada pela vista montanhosa e de modo automático pensa em como poderia incorporar elementos em seu atual projeto de construção. Então, decide começar a esboçar algumas ideias assim que voltar para o escritório.

Enquanto elas caminham, o silêncio cai sobre o grupo. Cada uma das três está perdida em seus próprios pensamentos, perdida em suas próprias experiências pessoais do parque nacional.

Nossas atitudes mentais – nossos sistemas de referências – têm grande influência no que notamos e em como vivenciamos o mundo. Cada uma das três tinha um modo diferente de pensar, e cada uma delas vivenciou uma experiência muito diferente no parque nacional.

Nossas atitudes mentais podem determinar quão bem-sucedidos somos na vida. As pessoas com atitudes mentais "cristalizadas", afirmando que o sucesso depende de capacidade inata, são menos propensas a continuar trabalhando duro ao deparar com contratempos do que aquelas com a chamada atitude "mente aberta" – que diz que o sucesso é baseado em trabalho duro e esforço. Não é à toa que a chamada "mente aberta" esteja associada a maiores realizações.[1]

Por incrível que pareça, a atitude mental pode até mesmo provocar mudanças físicas. Um estudo notável revelou que as pessoas, ao pensarem que o exercício está lhes fazendo bem, de fato se beneficiam mais dele fisicamente do que as pessoas sem nenhuma expectativa. O trabalho de arrumadeira de hotel envolve muito esforço físico. Um grupo de mulheres que atua nessa área foi informado de que o trabalho delas era um exercício bom e satisfazia os requisitos recomendados para um estilo de vida ativo. Elas mostraram redução de peso, de pressão sanguínea, de gordura corporal, da relação da cintura e quadril e do índice de massa corporal após quatro semanas. O grupo de comparação que fez a mesma quantidade de atividade física não experienciou esses benefícios.[2]

Embora os modos de pensar sejam fundamentalmente críticos na formação da nossa experiência de mundo, nós raramente prestamos atenção a eles. Nós raramente pensamos sobre os nossos sistemas de referência. Nós raramente pensamos se temos propensão a focar no positivo, no negativo ou em nada em especial. Nós raramente pensamos sobre a nossa atitude mental.

O 4º passo é sobre cultivar uma atitude mental que nos ajude a alcançar os objetivos a que aspiramos e a superar os obstáculos aparentemente insuperáveis ao longo do caminho, vital para realizar o nosso potencial de felicidade. Fazemos isso aprendendo a procurar soluções para os problemas – ao invés de ficarmos atolados neles – enquanto aproveitamos diversas forças, muitos talentos e bastantes capacidades que talvez sequer percebamos que tínhamos.

A abordagem voltada para a solução e com base nos pontos fortes

A noção dos pontos fortes e das soluções é essencial para a Psicologia Positiva. Muito do trabalho da psicologia clínica e da orientação psicológica no passado foi focado em como ajudar as pessoas com doenças mentais ou problemas de vida a superarem essas dificuldades e viverem de modo produtivo e normal. Esse tem sido um aspecto importante da psicologia. Além disso, ela revelou não só como se desenvolvem a depressão e a ansiedade, mas também como a depressão persiste com determinados estilos de pensamento, ajudando as pessoas a se recuperarem. Na psicologia clínica e na orientação psicológica, o foco nos aspectos positivos das pessoas sempre foi menor. Até recentemente, um indivíduo poderia formar-se em psicologia e, então, completar o treinamento de pós-graduação – mais de seis anos de estudo em tempo integral –, e ainda assim não aprender como extrair o melhor das pessoas.

As abordagens voltadas para a solução e baseadas nos pontos fortes concentram-se no que a pessoa tem de bom, no que funciona. Assim, elas procuram criar uma mudança positiva intencional ampliando os pontos fortes ou bons da pessoa, ao invés de achar as fraquezas ou disfunções e corrigi-las. Portanto, é uma virada bem radical em relação ao modelo médico de diagnóstico do problema e tratamento.

A ideia simples que fundamenta tal percurso é a seguinte: "Aquilo em que você se concentrar cresce." Se nos concentrarmos no medo, na ameaça ou no perigo, a nossa mente tenderá a sintonizar-se com eles. É como escutar uma torneira pingando à noite. À medida que prestamos atenção nela, o som parece ficar cada vez mais alto. Da mesma maneira, se nos treinarmos para focar nos pontos positivos, poderemos reorientar nossas mentes para o positivo.

É importante destacar que não estamos defendendo o pensamento positivo irrealista; não se trata de olhar somente o positivo. Não se trata de dizer que aquela pessoa "não está autorizada a ter pensamentos perturbadores, infelizes ou depressivos". Muitas situações da vida provocam naturalmente a angústia e a ansiedade. Precisamos, portanto, ser capazes de vivenciar toda uma gama de emoções, sejam positivas ou negativas. Adotar uma abordagem positiva irrealista e artificial pode ter o efeito de deixar as pessoas infelizes e sentindo-se culpadas ou depressivas por terem os tão chamados pensamentos negativos. O tipo de abordagem ditatorial centrada na ideia de que as pessoas deveriam ter somente pensamentos felizes, ou deveriam somente tratar os eventos dolorosos da vida como "bênçãos" não é o que estamos defendendo. Com frequência, precisamos ser capazes de aceitar e aprender a abraçar os eventos negativos em nossa vida para promover uma mudança real nela.

Estamos dizendo que ser capaz de focar deliberadamente nos pontos fortes e nas soluções traz flexibilidade ao pensamento e à atitude mental. Flexibilidade significa ser capaz de fazer escolhas; é a forma como vivenciamos o mundo. E, para a nossa forma de pensar, a flexibilidade implica liberdade.

Compreender os pontos fortes do caráter

Os pontos fortes do caráter são um sistema útil para entendermos a nós mesmos. Em muitos aspectos eles sintetizam a essência da Psicologia Positiva. Implicam aspectos de nós mesmos, o nosso melhor. Nossos pontos fortes.

Para criar o trabalho embrionário *Virtudes e pontos fortes do caráter* (Character Strengths and Virtues),[3] Martin Seligman e Christopher Peterson prospectaram a maioria das religiões e tradições filosóficas do mundo procurando um conjunto definitivo e onipresente de pontos fortes e virtudes de que os seres humanos precisam para prosperar. Eles concluíram que existem seis virtudes dominantes que quase todas as culturas no mundo endossam – sabedoria e conhecimento, coragem, humanidade, justiça, temperança e transcendência, e, embaixo dessas categorias maiores, 24 pontos fortes distintos que vão desde a criatividade e a sabedoria até a honestidade e a perseverança, a inteligência social, a modéstia e a humildade, o humor, a espiritualidade e a esperança (veja o texto no quadro).

Pontos fortes do caráter

Sabedoria e conhecimento: Capacidades cognitivas que implicam a aquisição e o uso do conhecimento:
- Criatividade [originalidade, engenhosidade]: Pensar de maneira inovadora e produtiva para conceber e fazer as coisas inclui a realização artística, mas sem limitar-se a isso.
- Curiosidade [interesse, busca por novidades, abertura para a experiência]: Interessar-se por uma experiência permanente para si mesmo; encontrar assuntos e tópicos fascinantes; explorar e descobrir.
- Julgamento e mente aberta [pensamento crítico]: Refletir sobre as coisas e examiná-las por todos os ângulos; não tirar conclusões precipitadas; ser capaz de mudar de ideia devido à existência de evidências; pesar todas as evidências de forma justa.
- Amar aprender: Adquirir novas habilidades; dominar novos assuntos e conjuntos de conhecimentos, por conta própria ou formalmente, obviamente relacionados ao ponto forte da curiosidade, mas ir mais além para descrever a tendência de acrescentar sistematicamente à sua bagagem de conhecimentos.
- Perspectiva [sabedoria]: Ser capaz de fornecer conselhos sábios para os outros; olhar o mundo de uma forma que faça sentido para si mesmo e para as outras pessoas.

Coragem: Pontos fortes emocionais que envolvem o exercício do arbítrio para realizar objetivos em vista de oposição, externas ou internas:
- Bravura [coragem]: Não se abater com ameaças, desafios, dificuldades ou dores, manifestando-se pelo que é certo mesmo se houver oposição, agindo com convicção mesmo se for impopular; inclui a bravura física, mas não se limita a ela.
- Perseverança [persistência, diligência]: Concluir o que começar; persistir no curso da ação apesar dos obstáculos; fazer acontecer; sentir prazer ao terminar as tarefas.

- Honestidade [autenticidade, integridade]: Falar a verdade, porém, de um modo mais amplo; apresentar-se de forma genuína e agir de maneira sincera, sem pretensão; assumir a responsabilidade por seus sentimentos e ações.
- Prazer [vitalidade, entusiasmo, vigor, energia]: Abordar a vida com entusiasmo e energia; não fazer as coisas pela metade ou sem entusiasmo; viver a vida como uma aventura; sentir-se vivo e ativo.

Humanidade: Pontos fortes interpessoais que envolvem cuidar das pessoas e fazer amizades:
- Capacidade para amar e ser amado: Valorizar as relações próximas com outras pessoas, em especial aquelas que envolvem carinho e reciprocidade; ser próximo às pessoas.
- Bondade [generosidade, dar amor e carinho, cuidar, ter compaixão, amor altruísta, "ser agradável"]: Fazer favores e boas ações para outras pessoas; ajudá-las; cuidar delas.
- Inteligência social [inteligência emocional, inteligência pessoal]: Estar ciente das razões e dos sentimentos das outras pessoas e de si mesmo; saber o que fazer para ajustar-se a diferentes situações sociais; saber o que faz as outras pessoas vibrarem.

Justiça: Pontos fortes cívicos que sustentam a vida saudável da comunidade:
- Trabalho em equipe [cidadania, responsabilidade social, lealdade]: Trabalhar bem como membro de um grupo ou de uma equipe; ser leal ao grupo; fazer a sua parte.
- Equidade: Tratar todas as pessoas igualmente de acordo com as noções de equidade e de justiça; não permitir que sentimentos pessoais afetem a parcialidade de suas decisões sobre os outros; dar uma oportunidade justa a todos.
- Liderança: Encorajar o grupo do qual você é membro a fazer as coisas e, ao mesmo tempo, manter boas relações dentro dele; organizar as atividades do grupo e assegurar que elas aconteçam.

Moderação: Pontos fortes que protegem contra o excesso:
- Perdão e misericórdia: Perdoar aos que erram; aceitar os defeitos dos outros; dar uma segunda chance às pessoas; não ser vingativo.
- Modéstia e humildade: Permitir que os feitos falem por si mesmos; não se ver como mais especial do que os outros.
- Prudência: Ser cuidadoso com as suas escolhas; não assumir riscos desnecessários; não dizer ou fazer coisas de que possa se arrepender mais tarde.
- Autodomínio [autocontrole]: Dominar seus sentimentos e suas atitudes; ser disciplinado; controlar seus apetites e suas emoções.

> Transcendência: Pontos fortes que forjam as conexões para um universo mais amplo e com mais significado:
> - Valorização da beleza e da excelência [assombro, maravilha, elevação]: Observar e apreciar a beleza, excelência e/ou desempenho habilidoso em várias áreas da vida, da natureza, passando pelas artes, pela matemática, pela ciência e até pela experiência cotidiana.
> - Gratidão: Estar ciente das boas coisas que acontecem, sendo grato por elas, tirando um tempo para agradecer.
> - Esperança [otimismo, disposição para o futuro, orientação para o futuro]: Esperar o melhor do futuro e trabalhar para alcançá-lo; acreditar que um bom futuro é algo que você pode conseguir.
> - Humor [jovialidade]: Gostar de rir e provocar; levar as pessoas a rirem; ver o lado leve; fazer (não necessariamente contar) piadas.
> - Religiosidade e espiritualidade [fé, propósito]: Ter crenças coerentes em relação a um propósito maior e o significado do universo; saber onde você se encaixa dentro do plano maior; acreditar no significado da vida que molda a conduta e dá conforto.

Todos nós possuímos inúmeros desses pontos fortes, num grau maior ou menor; mas os mais valiosos são aqueles em que você se destaca, aqueles que lhe dão uma sensação de fortalecimento e conforto interno.

Os pontos fortes do caráter são compostos por três itens importantes: (1) eles são os aspectos essenciais do nosso caráter; (2) eles são padrões de pensamentos, sentimentos e comportamentos que afloram naturalmente em nós e que sentimos como autênticos, e (3) sentimo-nos energizados e vivos quando estamos usando os nossos pontos fortes.[4]

A ideia é identificar os nossos cinco principais pontos fortes e começar a usá-los em nosso dia a dia. Inúmeros sites fornecem meios para identificarmos nossos pontos fortes. Visite o www.viacharacter.org, ou siga o link para o site *Making Australia Happy* – www.theprojectfactory.com/projects/making-australia-happy/. No site, você precisa responder a uma pesquisa que fornece o esquema para o seu perfil personalizado inconfundível dos cinco pontos mais fortes. Leva cerca de trinta a quarenta minutos para concluí-la.

Identificar o nosso próprio conjunto de pontos fortes pessoais e trabalhar com eles para promover mudanças em nossas vidas é uma ferramenta muito poderosa e uma parte importante da abordagem baseada nos pontos fortes. É como mudar a lente da sua câmera. Mudar o foco nos permite ter uma nova perspectiva e deixar de lado, pelo menos temporariamente, nossa antiga forma de pensar.

Uma vez que você definiu os seus cinco principais pontos fortes, poderá praticar usando um deles de forma nova e diferente todos os dias durante uma semana. Por exemplo, se "amar aprender" for um dos seus principais pontos fortes, comece a colecionar artigos de sua área de interesse e monte um arquivo. Se "amar e permitir ser amado" for um dos seus pontos fortes, pense em formas inovadoras para expressar isso. Algo como um simples telefonema para um amigo ou parente que você tem negligenciado recentemente pode ser bastante eficaz.

Seligman e seus colegas mostraram que identificar os cinco principais pontos fortes de caráter e usá-los de uma maneira nova a cada dia, durante uma semana, pode reduzir a depressão e aumentar a felicidade por até seis meses.[5]

Quando a Liz K descobriu que o seu principal ponto forte era a inteligência social, ela mudou sua forma de pensar sobre determinados assuntos. As pessoas socialmente inteligentes têm consciência de suas próprias razões e de seus sentimentos, bem como das razões e dos sentimentos dos outros. Elas sabem o que faz as outras pessoas vibrarem, e são boas em se ajustarem a diferentes situações sociais. Liz K sabia que tinha essas qualidades fortes, mas havia se habituado a tentar agradar a todos em seu próprio detrimento. Aceitar que você tem que ser agradável para si mesmo e reservar um tempo para você, antes de se disponibilizar para as outras pessoas, aprimora muito os seus relacionamentos com seus amigos e com a sua família.

Natalia descobriu que a curiosidade e a valorização da beleza eram dois de seus cinco principais pontos fortes. As pessoas curiosas são abertas a diferentes experiências, sempre à procura de coisas novas e interessantes. Elas adoram explorar e descobrir, têm interesse em experimentar para seu próprio bem, encontrar assuntos fascinantes. O escopo da valorização da beleza é amplo e inclui a música, as artes, a natureza, a matemática, a ciência. De fato, muitas pessoas encontram beleza nas pequenas experiências do dia a dia.

No passado, Natalia havia aceitado esses traços de caráter como se fossem corriqueiros. Ela saiu fotografando sua vizinhança, o que a fez perceber que conhecer seus pontos fortes de caráter e agir de acordo com eles poderia realmente melhorar sua vida.

O principal ponto forte de Tony era a gratidão. Embora ele estivesse ciente das boas coisas em sua vida e se sentisse grato por elas, não havia ainda disponibilizado tempo para expressar sua gratidão. Tony ficara tão preso nos estresses e nas tensões de sua agenda de trabalho e de compromissos familiares que negligenciara totalmente essa área, sobretudo no trabalho. Ele decidiu recompensar seus funcionários convidando-os para jantar e reservando uma mesa na taverna grega local. Durante o jantar, Tony fez um breve discurso de agradecimento a cada um dos membros da equipe pelo trabalho duro, pela participação de cada qual no crescimento do escritório.

A equipe naturalmente ficou encantada. "Todos nos sentimos mais valorizados depois de hoje à noite. O fato de o seu chefe reconhecer o trabalho duro que você vem fazendo e agradecer-lhe em frente de todos da equipe faz com que você se esforce ainda mais para ser notado, então é bom."

Estranhamente, pode ser bastante ameaçador e absolutamente desconcertante tentar olhar o mundo com o propósito de compreender a si mesmo por meio do foco de seus pontos fortes. Isso significa assumir uma nova perspectiva. Olhar de uma forma nova. Pensar de uma forma nova. Isso significa deixar para trás (pelo menos temporariamente) a antiga forma de pensar.

Não é surpresa, portanto, que possa ser assustador. Podemos descobrir que algumas das nossas mais preciosas concepções de mundo não são verdadeiras. É aí que reside um paradoxo. As pessoas relativamente felizes podem achar mais difícil mudar para o ponto de vista de seus pontos fortes do que aquelas pessoas relativamente infelizes. Se estivermos deprimidos ou angustiados, pode ser que seja por sentirmos que não temos nada a perder. Nesse sentido, o bom pode muito bem ser o inimigo do melhor! Então, se você acha difícil fazer a mudança para a atitude mental com base nos pontos fortes, não se preocupe. Você está em boa companhia.

No caso de Tony, o jantar foi um catalisador que o ajustou para uma nova direção. Ele percebeu que ver o mundo através das lentes da gratidão era um divisor de águas. "Eu costumava ficar zangado ou irritado com a equipe. Costumava focar no negativo. Agora não. Quando fico chateado, digo a mim mesmo 'ok, eles são bons profissionais, são positivos, permanecem positivos.' E, quando eu falo com eles, uso um tom de voz agradável e os incentivo dizendo 'veja, este é o lugar em que errou, não se preocupe, vamos refazer, você é bom nisto, você é ótimo nisto...' Isso veio do dr. Tony. Apenas exercite os seus pontos fortes."

Pontos fortes para a abordagem voltada para a solução

A abordagem baseada nos pontos fortes trata especificamente de tais pontos do seu caráter em uma situação. A abordagem voltada para a solução combina os pontos fortes com o que conhecemos das circunstâncias da pessoa, descobrindo o que funciona para ela e, então, fazendo isso mais vezes.

Nós olhamos para o futuro, em vez de olhar para o presente ou para o passado. O que gostaríamos que tivesse acontecido? Focamos em como corrigir um problema e não nos perguntamos "como é que acabamos tendo esse problema".

Em suma, defendemos uma forte combinação de ambas as abordagens. De fato, vemos uma abordagem combinada de soluções e de pontos fortes como essencial para uma mudança positiva intencional. Diversas concepções importantes escoram a abordagem voltada para a solução. São elas:

• Foco na construção de soluções: O foco é principalmente na construção de soluções, em vez de tentar entender a etiologia (ou causas e origens) do problema. Pergunte a si mesmo "como" e não "por quê".

• Focar no potencial, e não na patologia: Não olhe para as dificuldades e para os problemas da vida como sinais de patologia ou disfuncionalidade. Tente enxergá-los como derivados de um repertório comportamental limitado; precisamos apenas aprender a fazer as coisas de forma diferente. Você é o especialista da sua própria vida: você tem uma compreensão única de si mesmo. As opiniões de especialistas são úteis, mas você se conhece melhor.

• Objetivos claros e específicos: Estabelecer objetivos claros e executáveis, e definir um período de tempo específico para que se realizem.

• A suposição de que a mudança pode acontecer em um curto período de tempo: Você não precisa de muito tempo para fazer a mudança acontecer. Pequenos passos podem provocá-la com rapidez.

• Uma orientação para o futuro: Focar mais no futuro (o que você quer que aconteça), em vez de no presente ou no passado.

Uma atitude mental voltada para a solução

Um dos principais aspectos desta abordagem voltada para a solução é ter a mente aberta, uma expectativa positiva de que a mudança irá acontecer. E é verdade. Mudanças acontecem o tempo todo.

Com uma forma de pensar focada em soluções, estamos procurando dar pequenos passos em uma direção positiva, por meio de coisas simples que irão fazer uma diferença positiva. É possível promover mudanças realmente grandes, e isso é ótimo! Mas não importa quão pequena seja a mudança, e ela não tem que ser exatamente a que planejamos. O importante é a atitude mental positiva sustentando que a mudança pode e vai acontecer.

Há uma razão muito boa para pensar que a abordagem voltada para a solução é útil na criação de mudanças positivas intencionais. Estudos investigativos controlados e aleatórios mostraram que o treinamento voltado para a solução pode ajudar uma vasta gama de pessoas, inclusive executivos[6] e estudantes do ensino médio,[7] a aprimorarem seu bem-estar e desempenho. Além disso, comparada com as questões que exploram o problema (questões focadas nos problemas), uma abordagem voltada para a solução relevou ser mais eficiente para o crescimento progressivo em direção ao objetivo e à melhora do sentimento positivo.[8]

> **A atitude mental voltada para a solução**
> O poder da atitude mental voltada para a solução demonstrado no cenário de boliche de *Making Australia Happy* foi baseado no estudo de um famoso jogo de boliche de dez pinos desenvolvido na Universidade de Wisconsin.*
> Nesse estudo, a intenção do dr. Daniel Kirschenbaum foi explorar os efeitos dos modos negativo e positivo de pensar. Ele escolheu um número grande de jogadores de dez pinos e os dividiu em grupos diferentes. Os grupos A e B receberam instruções de um treinador profissional, incluindo a descrição e a demonstração dos sete principais componentes para um jogo de boliche eficaz. E todos receberam formulários de automonitoramento para controlarem o próprio desempenho, o que deveria ser feito após cada rodada, tendo como referência as sete habilidades essenciais. O grupo A, o "grupo positivo automonitorado", foi instruído para anotar seus desempenhos como bom, muito bom ou excelente frente às habilidades que eles haviam desempenhado bem e para ignorarem o resto. Ao grupo B, o "grupo negativo automonitorado", foi dito para anotarem seus erros a partir de uma escala de referência de ruim, muito ruim e terrível e para se concentrarem em evitar os mesmos erros nas próximas rodadas.
> Incrivelmente, os jogadores de boliche que focaram no que eles fizeram bem melhoraram as suas médias de contagem em até 100%, em comparação com o grupo que se concentrou nas próprias fraquezas.
> * Kirschenbaum, D.S., Ordman, A.M., Tomarken, A.J. e outros, 'Effects of Differential self-monitoring and level of mastery on sports performance: Brain Power bowling' Cognitive Therapy and Research, vol. 6, 1982, pp. 335-41.

A série *Making Australia Happy* levou os voluntários a um jogo de boliche de dez pinos para demonstrar o poder da atitude mental positiva voltada para a solução. Nenhum deles era um jogador de boliche habilidoso. O instrutor local demonstrou as quatro habilidades essenciais que, uma vez dominadas, podem transformar um novato em um jogador de boliche razoável em tempo recorde. Dissemos aos dois grupos que o objetivo da noite era melhorar suas habilidades e que iríamos lhes pedir que avaliassem seus próprios progressos durante tal período.

Em seguida, os voluntários foram divididos aleatoriamente em dois grupos de quatro, posicionados em lados opostos do corredor de boliche. Ambos os times tinham que monitorar seu próprio desempenho. Mas a cada um deles foi dito que monitorassem algo diferente. Dissemos ao grupo A, o time azul, para se concentrar no que eles estavam fazendo certo, e ao grupo B, o time vermelho, para observar seus erros e evitar incorrer neles nas próximas rodadas. Após cada jogada, os membros do time no grupo A deviam anotar seu sucesso e se classificarem dentro da escala de bom, muito bom e excelente. Mas ao time B foi dito que registrassem os próprios erros – dentro da escala de ruim, muito ruim e terrível. O dr. Tony aumentou a pressão ao movimentar-se entre os times apoiando como treinador o time A e criticando os erros do time B.

No final da noite, o time A estava quinze pontos na frente do time B!

Da mesma forma que o desenvolvimento de uma atitude mental positiva para fortalecer os nossos pontos fortes pode nos ajudar em relação aos objetivos de curto prazo, como jogar boliche, ela também é uma maneira poderosa para encararmos e cumprirmos os objetivos de longo prazo a que aspiramos.

Como fazer uma mudança voltada para a solução?

A primeira coisa é decidir usar a atitude mental voltada para a solução. Pergunte a si mesmo: "Estou realmente convencido desta solução, ou ainda estou preso ao problema?"

Existem algumas formas já testadas para criar mudanças voltadas para a solução.

Destacar os momentos em que o problema não existe

Destacar os momentos em que os problemas não existem e usar isso como uma pista para fazer mais o que funciona em tal situação parece óbvio, mas, com frequência, continuamos tentando solucionar problemas usando as mesmas soluções (falhas). Insanidade, como dizem, é fazer as mesmas coisas e esperar resultados diferentes!

Natalia reconheceu estar se negligenciando física e mentalmente, sobretudo porque trabalhava muitas horas a mais. Ela era apaixonada pelos trabalhos sociais e comprometida com eles, mas reconheceu que dez horas por dia ou mais sem nenhuma pausa não era viável. "O trabalho em si é bastante agitado e emocionalmente desgastante, mas a pior coisa disso é que eu poderia ficar trabalhando lá por 24 horas todos os dias e ainda assim não conseguiria dar conta dele."

A abordagem terapêutica convencional é explorar a razão pela qual Natalia parece ser uma workaholic. A abordagem baseada na solução, por sua vez, procura saber se ela já foi capaz de manter sua carga de trabalho sob controle no passado, e ver se podemos encontrar formas para readquirir a habilidade de fazer isso.

Natalia recordou o tempo em que ela começou o trabalho. "Mudei de escritório e realmente fui com esta ideia – bem focada – de que eu iria fazer da mudança algo de fato saudável. Inscrevi-me numa academia e almoçava longe da minha mesa. Eu saía por volta das 17h ou 17h30."

No início, Natalia achava fácil sair cedo porque ainda não estava familiarizada com a enormidade do número de casos. Ela foi capaz de focar nas coisas que tinha que fazer, em vez de focar nas coisas que ela poderia fazer. O dr. Tony sugeriu que essa ainda é a realidade da carga de trabalho dela: Natalia ainda tem que focar nas coisas que necessita fazer, e não nas coisas que poderia fazer. Juntos em uma sessão de treinamento, eles identificaram estratégias que ela poderia usar para recriar aquele tempo, como elaborar uma lista de prioridades logo no início da manhã para aquele dia, ajustar um alarme para lembrá-la de deixar o trabalho cedo, criar entradas diárias para "meu tempo" a fim de que tivesse algum espaço e voltasse para o trabalho refeita e energizada e, mais importante, cuidar de si mesma como ela esperava ser tratada por um empregador atencioso. Suas longas horas eram autoimpostas.

No final da série, Natalia sentiu-se mais no controle da situação e ainda mais capaz para estabelecer melhor suas prioridades, ainda que continue afirmando: "Eu ainda luto para ser uma boa chefe para mim mesma."

Mantê-lo simples e pequeno

Dar passos pequenos, facilmente alcançáveis rumo aos objetivos de longo prazo, em vez de se sobrecarregar com grandes ações no início. Essa tática funcionou para Ben.

Ele estava desesperado para se envolver em relacionamentos significativos e introduzir alguma criatividade e aventura em sua vida. "Eu queria mudar uma porção de coisas, e queria tanto poder tomar uma decisão sobre o que fazer e ter a coragem de fazê-lo." Mas Ben tinha uma dívida de 15 mil dólares que era como uma espada sobre sua cabeça, a qual o paralisava e não o deixava tomar nenhuma atitude. "Tornei-me muito hedonista. Eu saí e fiz tudo o que podia e não me importei com as repercussões de nada do que estava fazendo."

Dr. Tony sugeriu pequenos passos práticos para ajudar Ben a alcançar objetivos maiores:

1 - Limpar o quarto extra em seu apartamento.
2 - Alugá-lo.
3 - Obter uma consulta financeira.

Ben levou algumas semanas, mas finalmente deu os primeiros passos. "Não sei bem o que me fez ligar o interruptor dentro de mim para enfrentar a situação toda e começar a agir. Mas eu acho que chegamos a um ponto em que percebemos ser impossível continuar daquele modo para sempre."

Ele limpou o quarto, anunciou-o e marcou uma hora para ver um consultor financeiro.

"Quero viajar para o exterior e encontrar pessoas e talvez trabalhar ou me oferecer como voluntário de alguma forma. E ter tal objetivo em mente será um instrumento muito bom para eu superar meus problemas financeiros e quitar o débito, porque essa é a ideia, certo? Preciso criar essa liberdade de forma que eu possa ir e explorar o mundo e conhecer pessoas. A motivação existe. Está coçando. Então, estou comprometido."

> **Treinamento focado na solução no local de trabalho**
>
> O dr. Tony Grant e seus colegas da Universidade de Sydney têm outros exemplos de como uma solução focada pode ser um propulsor poderoso de mudança. Um estudo realizado em 2009 envolvendo treinamento focado na solução no local de trabalho revelou que, comparado com um grupo de controle, os executivos que passaram por esse programa tiveram mais sucesso na realização de seus objetivos, aumentando-lhes a adaptabilidade e o bem-estar no local de trabalho, com redução de depressão e de estresse.[1] "Eles também relataram que se sentiram mais autoconfiantes e inspirados, e mais capazes para melhorar suas habilidades de gestão e lidar com a mudança organizacional."
>
> A abordagem voltada para a solução também funciona em escolas. Em outro estudo aleatório controlado, um grupo de adolescentes de 16 anos, todos de uma escola de ensino médio para meninas em Sydney, participou de um programa de treinamento para a vida baseada em evidência.[2] Depois de dez sessões individuais de treinamento, o grupo beneficiado pelo treinamento mostrou menos sintomas depressivos e mais esperança e ainda mais poder de recuperação.
>
> Outro estudo feito pelo Centro da Psicologia Positiva do Reino Unido convidou 240 estudantes para selecionar seus cinco principais pontos fortes no começo do semestre, e, em seguida, selecionar três objetivos pessoais que eles gostariam de realizar durante aquele ano. Eles foram especificamente instruídos para usar seus pontos fortes para ajudá-los a alcançar esses objetivos. A estratégia funcionou. Quando os estudantes usaram esses pontos na tentativa de alcançar seus objetivos, eles desenvolveram mais progressos do que quando não usaram tais pontos.[3]
>
> [1] Grant, A.M., Curtayne, L. & Burton, G., 'Executive coaching enhances goal attainment, resilience and workplace well-being: A randomised controlled study', Journal of Positive Psychology, vol. 4, 2009, pp. 396-407.
>
> [2] Green, L.S., Grant, A.M. A.M. & Rynsaardt, J., 'Evidence-based life coaching for senior high school students: Building hardiness and hope' International Coaching Psychology Review, vol. 2, 2007, pp. 24-32.
>
> [3] Linley, P.A., Nielsen, K.M., Gillett, R. e outros, 'Using signature strengths in pursuit of goals: Effects on goal progress, need satisfaction, and well-being, and implications for coaching psychologists', International Coaching Psychology Review, Vol.5, 2010, pp. 6-15.

Classificar o seu progresso numa escala de 1 a 10

A escala é uma forma versátil de medir subjetivamente a experiência, e pode ser usada de muitas maneiras diferentes. Rumamos ao nosso objetivo passo a passo, e sempre nos perguntando: "O que será necessário para chegarmos ao próximo ponto na escala?" Lembre-se de que precisa apenas fazer um ponto de cada vez. Pequenos passos somados realizam grandes feitos!

Prestar atenção aos recursos escondidos

É impressionante como muitas vezes um problema que se apresenta pode ter recursos e pontos fortes não reconhecidos. É um clichê, embora seja verdade, afinal todo problema é a semente de sua solução.

Uma razão para o Ben ser capaz de acender o interruptor foi que ele aprendeu a valer-se de recursos internos que não sabia possuir. Ele se achava incapaz de tomar decisões. Mas uma sessão de treinamento com o dr. Tony o ajudou a assumir uma perspectiva diferente. Quando o dr. Tony acompanhou um dia típico na vida de Ben, ele pôde observar que Ben estava bastante acostumado a tomar decisões. Mesmo algo aparentemente tão trivial como escolher ir a um local para ouvir a banda A em vez da banda B, passando pelo ato de comprar a entrada, envolve um processo de tomada de decisão confiante.

Cade, por exemplo, estava desesperado para cair fora de seu trabalho monótono como agendador de tarefas de TV e ir para a produção, mas sentia medo de fazer a mudança, principalmente por temer o fracasso. Então, o dr. Tony mostrou-lhe que, no lugar de focar em todas as coisas que ele temia, Cade poderia ser proativo e recorrer à sua enorme piscina de recursos criativos. O hobby e a paixão de Cade é fazer videoclipes que ele publica na internet. O dr. Tony, portanto, incentivou-o a pensar em sua busca por um novo trabalho como uma grande metáfora, na verdade, como um filme. Eles o chamaram de "A excelente aventura de Cade: provações e atribulações de um candidato a um emprego." Ele, "o Grande Cade", seria o diretor do filme sobre "o Pequeno Cade".

Conforme eles discutiam o enredo do filme e desenvolviam um script imaginário de filmagem, Cade descobriu que estava conseguindo chegar a um verdadeiro plano de ação. Ele percebeu que dispunha das habilidades para elaborar o material promocional para empregadores em potencial, pois tinha contatos na indústria a quem poderia pedir ajuda e apoio, e ele poderia até mesmo encarar uma recusa porque já havia experimentado o fato de algumas de suas peças de hobby terem sido rejeitadas on-line, e sabia que isso não era o fim do mundo.

Conseguir um trabalho na produção agora parecia um objetivo possível. "Enxergar esse projeto como se fosse um curta-metragem decomposto em pequenas partes, em vez de vê-lo como uma montanha imensa, fez-me sentir que era totalmente alcançável", disse Cade. "É um pouco de luz no fim do túnel, e isso é muito emocionante."

Possibilidades da linguagem

As possibilidades da língua envolvem conversar sobre problemas de maneira a estimular soluções possíveis. Uma técnica muito conhecida é a "pergunta mágica", algo como: "Imagine que você foi para a cama à noite e quando acordou o problema havia desaparecido de forma mágica e a solução estava lá... Mas você não sabia que a solução havia aparecido.... Qual é a primeira coisa que você poderia notar que lhe diria que a solução estava lá?" Se você acha que o linguajar está um pouco confuso ou fantasioso, mude a forma de perguntar: "Se as coisas estivessem um pouco melhor, o que seria diferente?"

Stephen queria mais tempo livre e também mais tempo com sua família. Mas ele não conseguia ver como conseguir isso sem prejudicar o trabalho. Essa situação estava deixando-o muito infeliz. No entanto, quando solicitado para imaginar como seria o seu dia se as coisas fossem diferentes, ele pintou um cenário que acabou por ser muito factível.

"Em um dia ideal, eu acordaria e não pensaria em como chegar mais cedo ao trabalho ou no que eu precisaria fazer nele. Eu pensaria em praticar alguns exercícios, fazer algo pelo meu corpo. Estaria mais relaxado. Minha atitude seria mais aberta. Então, teria mais base para desfrutar atividades com a família e mais comunicação no trabalho."

Até o final das oito semanas, Stephen havia se comprometido a chegar a sua casa mais cedo do trabalho, pelo menos uma vez por semana, a tempo de jantar com a família. Ele havia começado a caminhar três manhãs por semana antes de trabalhar, bem como a levar seu filho para correr e jogar tênis e golfe. Stephen se sentiu mais relaxado, e sua família e colegas disseram que ele estava mais cheio de vida e mais comunicativo.

A "carta do futuro"

A ferramenta final para criar possibilidades é escrever uma carta do futuro para você mesmo.

Pedimos a Liz para fazer esse exercício. Nós a incentivamos a sonhar alto. Ela achou que a experiência foi muito poderosa, ajudando-a a ver que o futuro não era nem de longe tão assustador como ela sempre imaginara, especialmente depois que se separara do seu parceiro.

Na carta, ela se permitiu sonhar em encontrar um novo parceiro e viver em segurança financeira, talvez abrir seu próprio consultório de naturopatia, praticar vários esportes competitivos, e também em continuar em seu caminho espiritual com a yoga e a meditação. Quando terminou de escrever a carta, nós a diagramamos como um artigo de revista e a devolvemos para Liz como uma lembrança.

Lendo a carta, Liz percebeu que tudo que havia sonhado era alcançável, desde que começasse promovendo pequenas mudanças. Um passo de cada vez. "Eu não sei o que o futuro me reserva, mas, lendo todas estas ideias no papel, percebo que são todas viáveis, todas factíveis", disse ela. "Eu comecei a considerar a possibilidade de estudar... apenas algumas horas por semana para que eu possa adequar à minha agenda sem muita pressão ... Poderia ser naturopatia. Definitivamente será algo espiritual. Não sei o que o futuro me reserva, mas eu realmente sinto positividade nele e acredito que boas coisas virão no meu caminho."

> **Estrela da série de TV da ABC de 2010 revela o sonho da sua vida**
>
> Uma vez devastada pela ansiedade, a naturopata Liz finalmente encontrou serenidade pessoal.
>
> Aos 45 anos, a vida está só melhorando para Liz. A devotada mãe de dois adolescentes superou muitos desafios mentais e financeiros enfrentados durante décadas, e finalmente mostrou para que veio.
>
> Residindo no interior oeste de Sydney, Liz possui casa própria na tranquila rua sem saída de Newtown, onde mora com seu filho de 16 anos e sua filha de 14. Ambos são estudantes modelo e, recentemente, seu filho recebeu um prêmio de realização criativa pelo trabalho em um projeto de construção da escola – um talento que ficou evidente desde cedo. Liz emociona-se com o sucesso dele, e apoia a iniciativa do rapaz de administrar uma empresa de construção.
>
> Naturopata bem-sucedida com consultório na área, ela é conhecida por sua franqueza e atitudes imparciais. Liz sempre trata pessoas de todas as classes sociais da comunidade com suas terapias especializadas, e até mesmo montou uma clínica semanal de recuperação para crianças desfavorecidas de famílias da classe socioeconômica baixa.
>
> Trabalhar com saúde natural é o complemento perfeito para a paixão de Liz por saúde e boa condição física. Há tempos ela se inscreveu para correr e fazer musculação, e atualmente está treinando para o Triathlon Noosa. Com várias corridas em seu currículo, sem dúvida, será uma concorrente forte a ser enfrentada na categoria acima dos 40 anos.
>
> Mas a vida não foi sempre tão cor-de-rosa para Liz. Com a morte do pai quando ela ainda era muito jovem, e da sua mãe, de câncer, quando ela tinha apenas 22 anos, sua vida na juventude foi dura. Ela também batalhou por mais de uma década com transtorno alimentar, o que a levou a uma prolongada ansiedade e problemas de autocontrole.
>
> Foi sua aparição na série de TV *Making Australia Happy*, na ABC, em 2010, que lhe deu o ímpeto para comprometer-se seriamente em transformar sua vida. Na época, ela havia acabado de romper seu casamento de doze anos, tinha problemas financeiros e estava atormentada pelo sentimento persistente de que faltava algo em sua vida. Liz ansiava por algum tipo de paz interior e tranquilidade, o que equivaleria à satisfação e à felicidade.
>
> Solicitada para solucionar seus vários problemas, Liz assumiu o controle da sua vida e enfrentou os demônios todos de cabeça erguida. Tendo sacrificado seus próprios desejos pessoais e de autoconhecimento em prol de suas relações pessoais, ela finalmente conseguiu um tempo para se analisar detalhadamente, colocando todos os clichês de lado, e, assim, encontrar-se.
>
> Ciente de que precisava melhorar a conexão de sua mente com seu corpo, Liz se inscreveu na yoga, e rapidamente percebeu seu próprio potencial de cura e

> revitalização. Ela passou a dominar a forma Iyengar e a explorar a forma mais atlética Ashtanga, não apenas colhendo os benefícios físicos, mas também se valendo das dimensões espirituais em sua busca pela paz interior. Por sorte, foi por meio das aulas de yoga que ela conheceu seu atual parceiro e sua alma gêmea, também um triatleta com quem ela agora treina e compete. Ela credita à yoga e à meditação a ajuda para desenvolver confiança em suas próprias capacidades e parar de se preocupar com as opiniões dos outros.
>
> Apesar de ela não ter tido oportunidade de viajar muito até o final dos seus 30 anos, devido às suas limitações financeiras e familiares, Liz estava determinada a ampliar seus horizontes. Seu retorno à sua terra natal, Polônia, implicou um despertar cultural que a conectou novamente às suas raízes. Sua busca espiritual levou-a a Roma, às ilhas gregas e à grande Europa, culminando com uma viagem à Índia, em busca de maior prática da yoga e de conhecimento espiritual.
>
> Hoje, por meio da sua busca pela naturopatia, yoga e pintura, uma expressão criativa descoberta por ela mesma apenas recentemente, Liz alcançou equilíbrio entre a vida pessoal e o trabalho. Ela conquistou segurança financeira e encontrou a capacidade para relaxar que havia lhe escapado durante a maior parte da sua vida. Sua busca pela serenidade tem sido uma longa jornada, mas, depois de chegar a esse ponto, ela não está olhando para trás.

Como escrever a sua carta

Escolha uma data do futuro. Selecione um período de tempo de pelo menos três meses, ainda que possa englobar muitos anos. Imagine que você tivesse viajado para o futuro nessa data e que agora você está sentado escrevendo uma carta para si mesmo, descrevendo como a sua vida mudou, como você fez para se livrar das coisas que o perturbavam, como você ficou mais feliz.

Quando escrever a carta, no lugar de focar no negativo, nas coisas que o arrastaram para baixo, tente se concentrar nos pontos fortes do seu caráter. Concentre-se em seus pontos fortes pessoais e escreva sobre como eles o ajudaram a promover mudanças positivas. Certifique-se de incluir seus valores essenciais. Você pode reler o 1º passo – objetivos e valores – e ver o que pensou na época.

Na carta, descreva o que está acontecendo em sua vida. O que você está pensando e sentindo. O que você está fazendo. O que você está curtindo. Escreva sobre cada área da vida que você possa imaginar: saúde, finanças, romance, carreira, muitas viagens! Escreva sobre o que for mais importante para você. Escreva sobre como as suas necessidades e seus valores estão sendo satisfeitos e como estão motivando-o.

Você talvez também queira escrever sobre como criou essas mudanças. Seja o mais detalhista que puder. Permita que a sua mente divague.

A "carta do futuro" é uma ferramenta simples e poderosa para a mudança. Ao longo dos anos, ela tem sido usada por milhares de pessoas.[9] E funciona não apenas com aquelas que se veem como tipos "criativos", mas também com uma incrível ampla gama de tipos diferentes de personalidade, incluindo os pilotos de teste da Força Aérea Real Australiana, capitães da indústria, professores escolares, construtores e contadores.[10] Ela realmente funciona!

5º Passo: Gratidão

"Obrigado" – uma palavra que pode fazer um mundo de diferença tanto para o que doa quanto para o que recebe. Quando dedicamos tempo para nos sentirmos gratos, para apreciar as coisas e para expressar esse sentimento de apreciação de alguma forma, a vida parece ficar melhor. Nós reproduzimos a palavra em vez de lutar contra ela. Reparamos na beleza. O mundo parece diferente, melhor. É difícil ficar deprimido quando se é grato.

A gratidão é um estado de agradecimento e de apreciação. Apreciar significa dedicar o tempo para observar e então reconhecer seu valor e significado, bem como sentir uma ligação emocional positiva com ele. Paradoxalmente, em nossa sociedade consumista, com toda sua riqueza e todo conforto material, a expressão de gratidão genuína pode ser bem difícil para muitos de nós, em parte porque crescemos acostumados com a gratificação instantânea por encomenda, ou com o "jeitinho". O esforço materialista, a rotina hedônica, estão fortemente associados à vida de insatisfação e de infelicidade. As expressões de gratidão têm o potencial de reduzir os esforços materialistas e, ao fazê-lo, podem reduzir o impacto negativo dos esforços materialistas em nossos níveis de satisfação com a vida.[1]

A palavra gratidão deriva do latim *gratia*, que significa graça, graciosidade, fazer as coisas com bondade, generosidade e apreciação pela beleza de dar e receber, atributos que podem facilmente ser eliminados do nosso tempo, pobres vidas contemporâneas.

Gratidão como alicerce

A ideia de que o cultivo e a expressão da gratidão sejam um alicerce essencial para uma vida feliz e virtuosa é encontrada em toda a história nas religiões do mundo e nas tradições espirituais. Todas as tradições budistas, hinduístas, muçulmanas, cristãs e judaicas valorizam a gratidão.

A maioria dessas religiões tem celebrações anuais de ação de graças, sendo que a origem de muitas delas está em festivais de colheita. Mas serão as celebrações tradicionais de gratidão meramente imperativos morais, ressacas religiosas, ou rituais supersticiosos? Alguns acham que é este o caso, mas a ciência mostra que a gratidão traz alguns benefícios bastante claros.

Gratidão saudável

A gratidão é associada à felicidade. A gratidão como um estado emocional e uma atitude perante a vida é uma fonte valiosa de força humana.

Sentir gratidão não apenas melhora a satisfação com a vida em geral, mas também o pensamento grato pode ser uma forma muito útil de levantar o nosso astral.[2] Na verdade, a gratidão tem um efeito mais poderoso sobre o bem-estar do que sobre a personalidade, e apresenta fortes ligações com o crescimento pessoal, com um propósito na vida e com autoaceitação, possibilitando relacionamentos positivos com os outros.[3]

Os relacionamentos são importantes. Uma das nossas necessidades humanas básicas é sermos apreciados e valorizados, e lembrados de forma positiva. As expressões de gratidão fomentam o desenvolvimento de relacionamentos positivos. Em um estudo interessante de estudantes universitários durante a semana de doação dos membros veteranos da faculdade para os novos membros, foi revelado que a gratidão daqueles que receberam as doações antecipou resultados positivos significativos para os relacionamentos. A gratidão parece ser um importante lubrificante social.[4]

A gratidão evolui

A gratidão pode muito bem ter um valor evolutivo, ou de desdobramento. As pessoas sentem-se gratas quando alguém que intencionalmente despendeu esforços a favor delas as beneficia. A experiência da gratidão em geral motiva os beneficiados a retribuírem aos seus beneficiadores. Os beneficiários podem até ampliar a generosidade para outras pessoas, pois, quando nos sentimos gratos, somos mais propensos a praticar atos de bondade para os outros, e tais atos, por sua vez, podem gerar outras ações de generosidade e bondade. E mais, o efeito altruísta da gratidão parece ser mais do que uma simples resposta ao fato de sentir-se bem por receber algo, o que parece ser uma descoberta intercultural. Por exemplo, pesquisadores chineses procuraram saber se receber um favor específico e intencional de alguém poderia encorajar mais o comportamento pró-social do que apenas receber um presente por acaso. Então descobriram que as pessoas beneficiadas pelo favor ajudaram mais e mostraram mais gratidão em comparação aos participantes que o receberam por acaso.[5]

Os teóricos evolucionistas argumentam que esse tipo de reciprocidade positiva desempenha um papel único na evolução social humana.[6] Pense na última vez em que alguém fez questão de expressar-lhe uma gratidão genuína por algo que você havia feito. Como você se sentiu? As probabilidades são de ter se sentido valorizado e apreciado. As possibilidades são de que você tenha se sentido mais inclinado a repetir essa ação. Compare essa memória com o tempo em que você despendeu para ajudar alguém ou fazer algo para alguém que apenas aceitou sem nenhum reconhecimento. Sem nenhum agradecimento. Todo o seu trabalho duro não foi apreciado e nem mesmo notado. Como você se sentiu então? Você se sentiu compelido a repetir o gesto? A gratidão conta nos relacionamentos.

5 PASSO: GRATIDÃO

As consequências da gratidão

Robert A. Emmons, da Universidade da Califórnia, Davis e os colegas estão engajados em um projeto de pesquisa de longo prazo sobre a natureza da gratidão e suas potenciais consequências para a saúde e o bem-estar humanos. Eles descobriram muitas evidências que apoiam os tipos de intervenção de gratidão positiva sugeridos neste passo crucial do programa da felicidade.

Em uma série de três estudos, eles pediram às pessoas para se concentrarem regularmente em suas bênçãos e para manter um diário de gratidão.[1]

O primeiro estudo solicitou a estudantes que mantivessem um diário semanal. Pediram-lhes que pensassem na semana anterior e escrevessem cinco coisas de sua vida pelas quais eles eram gratos. Os participantes citaram "acordar esta manhã", "a generosidade dos amigos", "a Deus por me dar determinação", "pelos pais maravilhosos", "a Deus por apenas mais um dia" e "aos Rolling Stones". Ao grupo de controle foi solicitado que listassem os problemas que os haviam incomodado ou aborrecido. Eles escreveram coisas como "dificuldade em achar vaga para estacionar", "cozinha bagunçada que ninguém limpa", "dinheiro acabando rapidamente" e "fazer favor para um amigo que não expressou reconhecimento". O grupo da gratidão se sentiu melhor sobre sua vida no geral, e foi mais otimista sobre a semana vindoura do que os participantes do grupo dos "problemas".

O segundo estudo foi semelhante em muitos aspectos, exceto que os diários foram usados diariamente por duas semanas. Outro grupo de controle foi acrescentado, constituído por estudantes que foram convidados a pensar e a listar de que maneiras eles estavam numa situação melhor do que os outros. Novamente, o grupo da gratidão desfrutou um aumento de humor e otimismo, mas os participantes também se mostraram mais propensos a oferecer apoio emocional a alguém ou a ajudar alguém com algum problema pessoal.

O terceiro estudo foi determinado para ver se a gratidão poderia ajudar as pessoas portadoras de doenças crônicas a se sentirem melhor. Adultos com doenças neuromusculares foram convidados a manter um diário sobre suas bênçãos por três semanas. Comparados aos grupos de controle, eles relataram níveis mais altos de humor positivo, mais otimismo e sentimento de ligação mais amplo com os outros. Eles também dormiram melhor. As pessoas que lhes eram próximas confirmaram os relatos.

Mais recentemente, Emmons e seus colaboradores vêm trabalhando com pessoas jovens e estão descobrindo que ser grato pode ajudar a experimentar aumentos duradouros de bem-estar. Duzentos e vinte e um adolescentes foram aleatoriamente designados para contar suas bênçãos ou escrever sobre os problemas enfrentados em suas vidas. Assim como com os estudos anteriores, contar as bênçãos levou a um aumento de gratidão e melhoria do bem-estar.[2] Os que praticaram gratidão também eram os mais alertas, entusiasmados, determinados, atentos e energizados em comparação com aqueles que consideravam estar em condições melhores do que os outros, mas que não fizeram qualquer menção de serem gratos por isso. Os pesquisadores também

> demonstraram que as crianças que praticam o pensamento da gratidão têm atitudes mais positivas em relação às suas escolas e às suas famílias.
> [1] Emmons, R.A. & McCullough, M.E., 'Counting blessings versus burdens: An experimental investigation of gratitude and subjective well-being in daily life' Journal of Personality and Social Psychology, vol. 84, 2003, pp. 377-89.
> [2] Froh, J.J., Sefick, W.h& Emmons, R.A., 'Counting blessings in early adolescents: An experimental study of gratitude and subjective well-being' Journal of School, vol. 46, 2008, pp . 213-33.

Os efeitos positivos da gratidão parecem ser universais. Embora grande parte da pesquisa tenha sido realizada nos Estados Unidos, o relacionamento positivo entre gratidão, felicidade, bem-estar psicológico e uma vasta gama de pontos fortes de caráter tem sido encontrado em muitas culturas, inclusive no Reino Unido, na Croácia,[7] no Japão,[8] na Tailândia[9] e na China. Em um estudo sobre os pontos fortes do caráter em 54 nações, a gratidão foi um dos pontos fortes encontrado consistentemente em todas elas.[10] Parece que podemos todos nos beneficiar com a gratidão e a apreciação.

Benefícios da gratidão

Os efeitos da gratidão mostram-se em situações pouco esperadas. Um estudo procurou ver se as diferenças individuais da gratidão estavam relacionadas à qualidade do sono. A conclusão foi que a gratidão previu melhor qualidade subjetiva do sono e da duração dele, e também menos sono diurno disfuncional.[11] O efeito da gratidão sobre o sono foi ainda mais forte do que o efeito dos traços de personalidade, como a neurotização.

Clientes gratos são bons para os negócios.[12] Eles observam em especial a generosidade dos vendedores. Aparentemente, os clientes consideram uma vasta gama de fatores ao julgarem o serviço que receberam, tais como a percepção de risco da generosidade de um vendedor, isto é, o que está custando ao vendedor ser generoso, se é um comportamento normal e quão verdadeiro é o gesto. Todos esses fatores influenciam o nível da gratidão do cliente. Assim, tais níveis sobem, acompanhados pela ampla gama de outros fatores, incluindo as intenções de compra, a lealdade do cliente e as compras reais.

Músculos apreciativos da atenção?

De muitas maneiras, a gratidão é uma habilidade. Aqueles de nós que não nasceram gratos devem trabalhar a gratidão para desenvolvê-la, particularmente as pessoas com propensão para a depressão e a ansiedade. Precisamos desenvolver nossos músculos apreciativos da atenção, dedicar-nos deliberadamente para fazer pequenas mudanças positivas em nossas vidas. A mente é como um músculo. Quanto mais a utilizamos, quanto mais fizermos exercícios mentais específicos, mais fortes os nossos "músculos da mente" se tornam. Uma forma simples e altamente eficaz é praticar o exercício das "três coisas boas".

Um estudo experimental aleatório controlado examinou os resultados da emoção positiva e do bem-estar de 82 pessoas, as quais registraram regularmente os eventos positivos em suas vidas. Os resultados mostraram que os eventos felizes registrados melhoraram significativamente o bem-estar dos participantes.[13]

Três coisas boas na vida

Conforme discutimos ao longo deste livro, nós também navegamos pela vida com o piloto automático ligado, passando displicentemente de um dia para o outro. Complacentes e confortáveis em nossos padrões comportamentais e de atitude mental, nós raramente paramos para ver como estamos tratando a vida, ou como poderíamos fazer mudanças positivas. O exercício das "três coisas boas na vida" combina gratidão com apreciação. É muito simples. Você escreve três coisas que foram bem no decorrer do dia e uma explicação da causa de cada uma delas, ou seja, por que cada qual aconteceu. Um estudo controlado aleatório comparou o exercício das "três coisas boas na vida" com um grupo de pessoas que simplesmente escreveu sobre as primeiras memórias da infância. A pesquisa descobriu que os efeitos desse exercício levavam algum tempo para aparecer, e as pessoas no estudo investigativo não mostraram melhoras por um mês seguido. Mas, um mês depois de iniciarem o exercício, a felicidade delas havia aumentado e os sintomas de depressão diminuído, e elas continuaram mais felizes e menos depressivas por ao menos três meses até cinco meses, período de acompanhamento.[14]

Muitas delas descobriram que o exercício era tão gratificante que continuaram a praticá-lo.

Para os voluntários da série *Making Australia Happy*, houve uma alegria a mais com o exercício. Todas as vezes que o diário é lido, você renova a sua alegria e, conforme a Natalia descobriu, isso a ajudou a se concentrar nas boas coisas da vida dela, em vez de ser levada a pensar nas más. Em uma semana, a lista de "bênçãos" de Natalia incluiu:

- Um dia razoavelmente calmo no trabalho.
- Chegar a sua casa com segurança caminhando de volta realmente tarde na outra noite.
- Flores crescendo no jardim.
- Um bate-papo com um rapaz no café local.
- A bondade dos outros.
- Água fresca em um copo limpo.
- Um pôr do sol lindo com uma luz suave por trás das nuvens.
- Ver pessoas apaixonadas e felizes juntas.

Uma forma de aumentar a eficácia do exercício das "três coisas boas" é falar deliberadamente sobre elas. Compartilhe-as com amigos, colegas e família. Você pode até mesmo postá-las no Facebook ou em outras redes sociais. Enfim, poderá se surpreender com a eficácia desse exercício simples para aumentar os seus níveis de bem-estar.

Experimente compartilhar as três coisas boas com a sua família. Você pode fazer isso durante uma refeição familiar, em uma conversa casual ou em qualquer momento do dia. Algumas pessoas acham que praticar esse exercício intencionalmente com sua família é um grande desafio, pois quebra os padrões bem-estabelecidos de conversação. É estranho, mas muitas vezes relutamos em conversar sobre as coisas boas na vida, mesmo com as nossas famílias. O dr. Tony achou que o Stephen e sua família poderiam realmente se beneficiar do exercício de compartilhar três coisas boas. Como tantas outras famílias, eles acabavam se enredando no que não funciona, em vez de falar das coisas que estavam funcionando. Stephen estava em um constante estado de culpa por chegar a sua casa tarde depois do trabalho, e a tensão e a culpa não contribuíam para a atmosfera familiar ideal.

O dr. Tony juntou-se a eles para o jantar em uma noite para apresentar-lhes o conceito das "três coisas boas". "Elas podem ser coisas muito pequenas", disse a eles. "Pode ser apreciar a beleza do dia. Pode ser o fato de você ter feito uma caminhada, ou um grande jogo de futebol. Pode ser uma refeição agradável que você compartilhou. Ou até coisas muito grandes. Mas o importante é que elas sejam coisas pelas quais você se sente grato, a ponto de, quando você der um passo atrás, dizer: 'Sim, aquilo foi realmente muito bom.'"

Ben, filho de Stephen, foi o primeiro a compartilhar suas três coisas boas: "Eu estava na escola hoje e não tive nenhuma tarefa por três períodos, isso foi bom, e depois eu fui para o parque, uma coisa que eu gosto muito de fazer. E o papai chegou cedo em casa hoje, isso foi bom, e jantamos juntos para variar, isso foi bom."

Stephen viu imediatamente como o exercício enriqueceria a sua percepção da vida diária. "Muitas vezes eu me esforço para lembrar o que fiz durante todo o dia, mas dessa forma o pensamento ficará registrado em minha mente para ativá-lo para esses momentos, o que será uma boa forma de ajustar a minha atitude mental a fim de abrir-me mais para as coisas positivas que vão acontecer, em vez de ficar atolado nos problemas que passo o dia todo resolvendo."

Parece que as expressões de gratidão têm efeitos positivos importantes em muitas, muitas áreas: saúde, felicidade e até nos negócios. Mas precisam ser ouvidas por alguém, e aceitar as expressões de gratidão e a apreciação de outras pessoas pode não ser sempre fácil.

"Não foi nada, imagine!"

Embora possamos achar relativamente fácil expressar a nossa gratidão aos outros, muitos de nós achamos difícil receber expressões de gratidão. Ficamos sem graça. Encerramos o comentário apreciativo com a expressão: "Não foi nada, imagine."

Ser reconhecido e apreciado é desconfortável para muitos de nós. Sentimo-nos sob pressão, sob os holofotes, sem graça. Para escapar desses sentimentos desconfortáveis, nós sumariamente descartamos os comentários e tentamos seguir adiante.

Mas, ao fazê-lo, nós de fato roubamos da outra pessoa a sua oportunidade de nos presentear: o presente da gratidão. Mesmo se da nossa perspectiva vejamos nosso ato ao outro como pequeno ou insignificante, não podemos realmente saber o efeito que ele teve sobre a pessoa. Receber demonstrações de gratidão com dignidade e aceitar os comentários de apreço vale não tanto por nós, mas muito mais pelos outros.

Receber comentários de apreciação com elegância pode ter uma influência positiva sobre nós, pessoalmente, em especial se criamos alguma coisa, mas achamos difícil nos aceitarmos como indivíduos criativos. Essa é a situação para artistas que ficam, surpreendentemente, muitas vezes sem graça quando sua arte é elogiada. É estranho, porém pessoas criativas podem ficar mais à vontade com as críticas do que com os elogios.

Aprender a aceitar o elogio dos outros com elegância é uma ferramenta útil de desenvolvimento pessoal. Ao aceitá-lo, permitindo-nos estar abertos para comentários de apreciação, estamos de fato aprendendo a nos aceitar. E tal aceitação não precisa mais do que um simples "Obrigado, eu agradeço seus comentários positivos".

Cade achou muito difícil aceitar o apreço pelo seu trabalho artístico. Ele lutou para ver valor ou qualidade em sua arte, apesar do fato de postá-la on-line e receber um bom feedback.

"Sinto-me estranho ao ser elogiado pelos meus amigos, e mais ainda pelas pessoas que eu nunca vi", disse ele para o dr. Tony. "E também fico preocupado que eles possam pensar que sou presunçoso." O dr. Tony treinou Cade para considerar o elogio e a apreciação como um presente que os outros estavam lhe dando em troca do presente artístico que ele lhes dera. Cade entendeu que aceitar o elogio é permitir que os outros saibam que você os aprecia. Na noite de sua mostra de arte, ele foi capaz de aceitar comentários apreciativos, positivos, que o ajudaram a se ver como um artista e a valorizar seu próprio trabalho.

Procurar falhas ou benefícios

Apesar dos benefícios óbvios de se ter uma atitude de gratidão e de apreciação em relação à vida, de tempos em tempos nos vemos engolfados em um quadro mental de ingratidão e desaprovação. Para muitas pessoas, essa atitude mental triste, que procura falhas, algumas vezes parece dominá-las por um tempo. Para outras pessoas, a tristeza é como uma atitude mental automática padrão – elas apenas parecem focar naturalmente no negativo.

Procurar falhas é um jeito maravilhoso de estragar o seu dia, e de estragar os dias das pessoas à sua volta. A maioria de nós já viveu dias em que parecíamos automaticamente sintonizados no que estava errado. Não importa o que nos era dito, tudo que ouvíamos era sarcasmo, comentários fragmentados e más intenções na essência da mensagem. Isso pode ser especialmente verdade para aqueles relacionamentos pessoais ou profissionais de longo prazo. Quando não lidamos com os nossos ressentimentos, e o legado tóxico deles cresce com o tempo, parece que encontramos falhas em todos os lugares para onde nos voltamos, especialmente naquelas pessoas que conhecemos bem: elas não levaram a nossa opinião em consideração. Sentimos como se fôssemos tratados com desrespeito ou ignorados. Em retaliação, passamos a procurar os erros delas. Observamos cuidadosamente suas ações, antecipando suas falhas, imperfeições, erros. Sim – que alegria: conseguimos provar que estávamos certos e elas, erradas. Justificado! Nossos ressentimentos eram justificados, nós procuramos e até achamos mais exemplos de falhas.

Compare essa situação com a descoberta dos benefícios. Descobrir benefícios é o ato de procurar mudanças positivas que ocorreram como resultado de dificuldades ou situações desafiantes da vida, como doença, acidentes ou outros eventos angustiantes. Não é surpresa alguma a pesquisa mostrar que a procura por benefícios está claramente associada aos aumentos positivos no bem-estar.[15] Podemos achar benefícios até mesmo nos acontecimentos mais difíceis e dolorosos da vida. Com muita frequência, as pessoas estão enfrentando grandes dificuldades, como uma doença ou um trauma grave, e encaram-nas bem, procurando se concentrar nas mudanças positivas que ocorreram como resultado. Entretanto, reavaliar o significado dos eventos da vida não é fazer uma cara alegre nem assumir um estado de negação. Descobrir benefícios não é dizer às pessoas que estão sofrendo: "Apenas pense positivo e a dor vai passar", ou "seja positivo e a vida será mais fácil". Pelo contrário, trata-se de escolher como enxergar a nossa situação de vida.

Em um estudo, pacientes com câncer aleatoriamente designados para escrever sobre a procura por benefícios – escrevendo sobre os benefícios de suas experiências com o câncer – tiveram menos consultas médicas posteriores por problemas relacionados à doença do que aqueles que escreveram sobre os fatos de sua doenças.[16] Descobrir benefícios depois de um ataque do coração reduz o risco de ter outro ataque. Pode até mesmo reduzir o risco da AIDS, mortalidade relacionada aos indivíduos com HIV positivo.[17] Descobrir benefícios funciona não apenas para reduzir os níveis de atividade em nosso sistema de resposta ao estresse, mudando a nossa percepção sobre futuras situações estressantes, mas também para aumentar a nossa capacidade de desenvolver maneiras construtivas de lidar com elas. Tudo isso nos ajuda a definir nossos objetivos e focar neles, em vez de nos sentirmos oprimidos e fora de controle.[18]

Descobrir benefícios é procurar coisas pelas quais podemos mostrar apreço e gratidão, mesmo em meio à adversidade. Assim como procurar falhas nos leva a notar cada vez mais as falhas, os problemas e as dificuldades, descobrir benefícios nos ajuda a desenvolver os níveis da nossa gratidão.

Visita e carta de gratidão

À medida que você conta as suas "bênçãos" e benefícios, também pode reconhecer que existem determinadas pessoas às quais você é grato. Expressar isso escrevendo uma carta de gratidão para elas é outra forma comprovada de torná-lo mais feliz. Psicólogos muito conhecidos da linha positiva – Martin Seligman, Tracey Steen, Nansook Park e Chris Peterson – descobriram que as pessoas que escreveram uma carta de agradecimento para alguém a quem nunca haviam agradecido de forma apropriada se mostraram mais felizes e menos depressivas no período de até um mês depois de escrevê-las do que aquelas que escreveram sobre uma memória antiga, e os benefícios duraram por até três meses.[19] Chris Peterson recomenda que você leia a carta em voz alta para a pessoa a quem está agradecendo, e acrescenta que, se assim agir, você verá uma melhora mensurável em seu humor e bem-estar.[20] Na verdade, afirma-se que a visita de agradecimento é um dos exercícios mais poderosos na Psicologia Positiva.

Orientações para uma visita e carta de agradecimento

Você pode escrever a carta da forma como desejar. Recomenda-se que você a leia em voz alta para a pessoa, se possível, ou alternativamente você pode visitá-la e então entregar-lhe a carta para ela ler enquanto você estiver lá. Se não for possível entregar a carta pessoalmente durante uma "visita de agradecimento", você pode postá-la no correio, enviá-la via fax ou e-mail. Em seguida, você deve complementar o ato telefonando para a pessoa. Se, por alguma razão, essas opções não forem possíveis, você poderá ler em voz alta como se ela pudesse ouvir. Você talvez queira fazer isso em um lugar especial, que lhe traga fortes lembranças. Algumas pessoas acharam que essa foi uma forma muito útil para expressar gratidão aos pais, ao parceiro ou aos amigos que faleceram.

Foi isso que Liz decidiu fazer. Ambas – ela e a mãe – sempre foram muito próximas, e Liz continua triste pelo fato de a mãe ter falecido antes de os filhos da própria Liz nascerem, em parte porque nunca os conhecerá, mas, especialmente, porque, desde que teve as crianças, ela passou a valorizar ainda mais a própria mãe. No entanto, Liz nunca teve a oportunidade de dizer a ela o quanto a valorizava.

"Estou escrevendo uma carta de agradecimento para a minha mãe [ela escreveu em seu diário], apesar de ela ter falecido há nove anos... Eu nunca tive a chance de me relacionar com ela em termos de mãe para mãe, porque ela faleceu um ano antes de eu ter meu primeiro bebê. Agora, como mãe, eu sou muito grata e valorizo o tipo de mãe que ela foi, porque muito da sua forma de me educar está sendo transmitida para os meus filhos. Se eles sentirem por mim metade do que eu sinto pela minha mãe, eu serei muito feliz."

Liz decidiu que o melhor lugar para ler a carta era na casa onde ela crescera, a qual já passara por melhores momentos, mas ainda lhe parecia muito familiar. Ela começou a ler:

Querida Bubs [nos últimos dez anos de sua vida, nós a chamávamos de Bubs], eu sinto saudades de você todos os dias. Eu nunca lhe disse a mãe fantástica que foi porque você morreu antes de eu ter meus próprios bebês. Você me fez quem eu sou hoje, e sou muito grata pela pessoa que fez desabrochar em mim. Eu vi você ser gentil com pessoas de todos os níveis sociais. Você nunca foi rude. Você sempre teve tempo para todos. Você doava para as instituições beneficentes. Você amava os animais. Eu aprendi tudo isso com você e eu gosto disso. Sou grata pelas boas maneiras que você incutiu em nós. E agora eu estou transmitindo isso para os meus dois filhos. Algumas vezes as pessoas me olham com estranheza por tentar dizer a uma criança de 3 anos que ela precisa comer com a boca fechada ou segurar os talheres de forma apropriada, mas vê-los desenvolver essas boas maneiras ao longo dos anos é o testemunho de seu modo de nos educar, porque foi o que você nos ensinou a fazer. Mesmo você sendo 45 anos mais velha do que eu, a idade não nos aproxima ou distancia de ninguém. Se houver afinidade, ela existe e pronto. E nós éramos muito próximas.

Em função de suas habilidades maternas serem tão abrangentes, fica difícil eu identificar exatamente o que lhe agradecer. Há tanta coisa. Acredito que só o fato de tê-la visto ser uma pessoa tão agradável e tão boa já é o suficiente para eu lhe ser tão grata. Sinto que sou tão boa mãe quanto você, e não poderia lhe ser mais grata por isso.

Você não foi apenas a minha mãe. Você me ensinou tudo sobre ser uma mãe sem perceber. Eu a vejo revelando-se em meu papel de mãe o tempo todo, e isso me deixa muito orgulhosa. Não posso pensar em nada mais gratificante do que ser a mãe que você foi. Espero que os meus filhos conversem e riam comigo como eu fazia com você. E eu a amo agora tanto quanto a amava quando você ainda estava comigo.

Sinto a sua falta. Queria tanto que você ainda estivesse aqui, mas eu sei que você está por perto. Eu sei que você está me ouvindo agora e também a vejo se revelando nas várias características das minhas crianças, e eu adoro isso. Se eu pudesse tê-la comigo novamente, eu adoraria mais do que tudo tomar um café em nosso local favorito no centro comercial. Só que dessa vez seria eu, você e as crianças. Um dia, estaremos juntas novamente.

Foi a primeira vez que Liz colocou todos esses pensamentos juntos no papel. Apesar de ela sentir tantas saudades de sua mãe, escrever e ler a carta em voz alta não a deixou triste. Pelo contrário, fez com que se sentisse feliz e positiva. "Há alguma coisa real e confortante sobre o fato de eu colocar todos esses pensamentos e sentimentos no papel e lê-los em voz alta."

Algumas pessoas acham que ajuda manter a carta por um determinado tempo (digamos, uma semana) e lê-la todos os dias durante esse período. Você talvez queira escrever sobre os itens abaixo:

1 - Por que você está escrevendo esta carta.

2 - Quais as coisas pelas quais você é grato. Seja o mais específico possível.

3 - Descreva as coisas pelas quais você é grato em termos concretos.

4 - Descreva como o comportamento das pessoas que o ajudaram afetou você. Como você se beneficiou. O que você aprendeu.

5 - Permita-se entrar em contato com o sentimento de gratidão que você descreveu.

6 - Leia e releia a carta para assegurar que ela capte os seus pensamentos e sentimentos.

7 - Estabeleça dia e horário para fazer a sua "visita de gratidão".

8 - Faça a visita (para muitas pessoas esta é a parte mais difícil, mas também a mais benéfica).

A carta de gratidão em geral é um exercício desafiador, na medida em que talvez também seja extremamente emotivo. Os efeitos podem ser bastante poderosos, tanto para quem a escreve quanto para quem a recebe. Mas os resultados podem ser bem surpreendentes.

Stephen escolheu agradecer ao seu pai. "Ele fez tanto por mim e foi um modelo para minha vida... e eu nunca lhe agradeci ou expressei reconhecimento de forma apropriada... É muito difícil dizer às pessoas como você se sente em relação a elas, pelo menos para mim, então este exercício é um pouco desafiador."

Stephen se sentiu bastante emocionado enquanto escrevia a carta, mas ficou extremamente desapontado consigo mesmo quando chegou a hora de lê-la, pois ele se sentiu fracassado. "Eu estava tentando mostrar ao meu pai o quão grato sou pelas coisas que ele me ensinou, e uma das quais foi que mostrar suas emoções é um sinal de força e não de fraqueza." Apesar do poder de seus sentimentos, Stephen não mostrou qualquer emoção. "Então, de certa forma, eu sinto que o decepcionei." Contudo, ao refletir, ele achou que o exercício havia sido imensamente valioso para acentuar a grande área em que ele precisava continuar a trabalhar. "Eu quero ser um modelo para os meus filhos, assim como papai foi para mim, e isso significa não ter medo de mostrar as minhas emoções. E eu percebo que vai levar tempo e exigir prática, mas é o que eu estou buscando."

Lembre-se, entretanto, de que a carta não é apenas um exercício de "eu quero me sentir bem". Trata-se de expressar a nossa gratidão e apreciação a alguém. Em última análise, não se trata de nós; trata-se deles. Aliás, apesar de quaisquer falhas na entrega da carta de Stephen, seu pai, Tom, ficou absolutamente encantado e profundamente tocado. "Escutar o Stephen ler aquela carta para mim foi algo que realmente quero guardar no coração. Ela ficará comigo pelo resto da minha vida."

A realidade de se escrever a carta de gratidão e depois entregá-la pode ser bem diferente das suas expectativas, então, é muito importante escrevê-la e entregá-la sem nenhuma expectativa inflexível de como ela será recebida, ou de qual será a sua própria resposta. Manifeste a sua gratidão sem expectativa de se sentir melhor. Faça-o simplesmente por acreditar que manifestá-la seja a coisa certa de fazer.

E, durante o seu dia, dentro da trama da sua vida, reserve tempo para uma pausa que lhe permita apreciar o que as outras pessoas fazem por você. Manifeste a sua gratidão. Dedique um tempo para dizer "obrigado", palavra que realmente pode fazer um mundo de diferença.

6º Passo:
Perdão

Qual é a pior coisa que alguém já fez para você? Talvez você tenha sofrido bulling na escola? Talvez tenha sido desacreditado no trabalho? Ou seu cônjuge o deixou sem lhe avisar? Você pode ter sido vítima de um crime horrível. Quase todos nós já experimentamos ser simplesmente abandonados por um namorado ou por uma namorada. Muitos de nós já trabalhamos para um chefe abusivo ou agressivo.

Você está ressentido? Guarda rancor? Uma rápida olhada nas manchetes dos jornais dos dois últimos meses sugere que muita gente pode afirmar: "Eu nunca vou perdoar o que ele fez para minha irmã caçula", diz o irmão de uma jovem esposa abandonada pelo marido, um jogador de futebol mulherengo. "Eu nunca vou perdoar a crueldade e a maneira como ela decidiu se livrar de mim", diz um apresentador de TV sobre a sua antiga chefe. "Eu nunca vou perdoar a ambos em função de tudo que aconteceu", diz a mãe de uma mulher jovem assassinada por um casal de adolescentes.

Você pode achar que é impossível perdoar insultos e dores profundas, mas a maravilha é que as pessoas perdoam, e, quando elas o fazem, sua saúde física e mental melhora muito.[1] O perdão é um dos atos mais difíceis do mundo, mas é maravilhoso como a maioria das pessoas aprende a perdoar mesmo quando elas consideravam praticamente impossível e fora de questão.

Neste passo, você deverá identificar uma dor ou um rancor que tenha guardado. Você vai aprender a perdoar a essa pessoa e seguir em frente. Mas, primeiro, precisamos entender o processo do perdão.

Perdoar não é tolerar, esquecer, negar ou desculpar as ações da pessoa que as cometeu.[2] O verdadeiro perdão significa ser capaz de enxergar o ofensor com compaixão. Exige uma mudança significativa de perspectiva. E começa com você reconhecendo seus ressentimentos, para então ser capaz de libertá-los. Não é fácil, especialmente quando as mágoas são de longa data e pessoais. Ainda mais porque elas são como veneno para o nosso espírito, um câncer da alma.

Os ressentimentos não são controlados; manifestam-se em nossas vidas nublando o nosso julgamento e perturbando-nos emocional, física e mentalmente, e, com frequência, desencadeando comportamentos de autodefesa.[3] Eles nos tiram o poder e nos colocam no papel de vítimas. Eles nos aprisionam ao passado e funcionam como uma barreira importante que nos impede de aproveitar o presente e realizar o nosso potencial de felicidade. E, o pior de tudo, se não reservarmos um tempo para fazer um levantamento emocional, ou seja, um balanço de como realmente pensamos e nos sentimos, podemos não estar cientes dos efeitos destrutivos dos rancores em nosso corpo e em nossa mente.

Claro que é fácil perdoar as coisas que não são profundamente dolorosas ou mesmo quando o nosso ressentimento não é profundo, e praticar o perdão diariamente é uma ferramenta importante em nossa caixa de ferramentas de bem-estar e felicidade. Mas os ressentimentos arraigados não são assim; não são descartados facilmente. Eles voltam para nos assombrar na calada da noite. Acordamos fervendo de raiva pela forma como fomos tratados ou pelas palavras de alguém. Em meio a um dia agradável, a nossa paz de espírito é invadida por pensamentos de indignação. A nossa visão do mundo fica contaminada. Nós tramamos uma vingança. Procuramos humilhar o ofensor, vingar-nos, pagar na mesma moeda, e fazê-lo pagar. Perversamente, podemos até nos pegar desfrutando dos nossos ressentimentos. Afinal, eles podem ser uma forma muito útil de desviar o nosso foco de promover uma verdadeira mudança! E a melhor coisa sobre ressentimentos é que eles nos fazem "certos" e a outra pessoa, "errada".

Os ressentimentos não têm sido muito discutidos na literatura da

Psicologia Positiva. Alguns defensores dela parecem fugir dos aspectos dolorosos da nossa vida, promovendo erroneamente o sorriso simplista, a abordagem feliz da vida. Mas, antes de podermos realmente perdoar, precisamos entender como funciona o processo do ressentimento.

Quantas vezes pensamos "já superei isso" ou "eu lhe perdoo", somente para descobrir mais tarde que o ressentimento continua a aflorar repetidas vezes? Para realmente praticarmos o perdão, livrarmo-nos dos ressentimentos que nos aprisionam, precisamos entender como eles controlam a nossa perspectiva e o nosso comportamento. Precisamos entender como os nossos padrões de pensamento se transformam em uma ruminação ressentida. Uma vez que compreendemos a natureza do ressentimento, podemos aprender a perdoar.

Rebekah e Natalia estavam tão conectadas a ressentimentos arraigados que elas se viam e viam o mundo através de uma lente de amargura e hostilidade.

Rebekak já estava na metade do programa quando ela finalmente confrontou essa realidade. Viu-se diante de uma escolha: infectar toda a sua própria família com o legado de uma infância infeliz, perpetrando as antigas dores, ou mudar a história. Mas ela sentia medo de mudar.

Não é tão simples e direto livrar-se de sentimentos aos quais você se apegou, mesmo que possa não gostar deles ou do tipo de pessoa em que você se transformou.

Natalia estava tão marcada pela dor que a havia infligido que isso moldou a forma de ela pensar sobre tudo, desde como se sentia sobre seu corpo até quais seriam as perspectivas de seu casamento.

Existem duas partes importantes do processo do ressentimento: reviver a dor e abrigar um rancor.[4]

Reviver a dor

Uma vez que tenhamos sido feridos e a semente do ressentimento semeada, nós passamos a reviver a dor com frequência. Mentalmente, nós revemos a história várias vezes, ruminando-a, pensando nela e sentindo a dor. Podemos nos esforçar para desfazer tais ações em nossa mente, tentando torná-las melhores. Talvez até nos imaginemos fazendo ou dizendo algo que teria feito a diferença. Podemos, enfim, visualizar mentalmente as ações partindo de perspectivas diferentes. Cada vez que fazemos isso, experimentamos mudanças psicológicas importantes e muito reais.[5] A nossa pressão sanguínea sobe, a frequência cardíaca dispara, as emoções se agitam, as imagens mentais tornam-se mais vívidas.

Todas as vezes que revivemos a dor, incorporamos mais e mais a história de "eu sou uma vítima".[6] Na verdade, estamos treinando o nosso cérebro para recordar e reviver o acontecimento. Com o passar do tempo, talvez até comecemos a perder o controle da situação, com pensamentos, sentimentos e imagens da nossa dor aparecendo constantemente em nossa vida. Podemos até começar a vivenciar um transtorno de estresse pós-traumático, o qual não difere dos recorrentes ataques de ansiedade que as pessoas têm após sofrerem um trauma.

Abrigar o rancor

Juntamente com a prática de sentir a dor, também temos propensão a abrigar um rancor associado com o ressentimento. O abrigo é um local de acolhimento, um refúgio. Abrigar algo significa o acolhermos. Mantê-lo seguro. Cuidar dele. O rancor é um sentimento de amargura, de raiva ou de indignação. Guardá-lo é fomentar a má-vontade. Na realidade, ao abrigarmos um rancor, estamos criando um lar para sentimentos negativos dentro de nós mesmos, contribuindo para o coquetel venenoso que já está destruindo uma parte de nós.

Os ressentimentos nos afetam física e emocionalmente. Eles estão associados ao aumento da pressão sanguínea, às doenças cardíacas, aos aumentos dos níveis do hormônio cortisol e às mudanças neurológicas na estrutura do cérebro.[7] Conectamo-nos literalmente com a raiva. Sentimo-nos estressados e deprimidos. Ruminamos, ficamos relutantes, hostis e amargos. Com frequência, um ressentimento em relação à outra pessoa acaba se tornando um ressentimento contra nós mesmos ao longo do tempo.

Nesta seção, vamos ver as histórias de Rebekah e Natalia mais profundamente, porque ambas têm muito a nos contar sobre o processo de fazer as pazes com ressentimentos do passado e seguir em frente para o perdão.

História da Rebekah

"Eu quero fazer uma distinção entre a minha família atual e a minha família de origem, a família onde nasci e cresci, porque isso é realmente importante. Há uma aversão sistêmica. Começou com a minha mãe. Para contar a verdade, ela simplesmente não tinha a capacidade e as habilidades para realmente ensinar seus filhos a terem relacionamentos normais e amorosos.

Sinto que sou continuamente acusada de coisas pela minha família de origem, como que eu sou uma pessoa má, que fiz muitas coisas ruins. E quando eu pergunto a alguém: 'O que realmente eu fiz?', ninguém me conta. Na verdade, nunca alguém jamais reconheceu qualquer coisa em minha vida, nem boa nem má. Minha mãe nunca nem mesmo admitiu o nascimento dos meus filhos.

Não quero ficar batendo na tecla da dor, mas sinto que nunca fui ouvida. E sinto que todas as vezes que eu tento dizer alguma coisa para a minha família de origem, falam que eu cale a boca.

Minha mãe tenta perturbar o ambiente dentro do grupo familiar. Ela reclama de tudo e de todos. E de mim. E eu convivo com isso. Todos os dias. É só alguém mencionar a sua própria família, sua mãe ou um irmão ou uma irmã, e lá estou eu de volta.

Acho que isto é a coisa mais egoísta da minha família: não proporcionar um lugar seguro de amor incondicional. Porque eles não sabem como agir, nunca souberam como fazer isso para eles mesmos ou uns pelos outros. Então não tenho a quem recorrer quando necessito de algum conselho imparcial ao discutir assuntos originados em minha própria família."

É disso que se trata o ressentimento. Ele realmente tem uma forte influência psicológica negativa sobre nós. E tal ocorrência está muito bem documentada. O ressentimento aumenta o estresse e a raiva, levando-nos à exaustão. Sentimo-nos exauridos. A raiva respinga em todas as outras áreas da nossa vida, minando a nossa capacidade de lidar com as situações.

Mas, para Rebekah, o mais prejudicial – e ela sabe disso – é que acabou adotando os mesmos padrões de comportamento que tanto despreza.

"É assustador. Mesmo não sendo uma mãe ausente, tenho consciência do perigo que existe de eu cair na cilada das antigas histórias e tornar-me uma mãe ausente para os meus filhos. Quero achar um jeito de estancar esse processo porque eu sei o quanto é prejudicial. No entanto, ele está muito arraigado, até em nível molecular, porque é tudo o que conheço e venho praticando. Faz parte da minha constituição. Isso é o que eu conheço."

Este aspecto de algo inato ressoou em Natalia, que sentiu que seus sentimentos de dor haviam se enraizado tanto nela que faziam parte de quem agora era. Ela não se sentia necessariamente confortável com aquela pessoa, mas estava acostumada a ser daquela forma, e não tinha certeza de que poderia ou deveria mudar.

História da Natalia

"Tive uma amizade que acabou abruptamente após quinze anos. E não apenas isso; minha amiga fez questão de que fosse extrema e intencionalmente doloroso, o que ainda me incomoda muito. Ela me acusou e simplesmente se recusou a atender aos meus telefonemas. E, então, do nada, surgiu uma carta digitada. Uma vez ela me disse que nada poderia ser mais grosseiro do que digitar uma carta para um amigo próximo, e ela havia tido o trabalho de digitar a carta para ser ainda mais maldosa. E ela foi maldosa. As coisas que disse foram horríveis.

Muitas das coisas que realmente ficam voltando à minha mente foram plantadas naquela carta. Elas retratavam as minhas próprias inseguranças de qualquer maneira. E ela me conhecia bem o suficiente para saber disso. Tal fato aconteceu há quase sete anos. Agora, ao fazer um levantamento da minha vida e perceber que não sou exatamente o que eu quero ser, eu me lembro daquela carta e penso que ela estava certa, e isso é amedrontador e muito desagradável."

Quando pressionada a pensar sobre o que estava acontecendo na vida da amiga para motivá-la a escrever essa carta, Natalia continuou: "Ela, provavelmente, sentia muito medo. Estava recém-separada e assustada por ter se tornado uma mãe solteira com duas crianças pequenas, e sem apoio."

O comportamento da amiga poderia ser compreendido nesse contexto. Parece que ela havia atacado verbalmente Natalia como uma criança que bate na pessoa que mais ama ou naquela que lhe é mais próxima. Ela diz "Odeio você. Vá embora!", enquanto o que ela quer dizer é "Me abrace". Mas isso não significa que a Natalia deveria se sentir responsável ou culpada. O fato de forma alguma absolve a amiga da responsabilidade pelo que ela fez. Mas entender é o começo do processo da empatia.

> **O poder do perdão**
> Crescem as evidências de que as pessoas que perdoam os erros do passado impostos a elas são consideravelmente menos irritadiças, mais otimistas e apresentam melhor saúde do que aquelas que se recusam a perdoar e a esquecer.[1] Um exemplo poderoso é um estudo que ofereceu uma terapia do perdão para um grupo de mulheres que haviam sofrido abuso emocional no casamento.[2] Durante vários meses, elas foram incentivadas a seguir um processo de perdão constituído de quatro etapas, atualmente sendo testado para tratamento e pesquisa: primeiro, examinar a injustiça do abuso e considerar o perdão como uma opção; segundo, tomar a decisão de perdoar; em seguida, o trabalho difícil de perdoar: ficar de luto pela dor da injustiça, abandonar o ressentimento e desenvolver a boa vontade; em última análise, encontrar um significado no sofrimento injusto, descobrir a liberação psicológica e um novo propósito.
> Durante o mesmo período, um segundo grupo recebeu uma terapia alterna-

tiva especificamente recomendada para mulheres que sofreram abuso emocional. Ela abre espaço para a tristeza, mas foca na validação da raiva, nas habilidades da assertividade e no relacionamento interpessoal. O grupo do perdão vivenciou um aumento significativamente maior de melhoria do que o outro no teste de acompanhamento de depressão, de ansiedade e de sintomas de estresse pós-traumático.

O ressentimento está associado à elevação da pressão sanguínea, às doenças cardíacas, aos aumentos dos níveis de cortisol e às mudanças neurológicas na estrutura do cérebro.[3] Diversos estudos revelam que o perdão parece reverter essa condição. Em outra pesquisa, 70 pessoas foram convidadas a recordar memórias dolorosas.[4] Solicitaram-lhes que cultivassem novamente antigos ressentimentos e rancores e, em seguida, cultivassem uma resposta empática e se imaginassem perdoando à pessoa que as havia magoado na vida real. Conforme o esperado, os pensamentos de não perdoar tensionaram os músculos, aumentaram o suor, dispararam o coração e elevaram a pressão sanguínea, sintomas que persistiram por algum tempo. Ao passo que, ao pensarem no perdão, as respostas envolvendo alterações foram reduzidas em todo o quadro.

Em um futuro não muito distante, os cientistas acreditam que poderão ser capazes de demonstrar como o perdão tem um efeito psicológico profundo em nosso sistema nervoso. Sabemos que recordar ressentimentos e antigas histórias diz a uma parte do cérebro – a que processa as lembranças e as emoções – para que envie hormônios de estresse. É provável que o processo de perdoar mude as sequências neurológicas, de forma que os sinais de estresse sejam interrompidos ou suprimidos.

[1] Konstam, V., Marx, F., Schurer, J. e outros, 'Forgiving: What mental health counselors are telling us' Journal of Mental Health Counseling, vol. 22, 2000, pp. 253-67.

[2] Reed,G. & Enright, R., 'The Effects of forgiveness therapy on depression, anxiety, and post-traumatic stress for women after spousal emotional abuse', Journal of ConsUlting and Clinical Psychology, vol. 74, 2006, pp. 920-9.

[3] Clark, A., 'Forgiveness: A neurological model' Medical Hypotheses, vol. 64, 2005, pp. 649-54.

[4] van Oyeri Witvliet, C., Ludwig, T.E. & Vander Lann, K.L., 'Granting forgiveness or harboring grudges: Implications for emotion, physiology, and health' Psychological Science, vol. 12, 2001, pp. 117-23.

Perdão

Portanto, como praticar o perdão? A maioria de nós vai apenas tentar "perdoar e esquecer", esperando que a dor desapareça. Infelizmente, isso raramente funciona. Perdoar é tomar uma decisão consciente de adotar uma atitude de compaixão em relação a alguém que nos magoou. É um processo. Para muitas pessoas, exige um bom tempo e repetidos esforços. Trata-se também de nos distanciarmos da "história" que criamos sobre sermos "a vítima".

Todas as vezes que voltamos a cultivar a dor, seja em nossa cabeça, seja contando aos nossos amigos a coisa terrível que alguém fez contra nós, incorporamos ainda mais o nosso papel de vítima em nosso psique. Se os nossos amigos nos incentivam a estender a nossa raiva e a procurar algum tipo de revanche, provavelmente ficaremos presos indefinidamente no papel de vítimas.

Mas você tem uma escolha. Imagine mudar a história. Em vez de ser a vítima, nesta nova história, você será a pessoa forte, com controle do seu próprio destino. Apesar da grosseria, da maldade ou da crueldade do mal sofrido, você pode seguir adiante.

Existem muitos programas cientificamente comprovados que ensinam o processo do perdão. Um dos mais conhecidos e usados mais frequentemente pelos orientadores profissionais é o programa RIACA, que é um acrônimo formado pelas frases a seguir.[8]

- Relembrar a dor.
- Identificar-se com a pessoa que o magoou.
- Altruísmo, o dom do perdão que você oferece.
- Compromisso de perdoar.
- Agarrar-se ao perdão.

Veja como isso funciona.

Orientações para um processo de perdão

1 - Relembrar a dor. Se você se sente oprimido por sentimentos de medo ou raiva, use os exercícios e as habilidades da atitude mental que você aprendeu para relaxar, mas não os reprima. Recorde-se de tais sentimentos totalmente, mas, à medida que eles surgirem em sua mente, comece a pensar nos aspectos diferentes da história. Se for realmente traumático, faça isso em companhia de um amigo ou terapeuta.

2 - Identificar-se com a pessoa. Esta é a parte difícil do perdão: tenha compaixão pela pessoa que o ofendeu. Quando pensar sobre o malfeito, tente entender quais teriam sido os motivos. Quais os fatores na vida daquela pessoa que podem tê-la levado a agir da forma como agiu? Você pode começar a contemplar a ideia de ter alguma responsabilidade pelo que aconteceu? Mesmo se não puder, pelo menos reconheça que, independente da ofensa horrível, os humanos são todos falíveis. Então, embora você não tolere o que a pessoa fez, você tem compaixão por ela.

3 - O presente altruísta do perdão. Como já aprendemos, doar-nos faz com que nos sintamos bem, seja oferecendo uma nota de 20 dólares para um estranho, seja fazendo um trabalho voluntário para a comunidade. Para você alcançar o benefício do ato de perdoar, ele deve ser verdadeiro. Um presente de verdade. Dado de livre-arbítrio. O perdão não é uma mera ferramenta de negociação para você se livrar dos maus sentimentos. Temos de deixá-los ir cultivando um sentimento verdadeiro de empatia. Compaixão verdadeira. À medida que permitimos que eles desapareçam, deixamos de ser uma vítima amargurada, hostil. A história mudou.

4 - Comprometa-se a perdoar publicamente. Compartilhar o perdão o deixa mais "real", sendo mais difícil de escapar dele. Uma forma poderosa de fazer isso é escrever uma carta para a pessoa que o magoou.

5 - Agarre-se ao perdão! Se os antigos sentimentos de vingança dolorosa voltarem, reconheça-os pelo que são, e use estas técnicas para lidar com eles e deixá-los desaparecer novamente.

Escrever uma carta de perdão

Você pode escrever a carta como desejar, mas não deverá enviá-la. Assim, pode escolher destruí-la depois de escrevê-la e lê-la em voz alta, ou pode escolher guardá-la. Algumas pessoas acham que ajuda manter a carta por um tempo (digamos, uma semana) e lê-la todos os dias durante esse período. Você talvez queira escrever sobre os itens a seguir:

1 - Por que você está escrevendo esta carta.

2 - O que é que o deixou ressentido. Seja específico.

3 - Como o comportamento da outra pessoa o afetou.

4 - Como você entende o ponto de vista dela, ou por que ela fez o que fez.

5 - Qual é o seu papel na manutenção do ressentimento.

6 - Sua manifestação de perdão.

7 - O que você aprecia na pessoa, e uma manifestação dos seus melhores desejos para ela no futuro.

Você saberá que funcionou se sentir que um peso imenso foi tirado dos seus ombros. Entretanto, o perdão raramente é um evento isolado. Os ressentimentos podem muito bem ressurgir.

Convidamos Rebekah e Natalia a escrevem cartas de perdão. O que segue é uma transcrição editada das cartas delas e de seus sentimentos ao redigi-las.

Natalia escreveu:

"Escrevo esta carta para me libertar dos sentimentos negativos que tenho em relação a você... O que mais me dói em seu comportamento foi o fato de você ter se recusado a conversar comigo... Você usou todas as minhas inseguranças para me atingir o máximo que podia.

O impacto sobre mim foi enorme, especialmente em relação à minha capacidade de confiar nas outras pessoas, e levou-me a questionar a minha confiança em mim mesma como boa amiga. Minha autoestima caiu profundamente; meus sentimentos de segurança e sobre o que eu poderia esperar dos outros foram abalados.

Eu sempre acreditei que o meu comportamento atencioso e positivo em relação aos outros seria recompensado. Talvez seja uma verdade universal que isso não é necessariamente algo em que as pessoas possam confiar. Mas por uma amiga que foi tão próxima por quinze anos eu nunca sonhei que poderia ser tão maltratada.

Tenho guardado este ressentimento, relendo a sua carta venenosa e permitindo que ela me machucasse até o ponto de me consumir e alimentar ainda mais as minhas inseguranças.

Suspeito que parte de mim não queria nem mesmo libertar tal ressentimento por ter sido o que restou da nossa relação. Sinto que agora, olhando para trás, posso entender melhor as suas atitudes, e estou pronta a perdoar-lhe e deixar isto para trás. Você também é apenas humana. Você estava sofrendo terrivelmente e, talvez, tenha atacado a pessoa mais próxima de você: eu. Posso entendê-la e perdoar-lhe.

Existiam tantas coisas que eu amava e apreciava em você, a sua natureza artística e seu amor pela simetria, pela beleza e perfeição. O seu amor pelas palavras e pela língua, sua malícia e seu humor. Compartilhamos algumas crenças e valores que fizeram de mim a pessoa que sou hoje. Tivemos uma ótima relação e um estreito vínculo durante os anos de formação das nossas vidas. Eu a admiro por avançar em territórios desconhecidos e assustadores para fazer o que sentia ser o certo. Espero que a sua vida seja feliz e cheia de amor. Desejo o melhor para você e sua família, agora e no futuro."

Natalia sentiu-se fisicamente modificada depois de escrever a carta. Ela ficou surpresa de ver como havia sido capaz de experimentar empatia em relação à sua amiga, e com tanta sinceridade. Sentiu-se "mais leve", como se um peso tivesse sido tirado de cima dela.

Rebekah disse: "Escrevi minha carta para os meus pais, e realmente tive muito trabalho para me identificar com eles. Acho que acabei conseguindo, mas resisti muito e o final foi muito difícil. Eu realmente tive que cavar fundo e tentar encontrar algo em comum com eles, talvez a experiência de ser mãe."

A carta de Rebekah:

"*Queridos mamãe e papai:*

Há muita dor e sofrimento em minha vida. Como parte do processo de cura e para que eu possa seguir em frente, aprendi que preciso perdoar vocês para ficar livre do ressentimento. Sinto como que tivesse ficado corajosa, embora ainda um tanto assustada. Desenvolvi uma compreensão melhor sobre mim mesma e sobre como eu funciono no mundo.

> *Desejo de coração viver bem e plenamente a vida, livre do passado das gerações anteriores e das memórias que nublam e me aprisionam ao passado, roubando-me do meu futuro e do potencial e da capacidade de eu viver conscientemente. Meu maior ressentimento decorre da falta de preocupação que vocês dois tiveram comigo enquanto eu era uma criança. Vocês viviam muito ocupados e envolvidos em suas próprias dores e ressentimentos para enxergarem o quanto afetaram as pessoas à sua volta.*
>
> *Mãe, o seu egocentrismo, e papai, a sua incapacidade de se conectar e se comunicar de forma genuína afetaram muito a minha vida. Tenho lutado bastante para me sentir aceita e amada pelo mundo, o que é uma façanha impossível...*
>
> *Eu lhes perdoo por serem pais ausentes. Obrigada por me darem a vida e, ao fazê-lo, eu pude dar a vida aos dois menininhos mais maravilhosos de todo o universo. Sou realmente grata pelo precioso dom da vida, o maior presente de todos. Mesmo com seus altos e baixos, eu amo o que a vida me deu. Eu sei que em algum lugar de seus corações vocês realmente me amam incondicionalmente.*
>
> *Eu lhes desejo alegria, paz interior, realização e, acima de tudo, que vocês dois possam fazer as pazes com o mundo e com todos que nele habitam, e achar um lugar de amor incondicional e aceitação.*

Rebekah confessou que inicialmente ela lutou para escrever a carta porque não estava convencida de que realmente queria "liberar" os seus pais, como ela fez. Esta é uma virada e tanto no perdão: desistir do nosso direito de vingança, desistir do direito de dar o troco e de fato permitir que o ofensor seja liberado. Mas até o fazermos, somos nós os prisioneiros que ficamos nos debatendo no anzol da vara. Rebekah foi capaz de reconhecer que continuar fisgada pelo anzol era mais assustador do que descobrir como seria a vida depois de liberar os pais.

Mas ela também percebeu que escrever sua carta não havia apagado magicamente o seu ressentimento. Tanto ela quanto Natalia teriam que continuar a trabalhar no processo do perdão.

É disso que se trata a última parte do processo RIACA: agarrar-se ao sentido do perdão, porque ele vai e ele volta, assim como o ressentimento.

Perdoar pode ser um processo lento e doloroso. Não acontece em uma noite. Os ressentimentos tornam nossa visão obscura. Eles limitam nossos meio de enxergar. O perdão, entretanto, pode nos abrir uma nova janela. Uma nova perspectiva. A liberdade de nos vermos e de vermos o mundo de uma maneira diferente. Mas essa janela pode ficar embaçada novamente. Quando o ressentimento retorna, precisamos voltar a trabalhar. Limpar a janela para que possamos enxergar com clareza novamente.

Continue fazendo isto. Quando sentir que o ressentimento voltou, reconheça que foi fisgado novamente e permita-se desvencilhar-se dele.

Escreva a sua carta com o coração, não com a cabeça. Você pode precisar relê-la muitas vezes antes de sentir que realmente liberou o ressentimento e perdoou o malfeito. Quando você tiver conseguido isso, talvez queira queimar a carta. Muitas pessoas o fazem. É uma forma muito poderosa e simbólica de dizer adeus.

O ato de perdoar é muito difícil, muito mais difícil do que os atos espontâneos de bondade ou de contar as suas bênçãos. É provavelmente uma das coisas mais difíceis que temos que fazer em nosso desenvolvimento espiritual, emocional e pessoal. Entretanto, se queremos ser bem-sucedidos, precisamos cortar os laços danosos com o passado, o que é um passo importante da caminhada.

7º Passo: Redes sociais

Pessoas precisam de pessoas. Nós precisamos uns dos outros muito mais do que percebemos. Somos fundamentalmente animais sociais. Uma pessoa comum compartilha cerca de 80% de suas horas acordada com outras pessoas. Normalmente, as pessoas não gostam de ficar sozinhas. Em um grande estudo, ficar sozinho foi classificado como a experiência menos positiva em comparação com passar o tempo com clientes, colegas de trabalho e, até mesmo, o chefe.[1] Muitas pessoas fazem todo o possível para não ficar sozinhas. Mas ficar fisicamente sozinho por si só não é prejudicial. De modo surpreendente, viver sozinho normalmente não está relacionado à má saúde física ou psicológica, especialmente para as mulheres na faixa dos 60 anos, que em geral se saem melhor do que as mulheres que vivem com seus cônjuges.[2] O problema não está em ser sozinho. O problema é a solidão.

Solidão é a experiência de estar socialmente isolado. É a percepção de estar socialmente isolado, a experiência subjetiva crônica do isolamento, em vez de ter um distanciamento objetivo dos outros, o que faz a diferença. Tal experiência subjetiva do isolamento geralmente não está relacionada ao número de contatos sociais reais.[3] Contato social não é o mesmo que relações sociais; você realmente pode estar solitário em meio a uma multidão.

A solidão realmente dói

A solidão dói. Ela realmente dói. A dor social é tão real quanto a física.[4] Podemos racionalizar intelectualmente que qualquer dor social infligida por outras pessoas, tal como a rejeição, a recusa ou as respostas negativas, são apenas experiências subjetivas, não como a dor física "real" de torcer o pulso ou quebrar a perna. Mas o cérebro registra a dor social nas mesmas regiões da dor física; há uma clara sobreposição da dor físico-social no circuito neural subjacente.[5] Para o cérebro, dor é dor, independentemente da origem.[6]

A solidão crônica provoca sérios danos e está associada a uma vasta gama de resultados negativos para a saúde física e a mental. Estima-se que a solidão em adolescentes e jovens adultos ocasiona diversos fatores de alto risco cardiovascular (por exemplo, aumento do índice de massa corporal, da pressão sanguínea, do colesterol) e depressão na vida adulta.[7] Em adultos, a solidão está relacionada à progressão do mal de Alzheimer, à propensão a ideias e comportamentos suicidas, aos padrões ruins de sono, à redução da

> **A rejeição dói**
> Um estudo realizado em 2003 sobre neuroimagem visou a demonstrar que os sentimentos de "dor" resultantes da recusa e da rejeição são muito mais do que metafóricos. Um grupo de pessoas foi convidado para jogar bola cibernética, um jogo de arremesso de bolas virtuais, enquanto o cérebro era escaneado por fMRI (Ressonância Magnética Funcional). O jogo foi manipulado. Primeiro, foi dito a cada participante que, devido a uma falha, eles poderiam apenas olhar, mas não participar. Só depois eles foram autorizados a participar. No começo, parecia que todos estavam sendo incluídos no jogo, mas, após um tempo, perceberam que não, pois ninguém lhes passava a bola. Eles foram rejeitados. Na verdade, aquele não era um jogo real, mas apenas um programa predeterminado de computador concebido para ver como os participantes seriam afetados por ser excluídos.
> Conforme o esperado, o cérebro respondeu da mesma forma que responderia a uma dor física. O córtex cingulado anterior, o sistema de alarme neural que responde à dor física, acendeu, o que aconteceu nas duas vezes em que as pessoas não puderam participar. Entretanto, quando elas perceberam que haviam sido deliberadamente excluídas, também houve atividade no córtex pré-frontal, uma área associada aos sintomas reguladores da dor física.
> Mais tarde, os participantes preencheram questionários de avaliação sobre seus próprios níveis de aflição durante o tempo em que se sentiram rejeitados. Registrou-se atividade no córtex pré-frontal relacionada com os momentos em que relataram sentir aflição, comprovando que a experiência e a regulação das dores físicas e sociais compartilham a mesma base neuroanatômica.[1]
> [1] Eisenberger, N.I., Lieberman, M.D. & Williams, K.D., 'Does rejection hurt? An fMRI study of social exclusion', Science, vol. 302, 2003, pp. 290-2

vida independente, à redução da imunidade, aos sintomas de depressão e, finalmente, à mortalidade em adultos mais velhos.[8]

Solidão gera solidão

O isolamento social está crescendo. Nos Estados Unidos, 80% dos americanos não têm ninguém fora de sua própria família em quem possam confiar, e 25% relatam não ter ninguém em quem confiar, um número que dobrou desde 1985.[9]

Na Austrália, 16% dos adultos entre 22 e 44 anos relatam que se sentem muito solitários. Além disso, foram identificados os níveis mais profundos de solidão já sentidos por mulheres de 75 anos ou mais e por homens entre 35 e 44 anos. Os homens que vivem sozinhos ou que são pais solteiros estão mais vulneráveis ao isolamento social e à solidão, mesmo que pareça que socializam com outras pessoas.[10]

Ao longo do tempo, as pessoas vulneráveis à solidão tendem a tornar-se cada vez mais isoladas. Quando se sentem solitárias e isoladas, elas tendem a agir de forma mais suspeita e apreensiva, até mesmo hostil, em relação a outras pessoas. Tal comportamento torna difícil para os outros fazerem amizades e relacionarem-se com elas, assim, as pessoas solitárias facilmente criam um círculo vicioso de solidão, confiando cada vez menos nos outros, vivenciando relacionamentos fracassados, e, consequentemente, mais solidão e um reduzido senso de autoestima e competência. Elas tentam, mas não conseguem se conectar, não conseguem fazer amigos, e acabam desiludidas e mais solitárias do que antes.

Solidão gera solidão. Em um estudo de grande escala, os pesquisadores observaram as histórias de amizades das pessoas, depois verificaram o relacionamento entre essas histórias e os níveis de isolamento dos participantes ao longo do tempo. Eles descobriram que pessoas não solitárias que passam algum tempo com as solitárias tendem a se tornar mais solitárias, e as pessoas solitárias tendem a se posicionar às margens da rede social quando se tornam solitárias. Elas são deixadas de lado, deixadas à margem.[11] Há um forte estigma ligado à solidão. Pessoas solitárias são muitas vezes vistas como estranhas, com má reputação ou indesejáveis. Algumas delas relutam em admitir que são solitárias. Mas podemos reconhecer esses padrões, e eles podem ser interrompidos.

Quando enviamos os nossos voluntários ao shopping center de Marrickville para praticar atos espontâneos de bondade para estranhos, a experiência de Ben ilustrou o valor das relações sociais. Ele estava lutando com os sentimentos de constrangimento e medo de rejeição, mas superou sua relutância e dirigiu-se a um senhor de idade que estava sentado sozinho à mesa. "Eu sei que isto vai soar muito... estranho", disse Ben, "mas eu quero apenas praticar um ato espontâneo de bondade hoje e gostaria de deixá-lo mais feliz dando-lhe 20 dólares sem nenhum compromisso, para ajudá-lo a pagar o café e o sonho". Esse foi o início de uma conversa que durou meia hora. Ben havia dado algo muito mais importante do que o dinheiro. Ben havia dado o seu tempo àquele senhor e estabelecido com ele uma ligação, e ambos se sentiram muito melhor por isso.

Cade estava de algum modo enredado em seu próprio sentimento de solidão. Suas ansiedades sociais deixaram-no sem vontade de sair e encontrar pessoas. Até ele ver si próprio o impacto dos atos espontâneos de bondade, não havia lhe ocorrido que ele mesmo poderia ficar mais feliz e fazer os outros mais felizes estabelecendo uma ligação com eles, devagarzinho.

"Dizendo 'olá' para as pessoas na rua, ou segurando a porta aberta para alguém, a quem tais atos podem machucar? Haverá pessoas que estão ocupadas e apenas olham para baixo e não respondem. Mas para algumas pessoas isso pode ser uma pequena injeção de ânimo. E até poderá deixar o dia delas muito melhor! As pessoas acabam tão enroladas nas próprias coisas, correndo para pegar o trem, correndo para o trabalho, correndo para a mercearia. E este pequeno gesto, apenas dizer 'olá', apenas fazer contato com outras pessoas, implica bondade e, de fato, pode ter um grande impacto sobre as pessoas."

Para os que moram sozinhos, sentem-se sozinhos ou apenas querem ser mais felizes, o engajamento e as redes sociais fazem uma diferença preponderante. Precisamos nos conectar, e precisamos nos conectar bem, de forma significativa. A ciência mostra que isso funciona.

Bem-estar é estar bem conectado

Já em 1893, os cientistas sociais observaram a influência positiva das redes pessoais ou sociais sobre o bem-estar.[12] As redes sociais reúnem as pessoas. Elas atuam como um amortecedor nos tempos difíceis. Elas fornecem recursos físicos e mentais e deixam as pessoas mais resistentes. Elas dão às pessoas um sentido de identidade. E elas dão meios às pessoas para que possam retribuir às outras.

Em um estudo longitudinal iniciado em 1965, as pessoas com mais contatos sociais eram as com menor probabilidade de morrer no aniversário de 90 anos, comparadas com aquelas que tinham poucos contatos. Estar conectado, estar envolvido em relações sociais, tem um forte efeito positivo no bem-estar, até mesmo reduzindo a mortalidade.[13] Os efeitos das redes sociais também podem se manifestar de outras formas. Elas fornecem importantes fontes de informação, assim como apoio psicológico e social. Além disso, podem reduzir os efeitos negativos do desemprego, ajudá-lo a lidar com as transições da vida, como ir para a universidade ou mudar de casa,[14] e até mesmo ajudá-lo a melhorar nos esportes,[15] e quanto mais pessoas você tiver em sua rede pessoal mais feliz você tenderá a ser.[16] Uma rede social ou pessoal é uma estrutura social formada por indivíduos que estão conectados de uma forma ou de outra a outras pessoas na rede. Os relacionamentos que formam essas conexões podem ser de amizade, parentesco, trabalho e interesses em comum, como o esporte ou ativismo político, ou, ainda, interesses sociais ou relacionados ao lazer. As redes sociais existem em diversos níveis, podendo envolver casais e famílias, grupos de trabalho e comunidades locais, até estados, nações e por aí afora.

Normalmente a influência das redes sociais é subestimada, em parte porque simplesmente não as vemos – nós vivemos e respiramos dentro delas. Assim, raramente as enxergamos a partir da perspectiva de uma pessoa de fora delas. É como um peixe no aquário, ou como nós, humanos, andando através do ar e não o enxergando. Mas as redes sociais exercem uma grande influência sobre as pessoas. Como vimos até agora, estar isolado de uma rede social pode resultar em solidão e em sofrimento significativo.

Podemos estudar e analisar as redes sociais por meio dos tipos de relacionamento entre os indivíduos, bem como pelo modo como a rede é estruturada. As redes sociais geralmente são representadas na forma de um mapa. Os pontos individuais são chamados de "nós" e as ligações entre os nós denominam-se "laços". Como foi dito, as redes em geral são representadas graficamente como um mapa, mostrando os laços relevantes como linhas desenhadas entre diferentes nós na rede. Usando um software de análise de rede social, os pesquisadores podem descobrir como diferentes partes dela, ou diferentes propriedades dos nós individuais, afetam uns aos outros. Também é possível ver como a rede muda e se adapta ao longo do tempo e como os nós individuais no sistema afetam uns aos outros.

A felicidade é contagiante

Parece que, assim como o fumo, a moda, a obesidade e a dor de cabeça, que podem passar de uma pessoa para a outra, as emoções podem ser transferidas de pessoa para pessoa. Pense na última vez em que você entrou alegremente em uma sala e deparou com um bando de pessoas deprimidas, estressadas ou miseráveis. As probabilidades são de que o seu humor tenha mudado. Esse tipo de mudança sempre acontece, mesmo sem a nossa percepção direta. O "contágio emocional" funciona por meio da imitação inconsciente da linguagem corporal, das expressões faciais e do uso da linguagem.

Mesmos as nossas crenças inconscientes sobre as outras pessoas podem ser transmitidas, na medida em que "lemos" as mentes das outras pessoas todo o tempo, e em geral com bastante precisão.[17]

O efeito do contágio emocional é encontrado até mesmo entre estranhos. Um estudo verificou o efeito das emoções em bancos comerciais. Ao estudarem as interações em 39 bancos dos EUA, os pesquisadores descobriram que, quando os caixas apresentavam emoções positivas, os clientes ficavam mais satisfeitos com o serviço do banco e mais felizes também.[18] Sorrir e mostrar emoções positivas para os clientes pode até mesmo aumentar o valor das gorjetas nos cafés e nos restaurantes.[19]

Assim, a pesquisa mostra que, em uma base individualista, podemos influenciar positivamente uns aos outros. Mas a felicidade pode ser viral? Ela pode ser espalhada por toda a rede social?

A felicidade pode ser espalhada através da rede social?

Um estudo verificou as relações entre 4.739 indivíduos, usando os dados coletados ao longo de vinte anos, de 1983 a 2003.[20] Havia um total de 53.228 laços entre as pessoas, uma média de 11,23 laços por indivíduo com os outros da rede, o que se configurava por meio de relações de amizade, familiares, maritais, coleguismo de trabalho ou vizinhança. O mais importante nessa pesquisa foi que havia muitas amizades na rede: 45% das pessoas no estudo estavam conectadas pela amizade com outra pessoa. Em razão de os dados terem sido coletados em diversos pontos diferentes ao longo de trinta anos, os pesquisadores foram capazes de rastrear mudanças na rede com o decorrer do tempo. As descobertas foram muito interessantes. Pessoas felizes tendiam a se conectar umas com as outras. Pessoas com mais amigos tendiam a ser o centro de suas redes, e a análise da rede mostrou que as pessoas felizes tendiam a se agrupar. As pessoas no centro de suas redes locais eram mais propensas a ser felizes, enquanto que aquelas à margem eram mais propensas à infelicidade. Os pesquisadores argumentaram que a felicidade não é apenas uma função do indivíduo, mas sim uma propriedade dos grupos de pessoas.

O mais fascinante foi que as mudanças na felicidade ao longo do tempo pareciam reverberar pela rede, criando grupos de pessoas felizes e infelizes. O efeito foi encontrado em razão de diversas relações diferentes. Por exemplo, vizinhos de porta que se tornavam felizes tendiam a ampliar as chances de os outros vizinhos aumentarem sua felicidade em 34% em média, e os irmãos e irmãs que viviam num raio de 1,6 quilômetros e se tornavam felizes aumentavam as chances de seus irmãos e irmãs serem felizes em 14% em média.

Amigos de pessoas felizes tendiam a ser felizes, assim como os amigos dos amigos dos amigos de pessoas felizes. Uma pessoa teria 15% mais probabilidade de se tornar feliz se um amigo se tornasse feliz. Esse número cai para 10% se um amigo de um amigo se tornasse feliz, e cairia novamente para 6% se um amigo de um amigo de um amigo se tornasse feliz. Em outras palavras, a felicidade espalhou-se por três níveis de separação pela rede.

Mas, embora o efeito de uma pessoa se tornar feliz tendesse a ser bastante forte sobre as outras pessoas nas áreas locais da rede, esse efeito se dissipava e desaparecia antes de afetar toda a rede. Existem, portanto, alguns limites para a propagação da felicidade!

Criar ondas de felicidade

Na série *Making Australia Happy*, o dr. Tony desafiou os nossos voluntários a espalharem deliberadamente um pouco de felicidade viral pela comunidade de Marrickville. Ele os convidou a oferecerem um jantar em um restaurante local. A condição era que os convidados tinham que ser estranhos, ou pelo menos pessoas da comunidade que eles conheciam apenas de vista. Uma vez que os voluntários superaram suas inibições para abordar as pessoas que praticamente não conheciam, eles foram incentivados a convidar conhecidos que haviam encontrado nas lojas e na biblioteca local, além dos vizinhos e amigos.

O evento foi um enorme sucesso. Longe de ser estranho ou artificial, como alguns deles temiam, as conversas fluíram juntamente com o vinho e a comida. Inicialmente cético, Tony ficou emocionado com o resultado. "Boas comida e bebida, boas companhia e conversa representam o ápice da comunicação humana. E isso é simplesmente perfeito. Todos se sentiram muito confortáveis, então, sim, acho que foi uma boa ideia."

Os convidados acabaram se divertindo tanto quanto ele. "Inicialmente, quando Tony me chamou", disse uma das convidadas, "eu pensei que seria um pouco doloroso. Mas foi uma surpresa maravilhosa. Tive uma ótima conversa com as pessoas à mesa, especialmente aquelas que eu não conhecia. E foi realmente divertido e fiz alguns ótimos contatos na comunidade".

No final da noite, novas redes haviam sido formadas. Houve muita conversa retomando o tempo perdido e organizando outros eventos para os quais cada um traria um amigo diferente. Felicidade viral em ação!

Fazer mudanças – cinco regras

Parece que há cinco "regras" nas redes sociais que precisamos conhecer se queremos usar as redes para aumentar o nosso bem-estar.[21] São elas:

1 - Nós moldamos a nossa rede.
2 - Nossa rede nos molda.
3 - Nossos amigos nos afetam.
4 - Amigos dos nossos amigos nos afetam.
5 - A rede tem vida própria.

As redes sociais são de fato semelhantes a organismos vivos que respiram. Elas são complexas. Elas mudam ao longo do tempo. Elas parecem pulsar com vida. Cada parte do sistema afeta as outras partes, e o sistema como um todo afeta as suas próprias partes. Podemos ser partes passivas do sistema de rede, ou podemos escolher ser agentes ativos de mudança dentro do sistema.

Somos capazes de moldar a nossa rede. Por exemplo, podemos exercer influência sobre as pessoas com as quais estamos conectados. Podemos escolher nos conectarmos a mais pessoas. Você pode escolher fazer contatos de alta qualidade. Podemos fazer novos amigos. Juntarmo-nos a novos grupos. Podemos apresentar pessoas diferentes de diferentes grupos umas às outras. Ao fazê-lo, podemos passar mais para o centro da rede. Você está no centro ou perto da margem? Pergunte a si mesmo como você pode moldar a sua rede. Se você deseja aumentar a sua felicidade e o seu bem-estar, o que seria mais útil: ser uma flor de parede ou um participante de rede ativo?

Nossa rede nos molda. Podemos fazer mudanças deliberadas no sistema e, ao fazê-lo, tirar partido do fato de que a rede em torno nos molda. Ao nos posicionarmos mais perto do centro da rede, mais oportunidades surgirão em nosso caminho. De muitas formas o sistema de rede irá nos dar apoio para sustentar uma mudança positiva, assim que começarmos a agir de modo proativo positivo.

Nossos amigos nos moldam. Tendemos a adotar os hábitos, os comportamentos e as crenças daqueles com quem nos relacionamos. Se os nossos amigos bebem muito álcool, então as probabilidades são de que você aumentará o seu consumo de álcool. Andar com pessoas que comem muito significa que você provavelmente começará a comer muito também. O que acontece em volta acaba se tornando a norma, as regras tácitas pelas quais vivemos a nossa vida. Você pode escolher andar com pessoas felizes e positivas. Você pode escolher os seus amigos. Quão felizes e positivas são as pessoas com as quais você tem mais proximidade atualmente?

Os amigos dos nossos amigos nos afetam. A influência das outras pessoas permeia três níveis de separação. Você é afetado pelas pessoas que não conhece e nunca encontrou! Como isso muda a forma de ver as amizades?

A rede tem vida própria. Ela é um sistema adaptativo e complexo que muda em resposta às mudanças dentro dela e às forças externas a ela. E por existirem tantas conexões possíveis diferentes entre os nós diferentes no sistema, pelo fato de o sistema ser muito complexo, geralmente é impossível predizer essas mudanças com precisão. Isso significa que não podemos controlar completamente o resultado. Não podemos controlar, por exemplo, como as outras pessoas irão reagir. Como os amigos dos nossos amigos irão reagir. Como eles, por sua vez, irão nos afetar. Podemos exercer alguma influência. Mas não podemos exercer um controle total. Podemos influenciar os resultados, mas não controlá-los. Muitas pessoas acham muito desconcertante a ideia de não serem capazes de controlar os resultados. Como você reage a ela? Você é capaz de seguir com o fluxo, ou precisa estar no controle?

Ferramentas úteis para desenvolver contatos

Se quisermos realmente usar a ideia de redes para aumentar a nossa felicidade, precisamos fazer conexões significativas com outras pessoas. Para algumas, isso muito fácil, mas outras têm muita dificuldade. Existem algumas ferramentas e técnicas simples, mas muito eficazes, que podemos usar.

Seja proativo: Não espere que as pessoas venham até você. Converse. Se você acha difícil conversar, faça um curso em habilidades de comunicação. Participe de grupos na comunidade. Seja ativo nela. Ofereça seu trabalho voluntário para ajudar. Arrisque-se! Se encontrar alguém de quem você gosta, não se iniba por medo de rejeição. Convide-o para um café. Ou você pode oferecer-lhe um jantar, como fizeram os nossos voluntários.

Aprenda a desenvolver afinidade, o que é uma parte vital para uma relação significativa. Ela envolve a sensação de estar "em sintonia" com a outra pessoa. Todos podemos desenvolver habilidades para criar afinidades. Com certeza não é difícil. Concentre-se totalmente na outra pessoa. Chame-a pelo nome. Varie o compasso, o ritmo e o tom de sua voz para manter a pessoa interessada. Descubra o que é importante para a pessoa com quem você está conversando. Procure pontos de interesse em comum. Evite falar sobre si mesmo.

Seja um bom ouvinte. Aqui você pode tirar vantagem da habilidade de escutar com atenção. Pense em como é bom estar na ponta receptora quando alguém está de fato envolvido atentamente com você, prestando-lhe atenção, e compare isso com o que sentimos quando estamos conversando com alguém e você sabe que a cabeça dele está em outro lugar e ele está ouvindo-o apenas pela metade. Você pode treinar para ser um bom ouvinte.

O dr. Russ ilustrou o poder da habilidade de escutar atentamente convidando os nossos voluntários a se sentarem em pares e praticarem, ficando 100% atentos à outra pessoa, e revezando-se para falar e escutar. Ele pediu que as pessoas que fossem falar, sempre respeitando a sua vez, recordassem a primeira memória mais feliz. O desafio para as que escutavam era que tinham de se identificar com o parceiro sem falar, confiando apenas em seus gestos e em suas expressões faciais. Elas repetiram o exercício, só que falando sobre uma experiência pessoal muito triste.

Tony escolheu contar a Rebekah sobre seu cachorro que acabara de ser diagnosticado com câncer e não tinha muito tempo de vida. No início, ele percebeu que tentava amenizar os sentimentos ao fazer algumas brincadeiras, mas, à medida que falava, descobriu o poder de entrar em contato com seus sentimentos e ficou choroso. Mas Tony achou ainda mais revelador quando escutou atentamente Rebekah, que contou sobre a morte de seu irmão. Então, ele resolveu praticar regularmente a habilidade de escutar com atenção. "Esse exercício me ensinou que eu devo ouvir mais. Eu desligo quando não tenho interesse na pessoa ou na conversa. Faço muito isso com a minha esposa quando ela está tentando me contar algo, mas eu não posso agir assim com as pessoas por quem me interesso."

Na próxima vez que alguém envolvê-lo em uma conversa, ouça realmente o que ele está dizendo. Observe a linguagem, incluindo a corporal, as emoções, as expressões faciais. Mantenha-se atento ao ouvir.

Apoie os outros. Evite sentir-se competitivo ou invejoso pelo sucesso dos outros. Comemore o sucesso deles. Faça-os se sentirem bem. Lembre-se de que, quanto mais felizes estiverem as pessoas à sua volta, mais feliz você será!

Mantenha-se em contato. Certifique-se de retornar os telefonemas, os e-mails e use até mesmo os sites da rede social. Você precisa deixar as pessoas saberem que se preocupa com elas.

Responda e conecte-se. Retribua aos outros. Se um relacionamento não está indo do jeito que você gostaria, tome a decisão de dar ao parceiro tudo o que você gostaria de receber. Se você quer respeito, mostre respeito. Se você quer amor, seja amoroso. Reserve tempo para expressar a sua apreciação por amigos, familiares e colegas de trabalho. Diga obrigado. Mostre a sua apreciação.

Transmita energia. Coloque energia positiva em seu relacionamento. Não seja aquela pessoa que drena a vida de um grupo. Evite reclamar. Evite descargas emocionais. Se você deseja criar conexões positivas e de apoio, precisa dar apoio e ser positivo.

Finalmente, aprecie as outras pessoas. Talvez a maneira mais poderosa de estimular uma rede social seja apreciar as outras pessoas. Esqueça-se de si mesmo e faça-as se sentirem confortáveis. Faça-as se sentirem felizes. Quando se trata de redes sociais, o que vai, volta.

8º Passo: Refletir, avaliar, renovar

Em toda jornada, chegamos a um ponto em que é hora de parar. Tempo para fazer uma pausa. Para avaliar e apreciar o nosso progresso. Ao reservarmos um tempo para refletir e avaliar, nós renovamos a nossa motivação e o nosso entusiasmo. Aprofundamos o nosso aprendizado. Revigorados, podemos fazer novas escolhas sobre como seguir em frente.

Vamos tirar um tempo para analisar o que fizemos até agora. Vamos refletir sobre as nossas experiências. Se você manteve anotações ou um diário, agora é hora de revê-los. Se você não tem anotações escritas, mas tentou alguns dos passos, revise mentalmente as suas experiências. Recorde o que aconteceu. Faça uma anotação por escrito. Reflita sobre o quanto você progrediu.

O que funcionou de forma eficaz para você? O que você aprendeu sobre os passos aqui expostos, sobre a felicidade, sobre você mesmo?

Incentivamos você a manter um diário e escrever nele as suas experiências. Não se trata apenas de manter uma lista de coisas prioritárias que você tem que fazer, embora as listas de prioridades escritas no começo do dia nos ajudem a organizar as nossas ideias.[1] Tais listas reduzem a quantidade de informações que precisamos armazenar e podem reduzir o estresse e nos deixar mais eficientes.[2] Esse processo é positivo, mas também caminharemos além disso.

Expresse-se!

Escrever sobre as suas emoções, sobre a sua vida, sobre as suas experiências de vida, passar tudo para o papel, é uma forma poderosa de melhorar o seu bem-estar. Quando você escreve de maneira pessoal e expressiva, a sua mente revive o cenário que você está descrevendo. Você mesmo revive a experiência.

Conforme você escreve, à medida que você entra no processo de expressão verbal, pensamentos, ideias e imagens diferentes surgem em sua mente. Por trás dessas cenas, enquanto isso acontece, você está permitindo que o seu inconsciente reorganize essa informação e um grande volume de outras informações correspondentes. Surgem ideias. Suas experiências fazem sentido. Você integra as coisas que você está escrevendo em uma experiência mais ampla de vida. Pesquisas recentes sugerem que escrever de forma expressiva está associado com os níveis aumentados de dopamina, o neurotransmissor do cérebro associado ao prazer.[3] Mas muita cautela, pois algumas pessoas têm até especulado que escrever de forma expressiva on-line pode se tornar um vício![4]

Claro que a finalidade de você manter um diário com as suas experiências neste programa é ajudá-lo a aproveitá-las ao máximo. Mas vamos enfatizar este ponto – escrever sobre essas experiências por si só é terapêutico. Escrever de forma expressiva e manter o diário são fatores que podem aprofundar de forma significativa o nosso aprendizado, e podem até mesmo ajudar a aumentar a nossa memória operacional,[5] especialmente se a redação for feita ao longo de três a cinco dias consecutivos, mesmo que seja por apenas quinze ou vinte minutos por vez.[6] Funciona. Experimente!

Quatro perguntas cruciais!

No final das oito semanas da série *Making Australia Happy*, convidamos os nossos voluntários a refletirem sobre suas experiências e a responderem a estas quatro perguntas cruciais:

1 - O que você aprendeu?
2 - O que você mudou?
3 - Você está mais feliz?
4 - Como você visualiza o futuro?

Você talvez ache útil ler o que disseram alguns deles, para então fazer as mesmas quatro perguntas a si próprio. Use-as para orientar as suas reflexões. Leve o tempo que for preciso. Pense sobre as suas experiências. Escreva-as.

O que você aprendeu?

O programa foi dividido em oito passos a fim de simplificá-lo, a ponto de ser fácil sua realização. Isso não significa que não seja desafiante.

No 1º passo, nós o convidamos a redigir a sua própria homenagem póstuma. Nenhum dos nossos voluntários achou essa tarefa fácil. Você deve tê-la achado difícil também. Como ela foi para você? O que você aprendeu?

Ben nos contou: "Foi só depois de redigir essa homenagem póstuma que eu percebi que nunca havia pensado muito no futuro – não por muito tempo, e nada que pudesse ser útil. Eu praticamente o encobri. E também nunca havia feito muitos planos. Essa foi uma coisa que eu percebi que estava faltando em minha vida, esses objetivos e valores nunca existiram para mim. E agora estou empenhado não apenas em tê-los, mas também revê-los e reavaliá-los e garantir que eles sejam o que eu quero. A mente das pessoas muda o tempo todo, então é preciso ter certeza."

Em seguida, nós passamos para o altruísmo e para os atos de bondade; começamos a fazer coisas para as outras pessoas. Descobrimos que não apenas as pessoas felizes são mais altruístas[7] (como se poderia esperar), mas também que o altruísmo proporciona todo o tipo de benefícios, inclusive uma melhor saúde física e mental em longo prazo. Ser altruísta pode mesmo fazê-lo mais feliz.

Stephen ficou surpreso e encantado com o fato de que algo tão simples como distribuir chocolates no shopping center de Marrickville pudesse proporcionar momentos instantâneos de felicidade, tanto para ele quanto para as pessoas que receberam. De maneira silenciosa e discreta, ele começou a introduzir atos espontâneos de bondade em sua rotina, coisas pequenas como levar caixas de sonhos para o jogo de cricket de seu filho, dar caixas de frutas para um albergue local, doar seu tempo para participar das equipes de esporte da escola e da comunidade.

Liz K achou um tanto artificial essa ideia de praticar atos espontâneos deliberados de bondade, embora ela tenha passado a vida praticando atos anônimos de bondade para seus vizinhos e amigos, o que a fazia se sentir muito bem. "Gosto do aspecto anônimo dele; ninguém jamais saberá", ela disse.

Os nossos voluntários descobriram por si mesmos que também há o benefício físico de ser altruísta: praticar atos de altruísmo pode fortalecer o seu sistema imunológico.[8]

No 3º passo, nós aprendemos sobre a atenção plena, ou seja, estar presente no momento. Estar aqui e agora. Algumas das técnicas incluem a neutralização, a separação ou o desapego dos nossos pensamentos. Apresentamos o exercício das folhas em uma corrente de água, de aprender a observar os nossos pensamentos fluírem pelas nossas mentes como se fossem folhas em uma corrente de água, e também o exercício de saborear, levar cinco minutos para comer apenas uma uva-passa.

Liz achou a atenção plena especialmente poderosa: "A parte mais valiosa para mim nestas oito semanas... [foi] aprender a praticar a atenção plena... Eu precisava parar de viver no passado, parar de criar coisas em um futuro que eu ainda não conheço, para viver apenas o que eu tenho agora e aproveitar o que tenho agora... Depois que o momento passa nós nunca mais podemos recuperá-lo!"

Liz K achou que os exercícios de atenção plena a ajudaram a se tornar mais calma: "Meus padrões de sono melhoraram muitíssimo por causa disso. Gostaria de ter conhecido a atenção plena há alguns anos, talvez trinta ou quarenta anos atrás, porque, quando eu era mais jovem, me sentia muito mais frustrada, o que me levava à raiva e à irritação. A atenção plena teria sido mágica para me ajudar a atravessar esse período."

A atenção plena ajudou Rebekah, que agora entende o que é a verdadeira felicidade: "Eu esperava um sentimento como... nossa, ganhei na loto, mas não é disso que se trata a verdadeira felicidade. São os pequenos momentos do dia a dia na vida. Perceber os momentos preciosos. Eles sempre existiram. Mas, na verdade, é absorvê-los em um nível microscópico, como ver a alegria estampada no rostinho dos meus filhos. Eu pensei que horas e momentos assim especiais fossem realmente raros, mas não, eles acontecem todos os dias. Isso é a atenção plena; é a consciência do que temos feito e do que temos aprendido. É um lugar calmo, tranquilo."

No 4º passo, nós nos concentramos nos nossos pontos fortes e nas soluções. Vimos como a nossa atitude mental tem uma influência enorme sobre o que observamos e sobre a forma como vivenciamos o mundo. Aprendemos a cultivar uma atitude mental voltada para a solução, o que nos ajudará a alcançar os nossos objetivos e preencher o nosso potencial de felicidade. Aprendemos o poder de dar pequenos passos. Aprendemos a nos sintonizar com as soluções em vez de com os problemas. Aprendemos como reconhecer os pontos fortes em nós mesmos e nos outros.

Nossos voluntários identificaram seus cinco principais pontos fortes de caráter e começaram a usá-los de formas diferentes. Tony descobriu que a gratidão é o seu principal ponto forte – até participar dessa série de televisão, ele não tinha o hábito de praticá-la.

Tony: "Aprendi a ser grato. Quando visitamos o abrigo dos sem-teto e ajudamos a alimentá-los, foi uma boa experiência para mim. Você volta para casa e diz: 'Veja o que eu tenho. Devo ser grato pelo que tenho e pelo o que alcancei'. Você tende a perder o foco na vida, e então você percebe: 'A minha vida poderia ter sido essa, mas eu me saí bem e deveria ser feliz e fazer isso mais vezes'. Aquela visita deu uma virada na minha vida."

O ponto forte de Stephen era a "capacidade de julgar e ter a cabeça aberta". Este ponto forte trata de refletir sobre as coisas e examiná-las de todos os ângulos, não tirar conclusões precipitadas, ser capaz de mudar de ideia em razão da existência de evidências, pesando-as todas com justiça. Ele reconheceu que, de alguma forma, ele havia perdido este traço de vista: "A complexidade da minha vida foi num crescendo e eu não acompanhei o ritmo. Eu havia me permitido ficar limitado na maneira de enxergar as coisas... Foi uma chamada para olhar aquilo que realmente importa na minha vida, reservando tempo para observar as coisas de forma ampla e não como se as olhasse através de um funil."

Cultivar a atitude mental voltada para soluções e resolver a realidade mais ampla dando pequenos passos funcionou bem para Stephen, que até o final da série introduziu práticas regulares desse exercício em sua vida, de forma gradual, e começou a passar mais tempo com sua família.

Liz também abraçou esta habilidade: "No começo da série, uma das coisas que eu queria alcançar era conseguir algum tipo de paz e calma interior, e eu sei que estou chegando lá. Sinto-me mais relaxada em relação à vida em geral. Tudo costumava ser feito às pressas, tudo era urgente, mas agora eu comecei a parar para pensar e a não me preocupar quando estou alguns minutos atrasada. Outro dia eu estava correndo para deixar as crianças na escola, mas a minha filha ainda não tinha lido para mim. Eu estava com os livros na mão e fui colocá-los na mochila escolar dela. Em vez de fazer isso, eu decidi sentar-me e lê-los, sem me preocupar com um atraso de alguns minutos. Foram cinco minutinhos deliciosos que nós tivemos."

Para Ben funcionou às mil maravilhas: "Eu não fiz um milhão de gols; apenas comecei algumas coisas e estou me sentindo melhor. Fiquei surpreso de ver como dar pequenos passos exigiu de mim muito pouco esforço... Depois que entrei de cabeça e percebi que precisava melhorar a minha vida e que uma série de coisas estavam pendentes, aguardando eu decidir a minha situação de moradia, então tudo começou a se encaixar... Isso fez que eu me sentisse no controle do meu destino mais uma vez, algo que eu não sentia havia algum tempo. E parece que agora sou um participante ativo na minha vida, em vez de simplesmente deixar as coisas acontecerem à minha volta, sem nenhum controle. É muito legal."

O 5º passo foi sobre gratidão e apreciação – tirando-nos da frenética esteira hedonista. Reservar um tempinho para apreciar em vez de consumir. Constatamos, assim, que os efeitos positivos da manifestação de gratidão são universais.[9] Descobrimos que a gratidão pode melhorar o sono[10] e até mesmo os negócios.[11] E, o mais importante, mesmo que não tenhamos "nascido gratos", podemos desenvolver a gratidão se quisermos. E dedicar um tempo para observar três boas coisas em nossas vidas todos os dias – e ser gratos por isso – é uma forma realmente eficaz de aumentar os níveis da nossa felicidade.[12]

Os exercícios escritos de gratidão, especialmente as "três coisas boas", realmente tiveram uma ótima repercussão em Natalia e Ben.

Natalia: "Acho que a gratidão... pelo fato de ser tão fácil pensar em algo por uma fração de segundo e então esquecê-lo, se você tirar um tempinho para anotá-lo, poderá se lembrar... e manter a balança mais equilibrada, em vez de deixar a sua cabeça superlotada com coisas negativas."

Ben: "Fico sensibilizado quando olho para trás e vejo todas as coisas boas que aconteceram em minha vida. Na verdade, fico muito animado só de lê-las. Fazer o exercício das "três coisas" não afetou a minha perspectiva sobre o que está por vir. É mais um olhar retrospectivo. Mas acho que, quanto mais eu faço, mais percebo que as pequenas coisas é que vão me animar."

Assim, no 6º passo, aprendemos a abandonar o ressentimento e a praticar o perdão. Para Natalia e Rebekah, este foi um momento difícil e desafiador. Ambas tinham ressentimentos amargos e antigos.

Elas começaram sua jornada aceitando esses ressentimentos e passando para o perdão, tentando se identificar com as pessoas que as haviam magoado e escrevendo-lhes uma carta de perdão. Esse foi um exercício muito poderoso para ambas, que reconheceram ser algo que elas teriam que refazer algumas vezes.

Natalia: "Deixar este imenso mal-estar emocional e tudo que está envolvido nessa situação desaparecer é algo que eu venho querendo há muito tempo, então foi muito bom tê-lo enfrentado de uma vez. Não acho que o processo acabou. Mas sinto que superei um grande obstáculo."

Da mesma forma que Natalia, Rebekah sentiu que o processo estava apenas começando. "É apenas o início do aprendizado de como incorporar o perdão à minha vida, para garantir que antigos ressentimentos sejam apenas isto, antigos ressentimentos, não atuais. Por que eles deveriam ter tanta presença em minha vida? Eles não merecem estar comigo. Eu quero espaço para outras coisas em minha vida."

Como bem sabemos, ressentimentos sem rédea, ou seja, não controlados, prejudicam-nos muito.[13] Eles comprometem o nosso julgamento, perturbam-nos emocional, física e mentalmente.[14] Quem precisa deles? O perdão é a cura.[15] Mas apagá-los da mente não é fácil. A carta de perdão pode ser uma maneira muito eficaz de assim proceder. Como foi a sua experiência?

Então, nós nos conectamos ao 7º passo. Vimos que a solidão da dor social é tão real quanto a dor física.[16] Felizmente, a felicidade é contagiosa e você pode conquistá-la, nos níveis individual[17] e social.[18] Aprendemos que a influência da felicidade pode ser propagada por meio das redes sociais. As pessoas no centro de suas redes locais são mais propensas a ser felizes, enquanto com aquelas à margem ocorre o inverso: são mais propensas à infelicidade. Mas nós podemos construir redes de apoio.

Podemos nos conectar. E, ao fazê-lo, aumentamos o nosso bem-estar.

De todos os nossos voluntários, Cade era o mais isolado socialmente. Ele descobriu que, ao sair e conectar-se, sentiu-se mais feliz do que jamais pôde imaginar. "Durante a maior parte da minha vida, a minha timidez e a minha ansiedade ao conhecer novas pessoas e me encontrar em situações sociais foram quase sufocantes. Costumava evitar novas pessoas, fugindo de determinados eventos. Aprendi que os benefícios de vencer a ansiedade – conhecer novas pessoas, frequentar novos lugares interessantes – vale mais a pena do que o estresse que me assolava antes disso. As recompensas posteriores são simplesmente fantásticas."

Tony era o oposto de Cade, sempre saindo e socializando-se. Ele aprendeu a se conectar em outro nível, estando mais consciente de seus relacionamentos, ouvindo mais, permitindo que os outros tivessem direito à vez deles. Tony: " O programa ensinou-me a ser paciente: relaxe, a vida é curta – a sua vez vai chegar. Aprendi a ser calmo, paciente, esperar a minha vez."

Experiências individuais

Como você pode ver, cada um dos oito voluntários descobriu que, para eles, alguns passos foram mais eficazes do que outros. Portanto, todas as pessoas que passarem pelos oito passos terão experiências diferentes.

O estilo pessoal individual fará uma grande diferença.[19] Não é tamanho único mesmo. Não existe experiência "certa" ou "errada" aqui – apenas a sua experiência pessoal.

Como você mudou?

Cada um dos nossos oito voluntários sentiu que havia mudado, uns mais, outros menos.

Liz: "A mudança mais significativa para mim com certeza é que não estou mais aceitando pensamentos e comentários negativos e apropriando-me deles. Não fico mais remoendo as coisas. Deixo que desapareçam."

Stephen: "Acho que fui forçado a mudar minha maneira de pensar sobre muitas coisas. Isso é bastante positivo. Eu me abri para uma série de coisas que eu talvez nunca escolhesse fazer."

Ben informou que a sua vida inteira havia mudado! Cade e Tony acharam que seus valores essenciais não mudaram, mas que o programa os havia feito falar sobre isso. Tony: "Esses valores fazem parte de mim desde os primeiros dias, decorrentes dos meus pais. Este programa provavelmente trouxe-os de volta para mim... As técnicas estão aí e cabe a mim praticá-las."

Mudar o curso é um processo contínuo, como reconheceu a Natalia: "Posso dizer honestamente que estou mais à vontade agora. Não sou mais tão severa comigo mesma por não atender às minhas próprias expectativas ou às expectativas da sociedade. Reconheço que não há nenhum problema em oscilar, e que a tristeza e a raiva não são necessariamente ruins. Elas fazem parte das variações naturais das emoções humanas. Está certo senti-las... Acho que estou sendo mais bondosa comigo mesma, mas não mudei completamente, não. Com certeza ainda tenho coisas para resolver. Acho que sinto muita dificuldade em me conectar comigo emocionalmente, e isso é algo que ficou mais claro para mim e é uma coisa na qual eu pretendo trabalhar, então é bom ter um objetivo em frente."

Conexão corpo-mente

Não é bom alimentar a sua mente e negligenciar o alimento para o seu corpo. Antes de os voluntários iniciarem suas jornadas, nós avaliamos seu condicionamento físico. Fazendo uma analogia com um motor de carro, podemos dizer que os Oito de Marrickville estavam definitivamente enferrujados, com o óleo baixo e o tanque de combustível quase vazio.

Liz e Rebekah eram as únicas comprometidas com exercícios físicos, embora elas estivessem praticando-os mais do que o necessário, sempre acelerando o motor, fazendo curvas em alta velocidade, cantando e queimando os pneus. Desse modo, estavam dirigindo seus carros em velocidade máxima.

Nenhum dos voluntários estava tendo o sono apropriado.

Com a ajuda da nossa treinadora de corpo-mente, Anna-Louise Bouvier, todos desenvolveram um programa de condicionamento fí-

> **Posturas de confiança**
> Um truque para ajudá-lo a se sentir mais feliz: algumas vezes é realmente difícil melhorar o humor, não importa o que você faça. Então, aqui vai uma boa dica para você se sentir a mil: caminhar com o corpo alongado para cima e sentar-se com as costas eretas. Realmente funciona!
> A postura envia mensagens poderosas. Se você se sentar direito, como um apresentador de telejornal, você se sentirá como alguém que tem autoridade, confiança e credibilidade, e é como será visto pelos outros. Se a sua postura for relaxada, você se sentirá desanimado e desmotivado, além de ser visto como tal por todos.
> A ciência recente mostra que, ao adotar uma boa postura, na verdade nós afetamos as nossas emoções além de refleti-las. Um estudo realizado na Universidade do Estado de Ohio convidou vários estudantes para uma entrevista de emprego fictícia.* Assim, para todos preencherem um questionário, um grupo foi convidado a se sentar adotando uma boa postura, enquanto o outro grupo se sentou com má postura. Ambos tiveram que listar três traços positivos e três traços negativos sobre si mesmos em relação à forma como se desempenhariam no trabalho. Descobriu-se, então, que aqueles com má postura estavam menos propensos a acreditar em coisas positivas sobre si próprios do que os que se sentaram com a postura correta. Então, quanto melhor for a sua postura ao sentar-se, mais confiante o seu cérebro se tornará, porque ele recebe mensagens de confiança do seu corpo.
> "A maioria de nós aprendeu que sentar-se com boa postura passa uma impressão positiva às outras pessoas", disse Richard Peety, coautor do estudo e professor de psicologia na Universidade do Estado de Ohio. "Mas acontece que a nossa postura também pode afetar a forma como pensamos sobre nós mesmos. Se nos sentamos com a postura correta, acabamos nos convencendo da postura que adotamos."
> * Briñol, P., Petty, R.E. & Wagner, B., 'Body posture effects on self-evaluation: A self-validation approach' European Journal of Social Psychology, vol. 39, no. 6, 2009, pp. 1053-

sico para suas necessidades individuais. Isso fez uma diferença fundamental na vida do nosso viciado em televisão, o mais sedentário de todos, Cade. O ato de trabalhar sentado o tempo todo, depois ficar sentado à frente do computador à noite, cobrou um preço alto da saúde dele – sem mencionar sua alimentação e a bebida: "O exercício e a caminhada deram resultados imediatos. Uma caminhada de quinze minutos do trabalho até a estação, em vez de tomar o ônibus. Todo aquele estresse e mau humor que eu sentia em relação ao trabalho passou, esqueci completamente. Estava apenas pensando: 'O que vou fazer hoje à noite?'. E ansioso para chegar em casa, sem levar o estresse comigo, o que às vezes me fazia preparar uma bebida – e usá-la para combater o estresse."

Para Liz K, a diferença no bem-estar que ela sentiu no final das oito semanas foi "profunda". Ela resumiu dizendo que se sentia com melhor condição física e mais saudável. Liz havia desenvolvido o medo de cair, o que a intimidava para caminhar e exercitar-se. Anna-Louise lhe disse que seu medo era justificado: "Se você tiver mais de 65 anos, terá 65% de chance de cair no prazo de um ano. Se você já caiu uma vez, a chance de cair a segunda em doze meses será especialmente mais alta." No início da série, Liz K não podia equilibrar uma perna, e seu péssimo senso de equilíbrio foi ainda mais agravado por problemas de visão. "O medo de cair aumenta a sua chance de que isso ocorra, então ponha tudo junto e você vai acabar correndo um risco muito alto de cair", disse Anna-Louise.

Mas a boa notícia foi que, ao seguir um simples programa para aprender a equilibrar uma perna, Liz desenvolveu força muscular e sua própria autoconfiança. Tudo que ela tinha que fazer era praticar ficando de pé em uma perna, e depois sobre a outra, várias vezes por dia, primeiro se apoiando em alguma coisa, e depois aprendendo a ficar sem aquele apoio. Liz K: "O exercício do equilíbrio foi um refresco, realmente fácil de fazer. Já no primeiro dia, eu fiquei vinte, vinte e cinco, trinta segundos, e agora posso permanecer trinta segundos em cada perna sem me apoiar."

Os exercícios lhe deram a confiança para ir aumentando a caminhada até chegar a 10 mil passos ou mais por dia, o que teve um enorme impacto sobre seu bem-estar geral. Liz K: "A caminhada melhorou muito a minha pressão arterial, e acho que, não importa a sua idade, esta é uma das melhores notícias para qualquer pessoa – mantenha a sua pressão arterial sob controle, caminhe ou faça algum tipo de exercício enquanto você ainda pode. Sinto-me muito mais focada e satisfeita comigo mesma."

Você está mais feliz?

A mudança inegável em todos os nossos voluntários foi que relataram que se sentiam mais felizes. Os níveis de pontuação do Índice Happy 100 de todos eles mostraram aumentos significativos ao longo das oito semanas.

Tony nos contou: "Comecei pensando: 'Espera aí, o que é isso tudo? Será que isso vai me ajudar?' E, já perto do final, sim, me ajudou. Eu mudei. Estou muito mais feliz e mais confortável comigo mesmo do que estava há oito semanas."

Ben mostrou-se especialmente eloquente: "Há oito semanas eu parecia estar deixando que as situações e as emoções tomassem conta da minha vida. Não tinha um rumo. Eu estava vagando e não muito feliz. Na verdade, realmente infeliz talvez seja a melhor maneira de colocar a verdade. E agora eu me sinto ótimo. Estou feliz, tenho um norte, e vejo o mundo e a experiência do mundo de uma forma diferente, como um todo. É como se todas as cores tivessem sido reinseridas no mundo. Não é mais preto e branco; é colorido, brilhante e vibrante. E eu notei isso, não deixei que passasse batido. Observo coisas quando converso com as pessoas. Observo coisas quando ando pelas ruas. Agora eu interajo mais com o mundo. É tão bom estar no controle ao invés de me sentir como um trem desgovernado. Sinto que estou no controle do meu destino."

Agora é a sua vez

Aqui vão algumas dicas para tirar o máximo de um processo escrito reflexivo:
• Escreva de forma a revelar seus pensamentos e sentimentos mais profundos.[20]
• Escreva para você mesmo – e não para qualquer outra pessoa.
• Tente ser preciso.
• Você pode escrever à mão ou digitar no computador.

• Tente expressar suas emoções verbalmente enquanto escreve, o que pode fazer uma grande diferença.[21]

• Pense no que você vai escrever antes de começar.

• Escreva livremente sem preocupação com a correção gramatical.

• Uma música suave de fundo sempre ajuda.

• Para obter o máximo possível desse exercício reflexivo, escolha um dia e uma hora determinados para escrever.

• É melhor não escrever na hora de ir para a cama, pois o ato poderá mantê-lo acordado.[22]

Além de você refletir de forma construtiva e concentrada, portanto, aprofundando o seu aprendizado,[23] esse tipo de escrita também pode melhorar a sua saúde física e psicológica.[24] Experimente.

Agora você já identificou os passos que funcionaram para você. Assim como aconteceu com os voluntários, alguns passos se ajustarão perfeitamente a sua vida. Outros talvez não se ajustem a você tão naturalmente no início. Mas, em vez de descartá-los – "não são para mim" –, sugerimos que você tente outra vez. Tente-os novamente, talvez agora praticando-os de forma diferente, como um "experimento". Por exemplo, se você descobriu que acaba se esquecendo de manter a atenção durante as suas atividades rotineiras, talvez queira estabelecer uns dez ou quinze minutos por dia, no mesmo horário, para sentar-se com atenção. Talvez você possa praticar o sentar-se com atenção plena. O que mais pode funcionar?

A última pergunta para você fazer a si mesmo é sobre como visualiza o seu futuro.

Como você visualiza o futuro?

Rebekah quer ser mais aberta no que se refere a sair da sua zona de conforto: "Experimentar coisas novas, olhar o mundo de uma forma diferente. Estou seguindo em frente com um maior senso de bondade em relação a mim e ao mundo."

Liz K está empenhada em continuar as aulas de dança que lhe devolveram as esperanças na vida. "Eu sei que Nick e eu vamos dançar até quando os nossos quadris e joelhos puderem aguentar. O negócio é que eu nunca me senti oprimida pela idade avançada ou pela morte. Mas isso faz a aventura ficar ainda mais interessante."

Cade e Stephen estão cientes de que precisam trabalhar para manter o ânimo, em vez de cair de novo nos antigos padrões de comportamento.

Cade: "Tenho um medo tolo de que de algum modo eu retome a minha antiga forma de ser, mas vivenciei muito da vida boa para deixar isso acontecer, e estou tão animado com relação ao futuro que não me permitirei retornar à caixinha onde eu me encontrava. Assim, posso ver muito entusiasmo e muito mais felicidade."

Stephen: "Seria muito fácil dar uma escorregadela, mas sinto-me forte e confiante de que isso não acontecerá. Tenho uma boa compreensão das coisas que deram errado, e não vou perdê-las de vista."

Natalia foi clara: "Vejo isto como o começo da jornada para o resto da minha vida, o que soa um pouquinho brega, mas é verdade."

Esperamos que seja para onde você esteja indo também. Esperamos que você tenha achado este programa tão recompensador quanto os Oito de Marrickville. Esperamos que você tenha gostado da jornada.

PARTE 3

Os bastidores do programa

A ciência

Para a série pioneira de televisão *Making Australia Happy*, da ABC, encontramos oito voluntários e, sob a orientação de uma equipe de treinadores de primeira linha em felicidade, propusemo-nos a transformá-los.

No início de programa, coletamos alguns indicadores de referência com testes físicos, neurológicos, psicológicos e biológicos, os quais nos forneceram informações não só sobre as atividades cerebral, química sanguínea, mas também sobre a alimentação, os padrões de sono e o bem-estar psicológico dos nossos voluntários. E, durante o programa, nós os examinamos novamente.

Formamos uma Equipe da Felicidade especialmente selecionada com profissionais das áreas de Psicologia Positiva, atenção plena e fisioterapia. Juntamente com o dr. Anthony (Tony) Grant, diretor da Unidade de Psicologia de Treinamento da Universidade de Sydney, o dr. Russ Harris, clínico geral e reconhecido especialista em atenção plena, e Anna-Louise Bouvier, especialista em fisioterapia, supervisionaram o progresso dos participantes.

A fachada de uma loja em Marrickville foi transformada em "sede da felicidade" por oito semanas, enquanto os nossos voluntários e a equipe de treinamento saíram para provar que qualquer pessoa, independentemente de sua situação de vida, pode melhorar seu bem-estar ao seguir uns poucos exercícios de Psicologia Positiva cientificamente validados.

Os Oito de Marrickville

A fim de competir de igual para igual considerando-se a Psicologia

Positiva, precisávamos de diversidade, um grupo representativo considerável da sociedade australiana. Pessoas de origens culturais diferentes. Pessoas com muitas atividades. Idades diferentes. Algumas casadas. Outras solteiras. Algumas jovens – outras "não tão jovens". Algumas com crianças pequenas. Outras trabalhando. Algumas aposentadas. Pessoas reais com uma vida real – com problemas reais, sonhos reais e um desejo real de ser mais feliz.

O programa não foi concebido para tratar de doenças mentais, então, precisávamos garantir que as pessoas selecionadas não apresentavam graves problemas psiquiátricos ou de saúde mental que necessitassem de tratamento especializado de médicos, psicólogos ou psiquiatras. Queríamos pessoas com uma ampla gama de "pontuações de felicidade" – e não apenas as que se sentiam tristes, desanimadas ou deprimidas. Queríamos algumas pessoas "moderadamente felizes", algumas pessoas "tristes", e outras entre uma coisa e outra. Pessoas comuns!

Eventualmente, depois de muitas discussões, inclusive verificando cuidadosamente o passado de cada possível participante, avaliando sua saúde mental, consultando as respectivas famílias e realizando entrevistas preventivas com um psicólogo clínico, nós encontramos oito voluntários adequados, os Oito de Marrickville.

A pontuação do Índice Hapiness 100

Os Oito de Marrickville formavam um grupo bastante infeliz ao iniciarem esta jornada, com pontuações no Índice Happy 100 bastante baixas.

Como já aprendemos, embora a felicidade seja uma experiência subjetiva, ela pode ser medida. Milhares de estudos de pesquisa, desde individuais até com populações de países inteiros, usam uma metodologia desse tipo para medir a felicidade cientificamente.[1]

Nós concebemos o índice Happy 100 de forma que, se você fizer 50 pontos, significa que não está totalmente feliz nem totalmente triste. Neutro. Se você pontuar mais de 50, então, no geral, você é muito mais feliz do que triste. Uma pontuação abaixo de 50 significa que você é mais triste do que feliz. Com base na pesquisa anterior sobre bem-estar e felicidade,[2] esperaríamos que a média da pontuação australiana do Índice do Happy 100 ficasse em torno de 70 ou 75 – que era a nossa referência. Ao começar o programa, cada um dos Oito de Marrickville pontuou bem abaixo da nossa referência no teste do índice Happy 100.

Tabela 1 Pontuações dos participantes no Índice Happy 100

Nome	Pontuação na 1ª vez	Pontuação na 2ª vez	Pontuação na 3ª vez	Pontuação na 4ª vez
Cade	30	78	58	85
Liz	46	48	68	75
Stephen	54	64	76	88
Natalia	45	67	66	79
Rebekah	48	76	82	90
Ben	40	49	51	76
Tony	59	85	87	93
Liz K	59	81	86	88

Tabela 2 - Mudanças nas pontuações dos participantes no Índice Happy 100

Nome	Mudança na pontuação entre 1ª vez e 2ª vez	Mudança na pontuação entre 2ª vez e 3ª vez	Mudança na pontuação entre 3ª vez e 4ª vez	Mudança na pontuação entre 4ª vez e 5ª vez
Cade	+48	-20	+27	+55
Liz	+2	+20	+7	+29
Stephen	+10	+12	+12	+34
Natalia	+22	-1	+13	+34
Rebekah	+28	+6	+8	+42
Ben	+9	+2	+25	+36
Tony	+26	+2	+6	+34
Liz K	+22	+5	+2	+29

Reafirmamos repetidas vezes aos Oito de Marrickville que o programa não era uma competição, assim, eles não estavam competindo uns contra os outros para ver quem poderia ser o mais feliz. A jornada era individual, centrada nos potenciais pessoais de felicidade. Se havia alguma competição, era contra eles próprios.

Com Cade fazendo 30 pontos; Ben 40; Natalia 45; Liz 46; Rebekah 48; Stephen 54; e tanto Tony quanto Liz K, 59, todos os nossos voluntários tinham um longo caminho a percorrer para alcançar a referência. Seria uma jornada e tanto. No entanto, oito semanas mais tarde houve um aumento radical nos níveis de felicidade em toda a tabela. Até o final da série, a maioria atingiu os setenta e muitos, oitenta e muitos e noventa e muitos. Liz teve a pontuação mais baixa de todo o grupo (sua pontuação final foi 75), mas, mesmo assim, ela ficou 29 pontos acima de sua pontuação original!

Como você pode ver nas tabelas da página 199, os níveis de felicidade de cada voluntário aumentaram passo a passo enquanto avançavam no programa. Da 1ª vez para a 2ª vez, um período de duas ou três semanas, a pontuação de todos subiu.

Jornada Happy 100 do Cade

Da 1ª vez para a 2ª vez, Cade teve um aumento considerável de 48 pontos – ele saiu de 30 chegando a 78! Parte da razão para esse aumento radical provavelmente se deve ao fato de que Cade estivesse começando de um ponto muito baixo. Relembramos que ele possuía os piores hábitos alimentares no grupo e que seus níveis de atividade eram incrivelmente baixos. Quando se começa num nível tão baixo, virtualmente qualquer mudança positiva tem um efeito enorme. É o que aconteceu com Cade. Mas, ocorre em geral, um aumento inicial elevado geralmente é seguido por um escorregão para trás. E foi o caso de Cade. Suas pontuações entre a 2ª vez e a 3ª vez caíram 20 pontos. Sua pontuação na 2ª vez foi 78, mas, na 3ª vez, foi somente 58. O que aconteceu?

Os especialistas do grupo de profissionais credenciados concordaram que o estresse de participar de uma série de televisão, e simultaneamente fazer ajustes sérios ao próprio estilo de vida, pode ter contribuído para a baixa pontuação de Cade. É importante lembrar que fazer mudanças positivas intencionais não é fácil. Mudar é difícil. Mudança de verdade exige esforço. Cade envidou esse esforço e foi capaz de se firmar nas últimas semanas e terminar com uma pontuação final de 85 – uma melhora imensa em apenas oito semanas.

Jornada Happy 100 da Liz

Liz havia começado com uma pontuação baixa, 46, na 1ª vez. Apesar de todos seus esforços nas primeiras semanas, sua pontuação aumentou somente dois pontos. Na verdade, Liz estava tentando demais. A grande chance dela surgiu quando começou a praticar as técnicas da atenção plena – quando ela começou a fazer menos. Em vez de tentar estar no controle o tempo todo – fazer muitos exercícios, gerenciando tudo até os mínimos detalhes –, o que funcionou para Liz foi que ela aprendeu a soltar-se. Ir com a maré. E teve um aumento espetacular de 20 pontos entre a 2ª vez e a 3ª vez, quando registrou 68 pontos, e terminou a série com 75 – exatamente a nossa referência.

Jornada Happy 100 do Stephen

O progresso de Stephen foi o mais constante de todo o grupo, de certa forma refletindo os pontos fortes do seu caráter, "julgamento e cabeça aberta": pensar muito bem nas coisas, estar aberto às ideias e aplicar-se de maneira sistemática. A pontuação inicial de Stephen foi de 54, a 3ª mais alta no grupo. Mesmo assim, ele ficou muito desapontado, pois se percebia muito mais feliz do que o resultado mostrava. Ele se via como uma pessoa feliz. Mas a medição do Índice Happy 100 contou uma história diferente. Embora Stephen tivesse níveis bastante altos de afeto positivo – altos níveis de emoções positivas –, ele também tinha níveis muito altos de estresse. Estava seriamente estressado, o que derrubava a pontuação geral. Stephen realmente precisava assumir as rédeas dos fatores de estresse em sua vida.

Ao longo das semanas, seus níveis de estresse caíram radicalmente. O 1º aumento mostrou um ganho de dez pontos. Sua pontuação entre a 2ª vez e a 3ª vez aumentou 12 pontos, e entre a 3ª vez e a 4ª vez aumentou novamente 12 pontos. Uma melhora constante e regular. A pontuação final dele, 88, ficou bem acima da nossa referência.

Jornada Happy 100 da Natalia

Natalia foi outra pessoa que decolou no começo e depois sofreu um revés. Sua pontuação inicial de 45 aumentou 22 pontos, para 67, na 2ª vez. Entre a 1ª vez e a 2ª vez, a ansiedade e o estresse de Natalia reduziram consideravelmente. A quantidade de emoções positivas vivenciadas por ela aumentou, e o resultado foi que se sentia muito menos desanimada. No entanto, entre a 2ª vez e a 3ª vez, seus níveis de estresse subiram consideravelmente, em parte devido às pressões no trabalho e por ter que lidar com as exigências da filmagem. Sua pontuação do Índice Happy 100 na 3ª vez caiu menos de um ponto, chegando a 66.

O exercício do perdão foi uma parte importante na jornada da Natalia. Depois que ela passou por ele, começou a se sentir muito mais confortável consigo. Aprender a perdoar aos outros parecia ter sido um efeito importante e inesperado. Sua pontuação na 4ª vez aumentou 13 pontos, e ela terminou com uma pontuação acima da referência, 79.

Jornada Happy 100 da Rebekah

Rebekah fez uma largada espetacular para sua jornada. Sua pontuação na 1ª vez foi 48 – só um pouquinho para o lado triste da linha "neutra" dos 50. Ela reagiu muito bem ao treinamento de atenção plena, e sua 2ª pontuação saltou 28 pontos, indo até 76. Depois desse grande impulso inicial em bem-estar, Rebekah continuou a fazer progressos.

Tudo indicava que, ao praticar os exercícios de perdão e a atenção plena regularmente, ela recebesse todos os instrumentos para fortalecer os seus ganhos. Seus níveis de estresse e de ansiedade caíram pela metade entre a 1ª e a 2ª vez. Da 2ª para a 3ª vez, sua pontuação aumentou outros seis pontos, chegando a 82, e sua pontuação final na 4ª vez foi 90, uma das mais altas. No final da série ela brilhava.

Jornada Happy 100 do Ben

A história de Ben é a de uma estrada perigosa. Para ele, o começo da jornada não foi nada fácil. Começou com uma pontuação na 1ª vez de 40 – a segunda mais baixa, depois de Cade. Sua pontuação aumentou nove pontos na 2ª vez, chegando a 49 – uma melhora, considerando sua pontuação inicial, mas ainda assim abaixo da linha "neutra" dos 50 pontos. Embora seu Índice Happy 100 geral tenha aumentado entre a 1ª e a 2ª vez, assim como a quantidade de emoções positivas vivenciadas por ele, Ben estava achando difícil continuar – seus níveis de estresse e de ansiedade, na verdade, subiram 27% entre a 1ª e a 2ª vez. Foi difícil para ele assumir seus objetivos e passar para a ação no programa. E isso se refletia em sua pontuação. Na 3ª vez, ela aumentou somente dois pontos, indo para 51 e ficando logo acima da linha neutra. No entanto, após Ben perceber que não tinha que resolver todos seus problemas em um só dia – e começar a lidar com uma coisa de cada vez –, sua pontuação realmente mudou. A final – na 4ª vez – foi 76, um aumento sólido de 25 pontos nas últimas semanas.

Jornada Happy 100 do Tony

Tony teve uma das pontuações iniciais mais altas. Sua pontuação na 1ª vez foi 59 – acima da linha neutra, mas ainda abaixo da referência estabelecida. Grande parte da sua jornada foi redescobrindo os valores que lhe foram transmitidos por seus pais. Depois que ele decidiu se comprometer com o programa, e realmente trabalhar para mudar, sua pontuação decolou. Na 2ª vez, subiu 26 pontos, alcançando 85. Nas primeiras semanas, Tony reduziu seus níveis de estresse mais do que pela metade. E ele continuou a brilhar. Sua pontuação na 3ª vez foi 87, um aumento de dois pontos, e terminou com a pontuação mais alta do grupo – 93 na 4ª vez.

Jornada Happy 100 da Liz K

A pontuação de Liz K foi muito parecida com a de Tony. Assim como ele, Liz começou com 59 pontos na 1ª vez. Seu aumento inicial também foi enorme. Sua pontuação na 2ª vez subiu para 81, um aumento de 22 pontos – ótimo trabalho! Suas pontuações estabilizaram. A medição na 3ª vez foi 86, um aumento de cinco pontos, e bem acima da referência estabelecida por nós. Encantada com suas mudanças, ela consolidou seu nível de felicidade aumentando somente dois pontos já no final do jogo, indo para 88 na 4ª vez.

Mente feliz, corpo feliz

Mais e mais pesquisas mostram que a felicidade não se traduz apenas no fato de se sentir bem. Se nos tornamos emocionalmente mais saudáveis, nós também nos tornamos fisicamente mais saudáveis. E o inverso também é verdadeiro: à medida que nos tornarmos fisicamente mais saudáveis, sentimo-nos mais felizes também! Funciona nos dois sentidos.

Queríamos testar este programa. Queríamos ver se a abordagem holística para a felicidade concebida por nós seria mesmo eficaz. Então, convidamos todos os nossos voluntários a passarem por uma bateria de testes psicológicos – antes, durante e depois do programa. Queríamos testes rigorosos.

Verificamos a saúde mental de todos eles. Avaliamos sua ansiedade. Medimos suas emoções. Mas também queríamos os testes físicos. Verificamos os níveis sanguíneos, de colesterol, de hormônios de estresse.

Estilo de vida, felicidade e os nossos genes

O estilo de vida afeta a função dos nossos genes. As pesquisas estão começando a mostrar que o estresse psicológico prolongado e a saúde emocional ruim – tal como a contínua ansiedade, o pessimismo e a raiva profundamente enraizada – podem aumentar o risco de mutações genéticas.

Quando as pessoas lidam mal com o estresse, o corpo fica menos capacitado a reparar essas mutações. O estresse psicológico também afeta a expressão genética. Se a pessoa tem predisposição para doenças como depressão, esquizofrenia, comportamentos de dependência, asma e problemas de autoimunidade, o estresse contínuo aumenta o risco de esses genes se manifestarem (ou serem ativados). Na verdade, a saúde mental, agora, é vista como um fator importante no desenvolvimento, na manifestação e na reparação dos nossos genes.

O estresse contínuo pode até fazer com que envelheçamos precocemente. O envelhecimento faz com que as pontas dos nossos genes – os telômeros – encolham. Os telômeros protegem as nossas cadeias de DNA evitando de se separarem, cobrindo-as, assim como as pequenas pontas de plástico nas extremidades de um cadarço. Telômeros usados e gastos levam a doenças crônicas e à morte. O estresse contínuo e não controlado parece acelerar o processo. Trabalhando com Elizabeth Blackburn, a vencedora do Prêmio Nobel de Medicina e Psicologia, em 2009, com seu trabalho pioneiro sobre a função dos telômeros, Elissa Epel, na Universidade da Califórnia, passou a última década estudando mulheres na pré-menopausa que cuidaram de crianças fisicamente incapacitadas ou de pessoas amadas com quadro de demência. As mulheres que não superaram o estresse se mostraram geneticamente mais velhas, de nove a dezessete anos, do que o mesmo grupo com a mesma faixa etária que foi capaz de superá-lo.[1]

No entanto, em um novo desenvolvimento instigante, a equipe mostrou que o exercício vigoroso pode compensar o impacto do estresse.[2] Dentre as mulheres altamente estressadas monitoradas, somente as inativas apresentaram telômeros mais curtos. Aquelas que sempre se exercitaram regularmente não haviam sofrido dano semelhante.

A equipe também mostrou que o pessimismo crônico tem o mesmo efeito sobre a nossa idade genética: ele também encurta os telômeros.[3] Futuras pesquisas podem até mostrar que o otimismo preserva ou até prolonga os nossos telômeros e nos ajuda a viver mais, o que de certa forma é especulação, mas ainda assim fascinante. Veremos. A história sobre a genética e a felicidade ainda está para ser totalmente contada.

[1] Epel, E.S., Blackburn, E.H., Lin, J. e outros, 'Accelerated telomere shortening in response to life stress', Proceedings of the National Academy of Sciences dos Estados Unidos da América, vol. 101, 2004, pp. 17312-15.

[2] Puterman, E., Lin, J., Blackburn, E. e outros, 'The power of exercise: Buffering the effect of chronic stress on telomere length', WWW.plosone.org/article/info:doi/10.1371/journal.pone.0010837 (recuperado em 17 de junho de 2010).

[3] O'Donovan, A., Lin, J., Dhabhar, F.S. e outros, 'Pessimis correlates with leukocyte telomere shortness and elevated interleukin-6 in post-menopausal women', Brain, Behavior, and Immunity, vol. 23, 2009, pp. 446-9.

Examinamos os padrões de sono. Examinamos as respostas do sistema imunológico de cada participante.

Todos estes testes que aplicamos são indicadores bem-estabelecidos de bem-estar físico. Mas queríamos ir mais longe. Para um novo território.

Então lhes mapeamos o cérebro.

Como diz o dr. Craig Hassed, clínico geral e professor assistente sênior do Departamento de Clínica Geral da Universidade de Monash, o consultor da série *Making Australia Happy*, "uma mente saudável e feliz é fundamental para um corpo saudável". Em seu livro *A Essência da Saúde*, ele descreve a ligação íntima entre corpo e mente, essencial para a saúde mental física. O dr. Craig escreve:[3] "Os mecanismos são infinitamente complexos, mas os princípios, infinitamente simples."

Embora o nosso programa seja único – ninguém jamais fez algo assim antes –, a literatura da pesquisa científica existente sugeriu que veríamos melhoras fisiológicas mensuráveis em todas as áreas aqui citadas. E vimos. Vimos nas tabelas que, à medida que os níveis de felicidade dos Oito de Marrickville aumentavam, ocorriam mudanças fisiológicas substanciais e tangíveis. E isso foi em apenas oito semanas.

Os dados objetivos coletados nos exames biológicos e fisiológicos, tal como pressão sanguínea, colesterol, hormônios e funcionamento do cérebro, proporcionam uma validação adicional de que esse tipo de programa realmente pode funcionar. E funciona!

O Fundamental: Exercícios e sono

Começamos pesquisando se os nossos voluntários praticavam ou não algum exercício, e se dormiam bem ou não. Ambos são ingredientes essenciais para o bem-estar geral.

Precisávamos descobrir uma forma de obter dados objetivos sobre suas condições físicas. Fatos. Não opiniões. Precisávamos dar um jeito de monitorá-los 24 horas por dia, sete dias por semana.

Pedimos, portanto, que usassem uma braçadeira pequena e leve, do

A CIÊNCIA

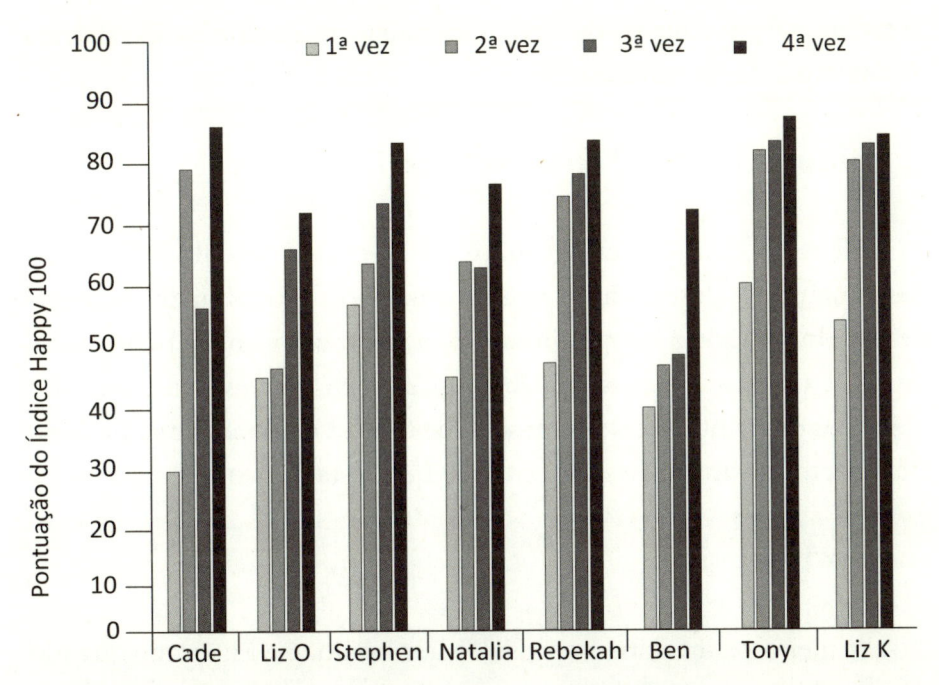

Figura 1- Pontuação dos participantes no Índice Happy 100 em momentos diferentes

tamanho de um relógio de pulso grande, durante todas as oito semanas do programa. Este pequeno dispositivo, chamado SenseWear®, é tão sofisticado que pode registrar quando ou como a pessoa se movimenta, mesmo durante o sono, assim como a intensidade desse movimento.[4] Não dá para escapar dos dados. Ele pode detectar até mesmo quando você fizer sexo!

Os relatórios impressos pelo computador dos dados das braçadeiras revelaram que a maioria dos nossos voluntários, com exceção da Liz e da Rebekah, que se exercitavam muito mesmo, era altamente sedentária, com péssima qualidade de sono, e ia para a cama mais tarde do que devia.

Especialmente Cade, Natalia e Tony mostraram padrões chocantes de sono no início. Até o final do programa, os dados de suas braçadeiras revelaram melhoras imensas em seus padrões de sono e níveis de exercício – de virtualmente nenhum exercício para a categoria de exercícios "moderados para vigorosos" – e caminhadas na região dos 10 mil passos recomendados por dia!

Sinalizadores bioquímicos

Além dos dados objetivos sobre o sono e o movimento físico, também estávamos interessados nos sinalizadores bioquímicos de bem-estar. Sinalizadores bioquímicos são os hormônios, os anticorpos, as enzimas ou outras substâncias biológicas mensuráveis detectáveis no corpo, os quais atuam como um sinal de doença ou de anormalidade ou de aspectos positivos de saúde como o bem-estar.

Cortisol

Primeiro verificamos o cortisol, o hormônio que é liberado quando você está lutando com tigres metafóricos. Pessoas que vivem vidas estressantes, em geral, estão em um estado semipermanente de resposta ao estresse, o que lhes afeta a saúde física e a mental. O cortisol influencia muitos aspectos da saúde, inclusive a imunidade, nosso risco de desenvolver síndrome metabólica (veja na página 210), o armazenamento de gordura e a saúde dos nossos ossos.

Ao medirmos os níveis de cortisol na saliva dos nossos voluntários, colhida em três dias diferentes, uma vez na 1ª semana, outra na 4ª semana e outra na 8ª semana, nosso objetivo foi obter um panorama de seus níveis de estresse antes, durante e depois do programa Oito Passos.

Os níveis de cortisol normalmente são mais altos pela manhã e mais baixos à noite, assim, considerando essas variações, colhemos cinco amostras de cada pessoa ao longo daqueles dias, e também levamos em conta todas as circunstâncias especialmente estressantes que poderiam influenciar as leituras.

Não foi surpresa descobrirmos que, no início da série, a maioria dos participantes – seis dos oito – apresentou níveis não saudáveis. Vale notar que os níveis de cortisol aumentaram ainda mais durante as três ou quatro primeiras semanas, o que era de se esperar, já que promover tantas mudanças e assumir tantos desafios por si só é estressante.

Mudanças podem ser estressantes. Ao iniciar o programa dos Oito Passos, você pode notar que seu estresse inicial aumenta. Não são todas as pessoas que passam por isso, mas, se você se sentir um tantinho estressado ou sobrecarregado, persevere. As primeiras semanas podem ser muito delicadas e difíceis, pois você está começando a sair da sua zona de conforto. Esse é um momento importante. Depois de superar esse período, como vimos com os nossos participantes, as coisas começam a se equilibrar.

No final das oito semanas, os níveis de cortisol e padrões de estresse do grupo haviam caído radicalmente, e quase todos os participantes atingiram um padrão normal saudável.

Então, seja flexível. Algumas pessoas podem achar um pouco exagerado dar todos esses passos em apenas oito semanas – embora isso possa ser feito com facilidade. Mas, se você quiser fazer o programa em mais tempo, vá em frente. Embora saibamos que o período de oito semanas é suficiente – e funciona bem –, o seu programa pessoal dos Oito Passos não precisa ser limitado ao cronograma de apenas oito semanas, especialmente se você sentir que é muito para você. Leve um pouco mais de tempo. Seja flexível. Afinal de contas, o programa é para o seu prazer, para a sua felicidade, para a sua vida.

Melatonina

O hormônio melatonina é segregado pela glândula pineal no cérebro, sendo um sinalizador bioquímico muito útil para uma gama de assuntos. Ele não apenas regula o nosso sono, mas também ajuda a regular os outros hormônios. É um indicador da nossa capacidade de lidar com o estresse,[5] e imagina-se que influencie o sistema imunológico e a função genética e tenha efeitos protetores contra o câncer.[6] Reduzir o estresse e tomar medidas para desfrutar um estilo de vida saudável aumenta a melatonina.[7]

Isso é muito importante quando se trata de obter uma boa noite de sono, componente essencial para a boa saúde física e a mental. Como a melatonina é o hormônio que regula o ciclo do nosso sono/vigília, ela desempenha um papel crítico ao adormecemos ou acordamos. Verificamos os níveis de melatonina dos nossos voluntários à meia-noite. No início, cinco dos nossos participantes apresentaram níveis baixos, mas, no final do experimento, houve um aumento médio de 60% nos níveis de melatonina em todo o grupo, outra indicação de que as mudanças para um estilo de vida saudável estavam fazendo diferença.

Sinalizadores metabólicos

Síndrome metabólica

A síndrome metabólica é comum nos países desenvolvidos que levam o chamado estilo de vida ocidental de inatividade, com alto estresse e alimentação ruim. A síndrome metabólica é um aglomerado de fatores de risco que incluem alta pressão arterial, alto colesterol, glicemia elevada (tipo diabetes 2) e obesidade central. Os altos níveis de cortisol promovem o ganho de peso em todo o corpo, o que tem implicações importantes para o desenvolvimento de outros problemas, como as doenças cardíacas. Por isso, quisemos medir alguns sinalizadores da síndrome metabólica e ver como eles respondiam à redução do estresse e à mudança de estilo de vida.

Os altos níveis de estresse são um dos principais fatores da síndrome metabólica, porque eles criam o desgaste prolongado no corpo, conhecido como carga alostática.

Pressão arterial

A pressão arterial é a medida da pressão sanguínea nas artérias enquanto o sangue é bombeado pelo coração. Quando alta, normalmente indica que o corpo está estressado.

Ao nos estressarmos, nosso coração trabalha mais do que o normal, colocando pressão nos outros órgãos. A pressão arterial elevada pode ocasionar sérios problemas, como um ataque do coração, um acidente vascular cerebral, insuficiência cardíaca ou doença renal. Mas aqui vai uma boa notícia: a pressão arterial é muito sensível às mudanças de estilo de vida e à redução do estresse.[8]

Cinco dos oito voluntários apresentaram pressão arterial normal no início da filmagem, e ela permaneceu normal até o final. Mas em três deles a pressão causou preocupação. Após oito semanas e uma série de intervenções de Psicologia Positiva, aumento de exercícios e foco no bem-estar, esses três experimentaram uma redução significativa na pressão arterial (em termos técnicos, houve uma queda média de 35/16). O dr. Hassed diz: "Esperávamos ver uma queda de quinze para dez na resposta às mudanças de estilo de vida. Esta foi uma queda muito grande e comparável à redução que a pessoa apresentaria se ela tomasse medicação para controlar a pressão arterial."

Níveis de colesterol

Altos níveis de colesterol, assim como a pressão arterial elevada, contribuem para aumentar o risco de desenvolvimento de doenças cardiovasculares. Assim como com a pressão arterial elevada, quanto mais alto o nível de colesterol no sangue, maior é o risco de desenvolver doenças cardíacas ou sofrer um ataque cardíaco. Mas os níveis de colesterol respondem bem às mudanças de estilo de vida e à redução de estresse.

No início da filmagem, metade do grupo apresentou altos níveis de colesterol. No final da série, todos estavam na faixa normal, com exceção de um, que agora apresenta taxa somente um pouquinho alta. A redução geral, para a maioria dos participantes, foi de 0,5, e, em um caso, de 0,8. Tal mudança é significativa, especialmente considerando que ocorreu sem medicação.

Os voluntários são provas vivas de que, quando as pessoas promovem mudanças saudáveis no estilo de vida e conseguem mantê-las, como adotar uma perspectiva positiva, melhorar a alimentação ou praticar mais exercícios, os problemas da síndrome metabólica começam a retroceder.

Imunidade

O sistema imunológico é a principal linha de defesa do corpo contra as doenças e infecções.

Novas pesquisas no emergente campo da psiconeuroimunologia sugerem que as pessoas que têm emoções positivas e lidam bem com o estresse podem aprimorar seus sistemas imunológicos, enquanto aquelas que percebem o mundo de forma negativa e respondem mal aos eventos apresentam um sistema imunológico enfraquecido, o que as deixa mais suscetíveis às doenças.[9] Diversos experimentos têm mostrado isso medindo o nível de anticorpos de imunoglobulina na saliva (S-IgA) em diversas situações. S-IgA é a nossa linha de frente de defesa contra os vírus que desencadeiam as tosses, os resfriados e as infecções gastrointestinais.

Um estudo verificou como o sistema imunológico respondeu à raiva em comparação com a compaixão.[10] Após induzir emoções positivas de compaixão em um grupo de pessoas por apenas cinco minutos, seus níveis imunológicos subiram. Quando o estudo repetiu o processo, só que induzindo raiva, os níveis imunológicos caíram significativamente. Os efeitos duraram por até cinco horas. A raiva custa bem caro. E os efeitos podem durar mais do que imaginamos.

Dependendo da resposta emocional da pessoa, até mesmo assistir a um filme pode aumentar a imunidade. Em um experimento clássico da Universidade de Harvard, foi mostrado a um grupo de estudantes um filme sobre a Madre Teresa ajudando os doentes e os moribundos nas favelas de Calcutá.[11] Terminada a projeção, os exames de saliva revelaram um aumento nos níveis de anticorpos. Mas o mais surpreendente foi – apesar do ceticismo de alguns do grupo em relação à Madre Teresa – observar que o comportamento altruísta ainda teve um efeito psicológico positivo sobre eles.

Com isso em mente, nós selecionamos aleatoriamente quatro dos nossos oito voluntários para explorar a influência do comportamento altruísta sobre eles. Examinamos-lhes a saliva em um dia em que eles ajudaram na Exodus Foundation, uma entidade beneficente que trabalha com algumas das pessoas mais carentes da sociedade. A entidade administra um restaurante gratuito para todos que tiverem fome e alimenta regularmente cerca de 400 pessoas por dia.

Coletamos a saliva de cada um dos voluntários para o teste antes de eles começarem a ajudar, e novamente no final das atividades altruístas do dia. Conforme esperávamos, todos os seus níveis de imunoglobulina aumentaram – uma média de 36% –, indicando que a resistência deles às infecções ficou significativamente mais alta.

Se praticar atividades altruístas por umas poucas horas beneficia a saúde física, imagine os benefícios para a sua vida caso você a viva de forma altruísta.

Será que a positividade aumenta a tolerância à dor?

Pesquisas empíricas acumulam apoio à teoria de que as emoções positivas nos proporcionam uma vantagem evolutiva – elas desenvolvem nossos recursos intelectuais, sociais e físicos. Esta teoria, originalmente proposta pela psicóloga Barbara Fredrickson, sustenta que somos muito mais propensos a pensar com clareza e criatividade quando o nosso estado de espírito é positivo do que se estivermos estressados ou deprimidos.[12] Com uma perspectiva positiva, temos mais probabilidade de desenvolver amizades e relacionamentos que nos sustentam, e mais propensão a uma vida mais saudável e mais longa. Tudo isso nos dá uma vantagem quando se trata de sobrevivência.

Uma descoberta comum a partir dos estudos centra-se no fato de que as emoções positivas ajudam a aumentar a resiliência, um traço essencial para a sobrevivência.[13] Uma maneira de demonstrar isso é ver se os altos níveis de otimismo e de esperança se correlacionam com a alta tolerância à dor. Se o nosso programa dos Oito Passos foi de fato eficaz, então, de acordo com a teoria, os nossos voluntários deveriam ser capazes de tolerar mais a dor após o término da série! Para esse fim, solicitamos a eles que mergulhassem a mão e o antebraço em água gelada – é a chamada resposta da pressão arterial ao frio – para avaliar como toleravam a dor no início e no final do programa dos Oito Passos. Se o treinamento da Psicologia Positiva ao longo das oito semanas foi bem feito, a média de tolerância à dor deveria ter aumentado, e eles seriam capazes de manter seus pulsos imersos por mais tempo.

Para fazer isso, nós nos baseamos em um famoso experimento que submeteu dois grupos de pessoas à resposta da pressão arterial ao frio. Quinze minutos antes, um grupo foi treinado para focar em imagens mentais de esperança e pensamentos positivos, tal como o cumprimento bem-sucedido dos objetivos, enquanto o outro grupo não recebeu qualquer treinamento. Nesse estudo, o grupo com o treinamento positivo ficou duas vezes mais na água gelada do que o grupo de controle.[14]

Surpreendentemente, vimos resultados semelhantes com os nossos voluntários. No começo da série, a média de tempo que eles podiam tolerar a dor era de 57 segundos. Depois do programa de oito semanas, essa média havia aumentado para 131 segundos, mais do que o dobro da pontuação original!

Embora o experimento da série *Making Australia Happy* não tenha sido realizado sob condições científicas rigorosas – por exemplo, nós não usamos um grupo de controle –, os consultores do nosso programa confirmam que os resultados indicam que as emoções positivas podem desenvolver a nossa resistência física e a emocional.

Mapeamento cerebral

Entusiasmados com essas descobertas, nós nos perguntamos se as mudanças comportamentais realizadas pelos nossos voluntários ao seguirem o programa também se refletiriam em mudanças neurológicas em seu cérebro.

Richard J. Davidson, da Universidade de Wisconsin, foi um dos primeiros a usar a imagem do cérebro para estudar a influência neurológica da mente sobre a matéria. Em seu estudo embrionário publicado em 2004, ele comparou o que acontecia nos cérebros dos monges budistas com o que acontecia nos cérebros dos voluntários inexperientes quando estes foram convidados a realizar a "meditação da compaixão" e a se concentrarem na transmissão de pensamentos de amor e compaixão para as outras pessoas. A pesquisa mostrou que o nível de atividade nas áreas do cérebro que regulam as emoções era muito mais alto no cérebro dos monges budistas do que no dos novatos. Além disso, o padrão alterado do cérebro pareceu durar por algum tempo depois dos períodos formais de meditação.[15] Essa foi a primeira evidência sólida de que a meditação de fato redireciona a rede neural e pode até induzir mudanças neurais duradouras.

Desde então, Davidson e outros produziram uma série de estudos que demonstram variações desse fenômeno. Eles mostraram que pessoas experientes em meditação podem concentrar o cérebro em lugares distantes de emoções não desejadas ou perturbadoras. Comparadas às novatas, as pessoas experientes em meditação mostram mais atividade nas áreas do cérebro que lidam com atenção e concentração e menos atividade naquelas que respondem aos pensamentos e às emoções, além de serem capazes de manter esse foco mesmo quando os cientistas tentam distraí-las.

Para a série de TV *Making Australia Happy*, nós nos voltamos para o professor adjunto Mark Williams, do Centro de Ciência Cognitiva da Universidade de Macquarie, na Austrália. Sua pesquisa se concentra nos mecanismos cognitivos e neurais envolvidos na face e na percepção da expressão facial e no processamento de objetos e de cenas complexas. Ele usa técnicas de neuroimagem como ressonância magnética funcional (RNMf) e magnetoencefalografia (MEG) para identificar onde e quando tais processos ocorrem no cérebro. O MEG é uma tecnologia de ponta em imagens do cérebro, e o equipamento de MEG da Macquarie é o único do tipo no hemisfério sul.

O dr. Williams escaneou o cérebro dos nossos voluntários na semana anterior ao início do programa da felicidade e novamente no final da série, oito semanas depois. O equipamento de MEG monitorou a atividade nos lóbulos temporais e parietais dos voluntários enquanto lhes era mostrada uma série de expressões faciais exibindo emoções felizes, tristes e neutras. O lóbulo temporal está associado à percepção, à análise e ao reconhecimento de objetos e de expressões faciais, enquanto o lóbulo parietal está absorvido em prestar atenção.

Com base na pesquisa anterior, Williams esperava que, depois do programa de oito semanas da felicidade, fosse constatada uma mudança nos níveis de atividade cerebral nos nossos voluntários. E foi exatamente o que aconteceu.

Um cérebro em repouso é um cérebro feliz

No final das oito semanas, houve uma redução significativa na atividade neural: cerca de 50% em média, e muito maior do que ele previa. "É realmente emocionante ver que podemos obter uma mudança tão expressiva", diz Williams. "Isso nos mostra que em algum nível a plasticidade, ou capacidade de se adaptar à experiência, está ocorrendo."

Embora a queda na atividade possa soar absurda, Williams diz que se correlaciona com outros estudos que parecem indicar que um cérebro estressado é superativo, e um cérebro feliz é aquele em repouso. Ele acha que existem duas razões prováveis para os resultados. A primeira é que os nossos voluntários ficaram mais felizes e mais relaxados à medida que o programa avançava. Williams cita um estudo recente que demonstrou uma redução semelhante na atividade neural nessas mesmas áreas límbicas quando os indivíduos estavam relaxados ouvindo uma música agradável.[16]

A outra explicação possível para os resultados do mapeamento cerebral é que os nossos voluntários de fato aprimoraram a capacidade de focar a atenção e manter esse foco. Eles não precisaram de muito esforço.

"Você pode comparar as nossas descobertas com outro estudo[17] que usou os estímulos da dor em vez de faces para comparar as duas condições", diz Williams. "Eles mostraram que as pessoas com treinamento em meditação apresentam de 40% a 50% menos atividade no sistema límbico do que o grupo de controle, quando ambos os grupos são submetidos à dor. Eles sentem a mesma quantidade de dor, mas a atenção deles está concentrada em outro lugar."

"Essas revelações são consistentes com o que esperávamos do treinamento da atenção plena", afirma o dr. Russ Harris, nosso especialista residente em atenção plena. "A atenção plena nos ensina a nos concentrarmos e a realmente estarmos presentes no momento presente, em vez de sermos envolvidos pela tagarelice da mente. É um componente crucial do programa da felicidade, e sabemos que, à medida que nos tornamos mais atentos, mais engajados, geralmente ficamos mais relaxados."

"Uma mente em repouso é uma mente feliz e eficiente", diz o dr. Craig Hassed, o médico consultor do programa. "Na maior parte do tempo pensamos demais, preocupamo-nos demais, projetamos tanto que acabamos criando muito barulho em nossa mente, e isso pode ser medido na atividade cerebral."

Pensamentos finais

A ciência moderna nos diz o que os antigos já sabiam há milhares de anos: falar sobre a mente e o corpo como se eles fossem separados é uma distinção artificial. Eles estão intimamente ligados. Quando a mente e o corpo trabalham juntos, em sincronia, o corpo apresenta uma capacidade incrível para se curar e nos levar adiante para sermos realmente felizes.

Embora o número de participantes da série *Making Australia Happy* fosse pequeno, os resultados são de fato extraordinários. E mais, eles refletem as descobertas de milhares de estudos internacionais.

Será que os nossos resultados se devem inteiramente ao programa dos Oito Passos, ou havia outros fatores causais em jogo? Fizemos um estudo da vida real. Não foi realizado dentro dos limites de um laboratório, mas sim na vida das pessoas. Nas ruas. Em suas casas. E tudo foi filmado.

É totalmente possível que estar sob o escrutínio constante das câmeras de TV, ou simplesmente ser o centro da atenção como parte de um experimento original da vida real, possa ter influenciado os resultados. E é de se esperar que esses fatores de alguma forma tenham influenciado o resultado. Mas eles não foram sempre úteis para induzir a felicidade. Ser o centro das atenções, ser filmado, ser observado, ter que cumprir horário, enfim, investir tempo e esforço para ser parte de um programa de TV pode ser estressante e frustrante. As exigências de uma filmagem são de fato desafiadoras.

O fato dos nossos voluntários terem agido como parte de um programa de TV deve ser levado em conta ao considerar os resultados. Mesmo assim, os resultados são impressionantes – até mesmo excelentes. Os Oito de Marrickville mudaram. Funcionou para eles. E pode funcionar para você.

Avante!

Como você descobriu, não é difícil ser feliz. Mas é difícil se manter feliz o tempo todo. Na verdade, é impossível. A vida muda. Os acontecimentos nos abatem. A vida é difícil. Problemas surgem. Mas, como os Oito de Marrickville mostraram, não temos que ficar aprisionados nos tempos difíceis. Podemos nos recuperar. E podemos aprender a nos recuperar muito rapidamente. Sim, nós podemos!

O ponto principal é continuar a trabalhar esses passos. Lembre-se: a felicidade é um produto derivado de uma vida bem-vivida. Mãos à obra! Transforme suas ideias em ações e suas ações em hábitos. A atitude mental de felicidade é um hábito. Habitue-se a ela.

Pois é, aqui estamos nós. O fim? Bem, este pode ser o fim do livro, mas, certamente, não é o fim da jornada. Vejo você na estrada. Avante!

Os especialistas

Dr. Tony Grant
Psicólogo de treinamento

Chefiando a nossa equipe de especialistas está o dr. Anthony (Tony) Grant. Ele é um acadêmico, um profissional e pioneiro internacional nos campos da psicologia de treinamento e da Psicologia Positiva. A psicologia de treinamento ajuda as pessoas a viverem de modo mais produtivo, gratificante e feliz. Em 2000, Tony fundou a primeira Unidade da Psicologia de Treinamento do mundo, na Universidade de Sidney. Em 2009, ele recebeu o Prêmio Vision of Excellence, da Universidade de Harvard, pelo seu trabalho pioneiro em ajudar a desenvolver os alicerces científicos do treinamento. Como autor e pesquisador, Tony escreveu seis livros e mais de 60 artigos em periódicos e capítulos de livros. Por duas vezes, ele recebeu o Prêmio de Excelência no Magistério pela Universidade de Sidney (2002 e 2008). Quer seja ensinando seus estudantes, quer seja treinando executivos de negócios ou fazendo palestras em conferências, Tony combina a sólida teoria científica com uma ampla experiência prática e um senso de humor único. Na série *Making Austrália Happy*, ele se vale das melhores técnicas baseadas em evidência da Psicologia Positiva e de treinamento para levar sua mensagem às ruas.

Dr. Russ Harris
Treinador de atenção plena

Como sugere o título de seu best seller internacional, *The Happiness Trap* (*Liberte-se – Evitando as armadilhas da procura da felicidade*), o dr. Russ Harris traz uma perspectiva muito diferente para o tema da felicidade. Partindo de uma abordagem baseada na atenção plena, que reconhece que os pensamentos e emoções negativas são uma parte inevitável da condição humana, Russ é o maior especialista em Terapia de Aceitação e Compromisso (TAC) da Austrália. A TAC difere dos outros modelos baseados em atenção plena na medida em que ensina as habilidades que tal atenção requer por meio de exercícios simples e rápidos, e não pelo método mais tradicional da meditação. Os livros, os workshops e mesmo a prática clínica de Russ ajudaram milhares de pessoas em todo o mundo a descobrir uma vida mais rica e significativa. Residente na cidade Australiana de Perth, é um clínico geral qualificado, terapeuta e treinador de vida.

Anna-Louise Bouvier
Fisioterapeuta e especialista em mente-corpo

Com as mentes dos voluntários em boas mãos, recrutamos a fisioterapeuta Anna-Louise Bouvier para cuidar dos corpos. Residindo em Sidney, Anna-Louise trabalha em seu consultório clínico com atletas de elite (ela é consultora do Waratahs, time de Rugby do Novo País de Gales [New South Wales Rugby Union]) e com o público em geral. Seu programa de Physiocise – um sistema de aulas ministradas por fisioterapeutas altamente capacitados e com vasta experiência no tratamento da dor, no controle muscular, no movimento de reciclagem e na motivação – ajuda semanalmente milhares de pessoas que sofrem de dores no pescoço e nas costas. Segundo um comentarista muito conhecido dos meios de comunicação, autor e jornalista, Anna-Louise oferece serviços especializados na área da saúde e do bem-estar. Anteriormente indicada para Apresentadora Australiana de Condicionamento Físico do Ano, ela aparece regularmente no Today Show e na Rádio ABC e escreve para a revista *Life*, entre outras. Em 2010, Anna-Louise lançou seu último livro, *The Feel Good Body,* que combina pesquisas de última geração com conselhos práticos para otimizar a saúde física.

Os produtores

Jennifer Cummins
Produtora

"Os voluntários da série Making Austrália Happy foram muito abertos e corajosos – é preciso muita coragem para se expor em rede nacional de TV, e acho que nossos telespectadores vão achar suas jornadas incrivelmente inspiradoras. Usando uma série de estratégias fundamentadas pela ciência, eles confrontaram seus monstros e realmente mudaram suas vidas. E são esses momentos de revelação real, mudança real na tela que me fazem pensar: 'É por isso que fazemos documentários'".

Jennifer Cummins é diretora da empresa Heiress Films, que diversas vezes recebeu prêmios de documentários e outras produções sobre atualidades, e atuou por trás da série *Making Australia Happy*. Em três anos de trabalho, desde a concepção até a entrega, *Making Australia Happy* foi um trabalho de amor para Jennifer, e reflete seu compromisso de explorar questões contemporâneas com sensibilidade e levá-las para o grande público.

Além da série *Making Australia Happy*, ela também produziu a aclamada série *Life* (Vida), voltada para a observação que monitora um grupo de crianças desde seus primeiros anos de vida. Life at 5 foi transmitida pela televisão ABC em 2010. Os créditos de Jennifer incluem o documentário indicado para o Prêmio Logie, *From Korea with Love*, o seriado *Hotspell*, e o *I, Psychopath*, da TV SBS. Antes de abrir a empresa Heiress Films, Jennifer administrou o núcleo de Desenvolvimentos Factuais na ABC, quando ela promoveu uma ampla gama de novos projetos que cobriam entretenimentos do dia a dia, artes, história e documentário.

Daryl Karp
Produtora Executiva

"A série funciona porque aplica a ciência da felicidade a pessoas de verdade, que enfrentam questões reais no cotidiano de suas vidas. Não comprometemos a ciência e não sabíamos se o nosso experimento de oito pessoas ao longo de oito semanas para melhorar os níveis de felicidade realmente funcionaria. Dessa forma, foi uma experiência muito gratificante ver as transformações ocorridas e perceber que a maioria das pessoas pode aplicar estas técnicas simples e validadas cientificamente para melhorar o próprio bem-estar."

Daryl Karp é uma executiva sênior da televisão, com vasta experiência em fazer programas factuais, documentários e de ciência. Seus documentários granjearam inúmeros prêmios, incluindo dois prêmios de ouro no Festival de Filmes de Nova York. Além da série *Making Australia Happy*, ela atualmente é a produtora executiva da série *Life* (Vida) – vencedora de diversos prêmios para a ABC – e *Lost Soldiers of Fromelles* (Soldados Perdidos de Fromelles – tradução livre) para o Canal 7.

Ela foi também diretora-presidente da Austrália Filmes, de 2004 a 2008, tendo atuado anteriormente em várias posições na Televisão ABC, inclusive como Chefe de Programas Factuais e Chefe de Características e Documentários, quando foi responsável pelo sucesso de inúmeras séries apresentadas no horário nobre.

Daryl também trabalhou com diversas das principais emissoras públicas do mundo, incluindo a BBC, o Canal 4, Canal 5, o Discovery Channel, National Geographic Channel e PBS.

Will Parry
Produtor da Série

"O que me atraiu em Making Australia Happy foi a ideia de que existem vários caminhos cientificamente comprovados para a felicidade. Adorei a ideia de tirar a ciência do laboratório e ver o que acontece com as pessoas reais quando elas são orientadas pelos nossos especialistas para aplicar esses conhecimentos em suas vidas diárias."

Will foi o produtor da série *Lush House,* do Lifestyle Channel, em 2009. Antes disso, ele viveu em Nova York por seis anos, onde trabalhou principalmente para a BBC Production USA, e dirigiu o piloto (e muitos episódios subsequentes) da versão norte-americana de *What Not to Wear*) para a TLC. Ele também dirigiu o piloto da versão norte-americana de *Come Dine With me.* Em 2006, Will foi o diretor de locação norte-americano em *Poem for 9/11* (Poema para 11/09), que ganhou o Prêmio British Royal Television Society de melhor documentário de arte. Até 2002, ele administrou sua própria produtora no Reino Unido e trabalhou como produtor e diretor em diversos projetos de entretenimento factual e documentários para a BBC, Canal 4 e Canal 5.

Kalita Corrigan
Diretora

"Making Australia Happy é uma série híbrida, então o maior desafio para mim foi combinar com sucesso os elementos do documentário observacional, ciência e entretenimento e, ao mesmo tempo, continuar sensível à jornada dos personagens e não banalizar a ciência."

Diretora e produtora, Kalita tem mais de treze anos de experiência em documentários e entretenimentos factuais para a televisão. Originária da costa norte de Nova Gales do Sul, Kalita trabalhou para a BBC e para o Canal 4 em Londres por nove anos antes de voltar para a

Austrália. Ela tem vasta experiência na produção e na direção de sérias formatadas de documentários, bem como documentários científicos e observacionais. Seus créditos recentes incluem *Roadtrip Nation*, para a SBS e PBS, a segunda série de *The Biggest Loser*, para o Canal 10, e *Science of Sex* para Canal 5 (Reino Unido). *Wanted Down Under*, que ela produziu e dirigiu para a BBC, foi indicada para o Royal Television Society Award por melhor programa factual.

Danielle Brigham
Produtora associada, pesquisadora e produtora de sites

"Fiquei encantada pela riqueza da pesquisa fascinante que existe sobre a 'ciência da felicidade', e, ao contrário dos outros temas, que geralmente têm começo e fim, não há limites para o que constitui (ou obstrui) a felicidade humana. Foi sem dúvida um desafio aprimorar conceitos complexos, algumas vezes abstratos, em um guia de três horas de 'como conseguir' a felicidade, mas acho que os conceitos fundamentais vieram todos por meio da série."

Pesquisar a ciência da felicidade pode soar como um falso trabalho, mas, para Danielle Brigham, foi uma realidade que durou mais de dois anos. Como produtora associada, ela desempenhou um papel fundamental no desenvolvimento e na produção da série. Ela também escreveu e produziu o site que acompanhou a série da ABC on-line. Seus recentes créditos de pesquisa incluem os documentários em longa-metragem *Mother of Rock: Lillian Roxon* (Mãe do rock: Lillian Roxon – tradução livre) (2010) e *I, Psychopath* (2009). Ela também trabalhou em *Life at 5* (ABC, 2010), *ADbc* (SBS, 2009) e *Eurovision* (SBS, 2009). Antes disso, Danielle trabalhou como autônoma para algumas das principais produtoras independentes do Reino Unido e para a BBC em Londres. Com formação em jornalismo, Danielle também trabalhou dois anos em Dublin como colunista e editora do site para a revista *Hot Press*.

Notas

Introdução

1 Cummins, R., Hamilton, L., Lai, L. e outros, 'The well-being of Australians: Differences between statistical sub-divisions, towns and cities', Australian Unity Well-being Index: Report 191 2008, www.deakin.edu.au/research/acqoVauwbi/survey-reports/survey-2019-2011-report-part -a.pdf (acessado em 14-maio-2010).

Tornar-se feliz

1 Vella-Brodrick, D., Park, N. & Peterson, C., 'Three ways to be happy: Pleasure, engagement, and meaning-findings from Australian and US samples', Social Indicators Research, vol. 90, 2009, pp.165-79.

2 Ibidem.

3 King, L.A., Hicks, J.A., Krull, J.L. e outros, 'Positive affect and the experience of meaning in life', Journal of Personality and Social Psychology, vol. 90, 2006, pp.179-96.

4 Lyubomirsky, S., Sheldon, K. & Schkade, D., 'Pursuing happiness: The architecture of sustainable change', Review of General Psychology, vol. 9, 2005, pp. 111-31.

5 Sin, N. & Lyubomirsky, S., 'Enhancing well-being and alleviating depressive symptoms with positive psychology interventions: A practice-friendly meta-analysis', Journal of Clinical Psychology: In Session, vol. 65, 2009, pp. 467-87.

6 Diener, E., 'Myths in the science of happiness and directions for future research', in Eid, M. & Larsen R.J. (eds), The Science of Subjective WellBeing, Guilford Press, New York, 200S, pp. 493-514.

7 Coca-Cola, 'Open Happiness', www.thecoca-colacompany.com/openhappiness/2009 (acessado em 3-mai-2010).

8 Bankwest, 'Happy Banking: An initiative from Bankwest', www.bankwest.com.au (acessado em 2-mai-2010).

9 Ehrenreich, B., Bright-sided: How the Relentless Promotion of Positive Thinking has Undermined America, Metropolitan Books, New York, 2009.

10 Held, B.S., 'The tyranny of the positive attitude in America: Observation and speculation', Journal of Clinical Psychology, vol. 5S, 2002, pp. 965-92.

11 Nemeth, C.J., Personnaz, M., Personnaz, B. et al., 'The liberating role of conflict in group creativity: A cross-cultural study', UC Berkeley, Institute for Research on Labor and Employment 2003, http://escholarship.org/uc/item/2014k2070n2017v2018 (acessado em 2-mai-2010).

12 Prochaska, J.O.& DiClemente, C.C., 'Toward a comprehensive model of change', in Prochaska, J.O. & DiClemente, C.C. (eds), The Transtheoretical Approach: Crossing the Traditional Boundaries of Therapy, Dow-Jones, Homewood, IL, 1984.

Premissas desafiadoras

1 Seligman, M.E.& Csikszentmihalyi, M., 'Positive psychology: An introduction', American Psychologist, vol. 55, 2000, pp. 5-14.

2 Zhong, J.Y.& Mitchell, v.-w., 'A mechanism model of the effect of h edonic product consumption on well-being', Journal of Consumer Psychology, vol. 20, 2010, pp. 152-62.

3 Diener, E. & Biswas-Diener, R., 'Will money increase subjective well-being? A literature review and guide to needed research', in Diener, E. (ed.), The Science of Well-being: The Collected Works of Ed Diener, Springer, New York, 2009, pp. 119-54.

4 Eaton, W.W., Anthony, J.C., Mandel, W. e outros, 'Occupations and the prevalence of major depressive disorder', Journal of Occupational and Environmental Medicine, vol. 32, 1990, pp. 1079-87.

5 Diener & Biswas-Diener, 'Will money increase subjective well--being?'.

6 Cameron, K.S., Dutton, J.E.& Quinn, R.E. (eds), Positive Organi-

zational Scholarship: Foundations of a New Discipline, Berrett-Koehler, San Francisco, 2003.

7 Wallis, C., 'The new science of happiness', Time, 2005, www.time.com/time/magazine/articie/2010,9171,1015902,1015900.html (acessado em 5-mai-2010).

8 Fowler, J.H.& Christakis, N.A., 'Dynamic spread of happiness in a large social network: Longitudinal analysis over 20 years in the Framingham Heart Study', British Medical Journal, vol. 338, 2008, pp. 24--7.

9 Frisch, M.B., Quality of Life Therapy: Applying a Life Satisfaction Approach to Positive Psychology and Cognitive Therapy, John Wiley & Sons, New York, 2006, pp. xiii, 353.

10 Senay, I., Albarracin, D. & Noguchi, K., 'Motivating goal-directed behavior through introspective self-talk', Psychological Science, vol. 21, 2010, pp.499-504.

11 Wood, J.V., Perunovic, W.Q.E. & Lee, J.W., 'Positive Self-statements: Power for some, peril for others', Psychological Science, vol. 20,2009, pp. 860-6.

12 MacLeod, C., Mathews, A. & Tata, P., 'Attentional bias in emotional disorders' Journal of Abnormal Psychology, vol. 95, 1986, pp.15-20.

13 Constans, J.I, Penn, D.L., Ihen, G.H. e outros, 'Interpretive biases for ambiguous stimuli in social anxiety', Behaviour Research and Therapy, vol. 37, 1999, pp.643-51.

14 Mogg, K., Bradley, B., Williams, R. e outros, 'Subliminal processing of emotional information in anxiety and depression', Journal of Abnormal Psychology, vol. 102, 1993, pp.304-11.

15 Kabat-Zinn, J., 'Mindfulness-based interventions in context: Past, present, and future', Clinical Psychology: Science and Practice, vol. 10, 2003, pp. 144-56.

16 Paul, G., Ludger, N., Stefan, S. e outros, 'Mindfulness-based stress reduction and health benefits: A meta-analysis', Journal of Psychosomatic Research, vol. 57, 2004, pp. 35-43.

17 Davidson, R.J. & Lutz, A., 'Buddha's brain: Neuroplasticity and meditation', IEEE Signal Processing Magazine, 2008, http://psyphz.

psych.wisc.edu/web/pubs/2008/buddha_brain_IEEE.pdf (acessado em 7-mai-2010).

18 Harbaugh, W.T., Mayr, U. & Burghart, D.R., 'Neural responses to taxation and voluntary giving reveal motives for charitable donations', Science, vol. 316, 2007, pp. 1622-5.

19 Lutz, A., Greischar, 1.1., Rawlings, N.B. e outros, 'Long-term meditators self-induce high-amplitude gamma synchrony during mental practice', Proceedings of the National Academy of Sciences of the United States of America, vol. 101, 2004, pp. 16369-73.

20 Didonna, E (ed.), Clinical Handbook of Mindfulness, Springer-Verlag, New York, 2008.

21 Amishi, P., Jha, J.K. & Baim, M., 'Mindfulness training modifies subsystems of attention', Cognitive, Affective and Behavioral Neuroscience, vol. 7, 2007, pp. 109-19.

22 Zeidan, E, Johnson, S.K., Diamond, B.J. e outros, 'Mindfulness meditation improves cognition: Evidence of brief mental training', Consciousness and Cognition, vol. 19, 2010, pp. 597-605.

Fazer mudanças

1 Izard, C.E., 'Basic emotions, relations among emotions, and emotioncognition relations', Psychological Review, vol. 99, 1992, pp. 561-5.

2 Petty, R.E., Tormala, Z.L., Brinol, P. e outros, 'Implicit ambivalence from attitude change: An exploration of the PAST model', Journal of Personality and Social Psychology, vol. 90, 2006, pp. 21-41.

3 Grant, A.M. & Greene, J., Coach Yourself: Make Real Change in Your Life, 2ª ed., Momentum Press, Londres, 2004.

4 Latham, G.P & Locke, E.A., 'New developments in and directions for goal-setting research', European Psychologist, vol. 12, 2007, pp.290-300.

5 Hart, R.R., 'Therapeutic effectiveness of setting and monitoring goals', Journal of Consulting and Clinical Psychology, vol. 46, 1978, pp. 1242-5.

6 Fava, G.A. & Ruini, C., 'Development and characteristics of a

well-being enhancing psychotherapeutic strategy: Well-being therapy', Journal of Behavior Therapy and Experimental Psychiatry, vol. 34, 2003, pp. 45-63.

7 Harris, C., Daniels, K. & Briner, R.B., 'A daily diary study of goals and affective well-being at work', Journal of Occupational and Organizational Psychology, vol. 76, 2003, pp. 401-10.

8 Sheldon, K.M., Ryan, R. & Reis, H.T., 'What makes for a good day? Competence and autonomy in the day and in the person', Personality and Social Psychology Bulletin, vol. 22, 1996, pp.1270-9.

9 Science Daily, 'Upright walking began 6 million years ago', 2008, www.sciencedaily.com/releases/2008/03/080320183657.htm (acessado em 17-mai-2010).

10 Dunstan, D.W., 'Television viewing time and mortality: The Australian Diabetes, Obesity and Lifestyle Study (AusDiab)', Journal of the American Heart Association, 12-janeiro-2010.

11 Thorp, A. & Dunstan, D., Stand Up, Australia: Sedentary Behaviour in Workers, Baker IDI Heart and Diabetes Institute, University of Queensland, and Medibank Private, 2009.

12 Central Queensland University, Rockhampton, and Queensland Health, 'The 10 000 steps challenge', www.10000steps.org.au (acessado em 17-mai-2010).

13 Lavelle, P., '10 000 steps and counting', ABC Health and Well-being, 2007, www.abc.net.au/health/thepulse/stories/2007/11/29/2104899.htm (acessado em 17-mai-2010).

14 10 000 Steps. Visite o website www.10000steps.org.au para obter mais idéias sobre como se movimentar.

15 Murray, C. & Lopez, A., The Global Burden of Disease: A Comprehensive Assessment of Mortality and Disability from Diseases, Injuries, and Risk Factors in 1990 and Projected to 2020, Harvard University Press, Cambridge, MA,1990.

16 Jacka, EN., Pasco, J.A., Mykletun A. et al., 'Association of Western and traditional diets with depression and anxiety in women', American Journal of Psychiatry, 2010, vol. 167, n° 3, pp. 305-11.

17 Sanchez-Villegas, A., Delgado-Rodriguez, M., Alonso, A. e outros, 'Association of the Mediterranean dietary pattern with the incidence of depression: The Seguimiento Universidad de Navarra/University of Navarra follow-up (SUN) cohort', Archives of General Psychiatry, vol. 66, 2009, pp. 1090-8.

18 Akbaraly, T.N., Brunner, E.J., Ferrie, J.E. e outros, 'Dietary pattern and depressive symptoms in middle age', British Journal of Psychiatry, vol. 195, 2009, pp. 408-13.

19 Greenwood, C.E. & Winocur, G., 'Learning and memory impairment in rats fed a high saturated fat diet', Behavioral and Neural Biology, vol. 53, 1990, pp. 74-87.

20 Johnson, P.M. & Kenny, P.J., 'Dopamine D2 receptors in addictionlike reward dysfunction and compulsive eating in obese rats', Nature Neuroscience, vol. 13, 2010, pp. 635-41.

21 Parker, G., Gibson, N.A., Brotchie, H. e outros, 'Omega-3 fatty acids and mood disorders', American Journal of Psychiatry, vol. 163, 2006, pp. 969-78.

22 Avena, N.M., Rada, P. & Hoebel, B.G., 'Evidence for sugar addiction: Behavioral and neurochemical effects of intermittent, excessive sugar intake', Neuroscience and Biobehavioral Reviews, vol. 32, 2008, pp. 20-39.

23 Rosen, I.M., Gimotty, P.A., Shea, J.A. e outros, 'Evolution of sleep quantity, sleep deprivation, mood disturbances, empathy, and burnout among interns', Academic Medicine, vol. 81, 2006, pp. 82-5.

24 www.betterhealth.vic.gov.aulbhcv2/bhcarticles.nsf/pages/Sleep?opendocument (acessado em 21-mai-2010).

25 Haus, E. & Smolensky, M., 'Biological clocks and shift workers: Circadian dysregulation and potential long-term effects', Cancer Causes and Control, vol. 17, 2006, pp. 489-500.

26 Hassed, C., The Essence of Health, Ebury Press, Sydney, 2008, p. 78, and Dr. Delwyn Bartlett, sleep psychologist, Woolcock Institute of Medical Research, Sydney, NSW, Australia: dados coletados junto a grandes grupos e ainda não publicados no Prince Alfred Hospital entre 2002 e 2006.

27 Hassed, The Essence of Health, e Bartlett, dados não publicados.

28 www.stanford.edu/~dement/circadian.html (acessado em 21-mai-2010).

29 Circadian Rhythm Information, www.stanford.edu/~dement/circadian.html (acessado em 21-mai-2010).

30 Ibidem.

O Índice Happy 100

1 Bradburn, N.M., The Structure of Psychological Well-being, Aldine, Chicago, 1969, http://cloud9.norc.uchicago.edu/dlib/spwb/index.htm#bibinfo (acessado em 14-mai-2010).

2 Linley, P.A., Maltby, J., Wood, A.M. e outros, 'Measuring happiness: The higher order factor structure of subjective and psychological well-being measures', Personality and Individual Differences, vol. 47, 2009, pp. 878-84.

3 Keyes, C.L.M., Shmotkin, D. & Ryff, C.D., 'Optimizing well-being: The empirical encounter of two traditions', Journal of Personality and Social Psychology, vol. 82, 2002, pp. 1007-22.

4 Cummins, R.A, Eckersley, R., Pallant, J. e outros, 'Developing a national index of subjective well-being: The Australian Unity Well-being Index', Social Indicators Research, vol. 64, 2003, pp. 159-90.

5 Lovibond, S.H. & Lovibond, P.F, Manual for the Depression Anxiety Stress Scales, Psychology Foundation of Australia, Sydney, 1995.

6 Tennant, R., Hiller, L., Fishwick, R. e outros, 'The Warwick-Edinburgh Mental Well-being Scale (WEMWBS): Development and UK validation', Health and Quality of Life Outcomes, vol. 5, 2007, p. 63.

7 Diener, E., Emmons, R.A, Larsen, R.J. e outros, 'The Satisfaction with Life Scale', Journal of Personality Assessment, vol. 49, 1985, pp.71-5.

8 Bradburn, The Structure of Psychological Well-being.

1º Passo: Objetivos e valores

1 Snyder, C.R., Rand, K.L. & Sigmon, D.R., 'Hope theory: A member of the positive psychology family', em Snyder, C.R., Lopez, S.J. (eds),

Handbook of Positive Psychology, Oxford University Press, London, 2002, pp. 257-76.

2 Covey, S., Os 7 Hábitos das Pessoas Realmente Eficazes, Business Library, Melbourne, 1990.

3 Hayes, S.C., 'Acceptance and commitment therapy, relational frame theory, and the third wave of behavioral and cognitive therapies', Behavior Therapy, vol. 35, 2004, pp.639-65.

4 Ciarrochi, J. & Bailey, A., A CBT Practitioner's Guide to ACT: How to Bridge the Gap Between Cognitive Behavioral Therapy and Acceptance and Commitment Therapy, New Harbinger Publications, Oakland, CA, 2008.

5 Hyun, I., 'Authentic values and individual autonomy', Journal of Value Inquiry, vol. 35, 2001, pp.195-208.

6 Sheldon, K.M. & Elliot, A.J., 'Not all personal goals are personal: Comparing autonomous and controlled reasons for goals as predictors of effort and attainment', Personality and Social Psychology Bulletin, vol. 24, 1998, pp. 546-57.

7 Sheldon, K.M. & Elliot, A.J., 'Goal striving, need satisfaction, and longitudinal well-being: The self-concordance model', Journal of Personality and Social Psychology, vol. 76, 1999, pp. 482-97.

8 Sheldon, K.M., Elliot, A.J., Ryan, R.M. e outros, 'Self-concordance and subjective well-being in four cultures', Journal of Cross-Cultural Psychology, vol. 35, 2004, pp. 209-23.

9 Hamilton, C., Carpe Diem? The Deferred Happiness Syndrome, Australia Institute, Sidney, 2004.

2º Passo: Atos espontâneos de bondade

1 Batson, C.D., 'Experimental tests for the existence of altruism', PSA: Proceedings of the Biennial Meeting of the Philosophy of Science Association, vol. 2, 1992, pp. 69-78.

2 Becker, G.S., 'A theory of social interactions', Journal of Political Economy, vol. 82, 1974, pp. 1063-93.

3 Andreoni, J., 'Impure altruism and donations to public goods:

A theory of warm-glow giving', Economic Journal, vol. 100, 1990, pp. 467-77.

4 Bolton, G. & Ockenfels, A., 'ERC: A theory of equity; reciprocity and competition', American Economic Review, vol. 90, 2000, pp. 166-93.

5 Thompson, R., 'Self-serving altruism: Not an oxymoron', Physician Executive, vol. 33, 2007, pp. 82-3.

6 Isen, A.M. & Levin, P.F., 'Effect of feeling good on helping: Cookies and kindness', Journal of Personality and Social Psychology, vol. 21, 1972, pp. 384-8.

7 Batson, C.D., Coke, J.S., Chard, E e outros, 'Generality of the "glow of goodwill": Effects of mood on helping and information acquisition', Social Psychology Quarterly, vol. 42, 1979, pp. 176-9.

8 Weyant, J.M., 'Effects of mood states, costs, and benefits on helping', Journal of Personality and Social Psychology, vol. 36, 1978, pp. 1169-76.

9 Fishbach, A. & Labroo, A.A., 'Be better or be merry: How mood affects self-control', Journal of Personality and Social Psychology, vol. 93, 2007, pp. 158-73.

10 Schwartz, C., Meisenhelder, J.B., Ma, Y. e outros, 'Altruistic social interest behaviors are associated with better mental health', Psychosomatic Medicine, vol. 65, 2003, pp. 778-85.

11 Conway, J.M., Rogelberg, S.G. & Pitts, V.E., 'Workplace helping: Interactive effects of personality and momentary positive affect', Human Performance, vol. 22, 2009, pp. 321-39.

12 Tsai, W.-X., Chen, C.-C. & Liu, H.-L., 'Test of a model linking employee positive moods and task performance', Journal of Applied Psychology, vol. 92, 2007, pp. 1570-83.

13 Rosenhan, D.L., Salovey, P. & Hargis, K., 'The joys of helping: Focus of attention mediates the impact of positive affect on altruism', Journal of Personality and Social Psychology, vol. 49, 1981, pp. 899-905.

14 Dunn, E.W., Aknin, L.B. & Norton, M.L, 'Spending money on others promotes happiness', Science, vol. 319, 2008, pp. 1687-8.

15 Moen, P., Dempster-McClain, D. & Williams, R.M., 'Social integration and longevity: An event history analysis of women's roles and resilience', American Sociological Review, vol. 45, 1989, pp. 635-47.

16 Wink, P. & Dillon, M., 'Do generative adolescents become healthy older adults?', in Post, S.G.(ed.), Altruism and Health: Perspectives from Empirical Research, Oxford University Press, Oxford, 2007, pp. 43-54.

17 Luoh, M.C. & Herzog, A.R., 'Individual consequences of volunteer and paid work in old age: Health and mortality', Journal of Health and Social Behavior, vol. 43, 2002, pp. 368-78.

18 McClelland, D., McClelland, D.C. & Kirchnit, C., 'The effect of motivational arousal through films on salivary immunoglobulin A', Psychology and Health, vol. 2, 1988, pp. 31-52.

19 Stebnicki, M.A., 'Empathy fatigue: Healing the mind, body, and spirit of professional counselors', American Journal of Psychiatric Rehabilitation, vol. 10, 2007, pp. 317-38.

20 Karylowski, J., 'Self-focused attention, prosocial norms and pro social behavior', Polish Psychological Bulletin, vol. 10, 1979, pp. 57-66.

21 Huang, P.H.& Swedloff, R., 'Perspectives on lawyer happiness: Authentic happiness and meaning at law firms', Syracuse Law Review, vol. 58, 2008, pp. 335-50.

22 Anon., 'Random acts of kindness', 2010, http://medlibraryorg/medwiki/Random_Acts_of_Kindness (acessado em 21-abr-2010).

23 Lara, A., 'Random acts of senseless kindness', San Francisco Chronicle, 1991, 16 de maio.

24 Lyubomirsky, S., T kach, C. & Yelverton, J., 'Pursuing sustained happiness through random acts of kindness and counting one's blessings: Test of two six-week interventions', dados não publicados, University of California, Riverside, Department of Psychology; 2004.

25 Dean, B., 'Kindness and the case for altruism', Authentic Happiness Newsletter, 2006, www.authentichappiness.sas.upenn.edu/newsletter.aspx?id=70 (acessado em 21-abr-2010).

26 A Random Acts of Kindness Foundation (Fundação de Atos Es-

pontâneos de Bondade) (www.actsofkindness.org) é um ótimo recurso online. Seu trabalho inspirou algumas das ideias práticas apresentadas aqui.

3º Passo: Atenção plena

1 Hayes, S.C. & Wilson, K.G., 'Acceptance and commitment therapy: Altering the verbal support for experiential avoidance', Behavior Analyst, vol. 17, 1994, pp. 289-303.

2 Vowles, K.E., Wetherell, J.L. & Sorrell, J.T., 'Targeting acceptance, mindfulness, and values-based action in chronic pain: Findings of two preliminary trials of an outpatient group-based intervention', Cognitive and Behavioral Practice, vol. 16, 2009, pp. 49-58.

3 Petersen, C.L. & Zettle, R.D., 'Treating inpatients with comorbid depression and alcohol use disorders: A comparison of acceptance and commitment therapy versus treatment as usual', Psychological Record, vol. 59, 2009, pp. 521-36.

4 Paez, M.B., Luciano, C. & Gutierrez, O., 'Psychological treatment to cope with breast cancer: A comparative study between strategies of acceptance and cognitive control', Psicooncologia, vol. 4, 2007, pp. 75-95.

5 Hernandez-Lopez, M., Luciano, M., Bricker, J.B. e outros, 'Acceptance and commitment therapy for smoking cessation: A preliminary study of its effectiveness in comparison with cognitive behavioral therapy', Psychology of Addictive Behaviors, vol. 23, 2009, pp. 723-30.

6 Powers, M.B., Zum Vorde Sive Vording, M.B. & Emmelkamp, P.M., 'Acceptance and commitment therapy: A meta-analytic review', Psychotherapy and Psychosomatics, vol. 78, 2009, pp. 73-80.

4º Passo: Pontos fortes e soluções

1 Dweck, C.S., Mindset: The New Psychology of Success, Random House, New York, 2006.

2 Crum, A.J. & Langer, E.J., 'Mindset matters: Exercise and the placebo effect', Psychological Science, vol. 18, 2007, pp. 165-71.

3 Peterson, C. & Seligman, M., Character Strengths and Virtues: A Handbook and Classification, Oxford University Press, Oxford, 2004.

4 Linley, P.A., Average to A+: Realising Strengths in Yourself and Others, CAPP Press, Coventry; UK, 2008.

5 Seligman, M.E., Steen, T.A., Park, N. e outros, 'Positive psychology progress: Empirical validation of interventions', American Psychologist, vol. 60, 2005, pp. 410-21.

6 Grant, A.M., Curtayne, L. & Burton, G., 'Executive coaching enhances goal attainment, resilience and workplace well-being: A randomised controlled study', Journal of Positive Psychology, vol. 4, 2009, pp. 396-407.

7 Green, L.S., Grant, A.M. & Rynsaardt, J., 'Evidence-based life coaching for senior high school students: Building hardiness and hope', International Coaching Psychology Review, vol. 2, 2007, pp. 24-32.

8 Grant, A.M. & O'Connor, S.A. 'The differential effects of solution-focused and problem-focused coaching questions: A pilot study with implications for practice', Industrial and Commercial Training, vol. 42, 2010, pp. 102-11.

9 Szabo, P. & Meier, D., Coaching Plain and Simple: Solution-focused Brief Coaching Essentials. W.W. Norton & Co., New York, 2009, pp. xii, 109.

10 Grant, A.M. & Greene, J., Coach Yourself, Perseus Publishing, Cambridge, MA, 2001, pp. xciii, 211.

5º Passo: Gratidão

1 Polak, E.L. & McCullough, M.E., 'Is gratitude an alternative to materialism?', Journal of Happiness Studies, 2006, vol. 7, pp. 343-60.

2 Watkins, P.C., Woodward, K., Stone, T. e outros, 'Gratitude and happiness: Development of a measure of gratitude and relationships with subjective well-being', Social Behavior and Personality, vol. 31, 2003, pp. 431-52.

3 Wood, A.M., Joseph, S. & Maltby; J., 'Gratitude uniquely predicts satisfaction with life: Incremental validity above the domains and facets

of the five-factor model', Personality and Individual Differences, vol. 45, 2008, pp. 49-54.

4 Algoe, S.B., Haidt, J. & Gable, S.L., 'Beyond reciprocity: Gratitude and relationships in everyday life', Emotion, vol. 8, 2008, pp. 425-9.

5 Tsang, J.-A., 'Gratitude and prosocial behaviour: An experimental test of gratitude', Cognition and Emotion, vol. 20, 2006, pp. 138-48.

6 McCullough, M.E., Kimeldorf, M.B. & Cohen, A.D., 'An adaptation for altruism? The social causes, social effects, and social evolution of gratitude', Current Directions in Psychological Science, vol. 17, 2008, pp. 281-5.

7 Brdar, I. & Kashdan, T.B., 'Character strengths and well-being in Croatia: An empirical investigation of structure and correlates', Journal of Research in Personality, 2009, np.

8 Shimai, S., Otake, K., Park, N. et aI., 'Convergence of character strengths in American and Japanese young adults', Journal of Happiness Studies, vol. 7, 2006, pp. 311-22.

9 Naito, T., Wangwan, J. & Tani, M., 'Gratitude in university students in Japan and Thailand', Journal of Cross-cultural Psychology, vol. 36, 2005, pp. 247-63.

10 Park, N., Peterson, C. & Seligman, M.E., 'Character strengths in fifty-four nations and the fifty US states', Journal of Positive Psychology, vol. 1, 2006, pp. 118-29.

11 Wood, A.M., Joseph, S., Lloyd, J. et aI., 'Gratitude influences sleep through the mechanism of pre-sleep cognitions', Journal of Psychosomatic Research, vol. 66, 2009, pp. 43-8.

12 Palmatier, R.W., Jarvis, C.B., Bechkoff, J.R. e outros, 'The role of customer gratitude in relationship marketing', Journal of Marketing, vol. 73, 2009, pp. 1-18.

13 Yanmei, W., 'Cultivating positive emotions and well-being: Recording happy events and expressing gratitude', Psychological Science (China), vol. 32, 2009, pp. 598-600.

14 Seligman, Steen, Park e outros, 'Positive psychology progress'.

15 Helgeson, V.S., Reynolds, K.A. & Tomich, EL., 'A meta-analitic

view of benefit finding and growth', Journal of Consulting and Clinical Psychology, vol. 74, 2006, pp. 797-816.

16 Stanton, A.L., Danoff-Burg, S., Sworowski, L.A. e outros, 'Randomized, controller trial of written emotional expression and benefit finding in breast cancer patients', Journal of Clinical Oncology, vol. 20, 2002, pp. 4160-8.

17 Bower, J.E., Moskowitz, J.T. & Epel, E., 'Is benefit finding good for your health?', Current Directions in Psychological Science, vol. 18, 2009, pp. 337-41.

18 Ibidem.

19 Seligman, Steen, Park e outros, 'Positive psychology progress'.

20 Peterson, C., A Primer in Positive Psychology, Oxford University Press, New York, 2006, pp. viii, 386.

6º Passo: Perdão

1 Maltby, J., Day, L. & Barber, L., 'Forgiveness and happiness: The differing contexts of forgiveness using the distinction between hedonic and eudaimonic happiness', Journal of Happiness Studies, vol. 6, 2005, pp. 1-13.

2 Cosgrove, L. & Konstam, v., 'Forgiveness and forgetting: Clinical implications for mental health counselors', Journal of Mental Health Counseling, vol. 30, 2008, pp. 1-13.

3 Murphy, J.E., 'Forgiveness and resentment', Midwest Studies in Philosophy, vol. 7, 1982, pp. 503-16.

4 van Oyen Witvliet, C., Ludwig, IE. & Vander Lann, K.L., 'Granting forgiveness or harboring grudges: Implications for emotion, physiology, and health', Psychological Science, vol. 12, 2001, pp. 117-23.

5 Worthington, E., Witvliet, C., Pietrini, P. e outros, 'Forgiveness, health, and well-being: A review of evidence for emotional versus decisional forgiveness, dispositional forgivingness, and reduced unforgiveness', Journal of Behavioral Medicine, vol. 30, 2007, pp. 291-302.

6 Kearns, J.N. & Fincham, F.D., 'Victim and perpetrator accounts of interpersonal transgressions: Self-serving or relationship-serving

biases?', Personality and Social Psychology Bulletin, vol. 31, 2005, pp. 321-33.

7 Worthington, Witvliet, Pietrini e outros, 'Forgiveness, health, and well-being'.

8 Konstam, V., Marx, F., Schurer, J. e outros, 'Forgiving: What mental health counselors are telling us', Journal of Mental Health Counseling, vol. 22, 2000, pp. 253-67.

7º Passo: Redes sociais

1 Kahneman, D., Krueger, A.B., Schkade, D.A. e outros, 'A survey method for characterizing daily life experience: The day reconstruction method', Science, vol. 306, 2004, pp. 1776-80.

2 Michael, Y.L., Berkman, L.F. & Kawachi, I., 'Living arrangements, social integration and change in functional health status', American Journal of Epidemiology, vol. 153, 2001, pp. 123-31.

3 Cacioppo, J.T., Fowler J.H. & Christakis, N.A., 'Alone in the crowd: The structure and spread of loneliness in a large social network', Journal of Personality and Social Psychology, vol. 97, 2009, pp. 977-91.

4 Cacioppo, J.T. & Patrick, W., Loneliness: Human Nature and the Need for Social Connection, W.W. Norton & Co., New York, 2008.

5 Eisenberger, N.I. & Lieberman, M.D., 'Why rejection hurts: A common neural alarm system for physical and social pain', Trends in Cognitive Sciences, vol. 8, 2004, pp. 294-300.

6 Eisenberger, N.I., Lieberman, M.D. & Williams, K.D., 'Does rejection hurt? An fMRI study of social exclusion', Science, vol. 302, 2003, pp. 290-2.

7 Capsi, A., Harrington, H., Moffitt, T.E. e outros, 'Socially isolated children 20 years later: Risk of cardiovascular disease', Archives of Pediatric and Adolescent Medicine, vol. 357, 2006, pp. 307-79.

8 Cacioppo, Fowler & Christakis, 'Alone in the crowd'.

9 McPherson, M., Smith-Lovin, L. & Brashears, M.E., 'Social isolation in America: Changes in core discussion networks over two decades', American Sociological Review, vol. 71, 2006, pp. 353-75.

10 Flood, M., Mapping Loneliness in Australia, Australia Institute, Sidney, 2005.

11 Cacioppo, Fowler & Christakis, 'Alone in the crowd'.

12 Lukes, S., Emile Durkheim, His Life and Work: A Historical and Critical Study, Stanford University Press, Stanford, CA, 1985.

13 Burt, R.S., 'A note on strangers, friends and happiness', Social Networks, vol. 9, 1987, pp. 311-31.

14 Eyal, T. & Epley, N., 'How to seem telepathic: Enabling mind reading by matching construal', Psychological Science, vol. 21, n° 5, 2010, pp. 700-5.

15 Boginski, V., Butenko, S., Pardalos, P.M. e outros, 'Social networks in sports', 2004 http://ise.tamu.edu/People/faculty/butenko/papers/nba_graph.pdf (acessado em 29-abr- 2010)

16 Burt, 'A note on strangers, friends and happiness'.

17 Eyal & Epley, 'How to seem telepathic'.

18 Pugh, D.S., 'Service with a smile: Emotional contagion in the service encounter', Academy of Management Journal, vol. 44, 2001, pp. 1018-27.

19 Cialdini, R., Influence: Science and Practice, Allyn & Bacon, Londres, 2001.

20 Fowler J.H. & Christakis, N.A., 'Dynamic spread of happiness in a large social network: Longitudinal analysis over 20 years in the Framingham Heart Study', British Medical Journal, vol. 338, 2008, pp. 24-7.

21 Christakis, N.A. & Fowler J.H., Connected: The Surprising Power of Our Social Networks and How They Shape Our Lives, Little, Brown & Co., New York, 2009.

8° Passo: Refletir, rever, renovar

1 Gogbet, F. & Clarkson, G., 'Chunks in expert memory: Evidence for the magical number four ... or it is two?', Memory, vol. 12, 2004, pp. 732-47.

2 Vohs, K., Baumeister, R., Schmeichel, B. e outros, 'Making choices impairs subsequent self-control: A limited-resource account of decision

making, self-regulation, and active initiative', Journal of Personality and Social Psychology, vol. 94, 2008, pp. 883-98.

3 Flaherty, A.W., 'Frontotemporal and dopaminergic control of Idea generation and creative drive', Journal of Comparative Neurology, vol. 493, 2005, pp. 147-53.

4 Wapner, J., 'Blogging-It's good for you', Scientific American, June 2008, www.scientificamerican.com/article.cfm?id=the-healthy-type (acessado em 23-mai-2010).

5 Klein, K. & Boals, A., 'Expressive writing can increase working memory capacity', Journal of Experimental Psychology, vol. 130, 2001, pp. 520-33.

6 Baikie, K.A. & Wilhelm, K., 'Emotional and physical health benefits of expressive writing', Advances in Psychiatric Treatment, vol. 11, 2005, pp. 338-46.

7 Conway, J.M., Rogelberg, S.G. & Pitts, V.E., 'Workplace helping: Interactive effects of personality and momentary positive affect', Human Peljormance, vol. 22, 2009, pp. 321-39.

8 McClelland, McClelland & Kirchnit, 'The effect of motivational arousal through films on salivary immunoglobulin A'.

9 Brdar, I. & Kashdan, T.B., 'Character strengths and well-being in Croatia: An empirical investigation of stmcture and correlates', Journal of Research in Personality, 2009, np. Shimai, S., Otake, K., Park, N. e outros, 'Convergence of character strengths in American and Japanese young adults', Journal of Happiness Studies, vol. 7, 2006, pp. 311-22.

10 Wood, A.M., Joseph, S., Uoyd, J. e outros, 'Gratitude influences sleep through the mechanism of pre-sleep cognitions', Journal of Psychosomatic Research, vol. 66, 2009, pp. 43-8.

11 Palmatier, R.W., Jarvis, C.B., Bechkoff, J.R. e outros, 'The role of customer gratitude in relationship marketing', Journal of Marketing, vol. 73, 2009, pp. 1-18.

12 Seligman, Steen, Park e outros, 'Positive psychology progress'.

13 Clark, A., 'Forgiveness: A neurological model', Medical Hypotheses, vol. 64, 2005, pp. 649-54.

14 Worthington, Witvliet, Pietrini e outros, 'Forgiveness, health, and well-being'.

15 Harris, A., Luskin, F., Norman, S. e outros, 'Effects of a group forgiveness intervention on forgiveness, perceived stress, and trait-anger', Journal of Clinical Psychology, vol. 62, 2006, pp. 715-33.

16 Cacioppo & Patrick, Loneliness.

17 Pugh, 'Service with a smile'.

18 Fowler & Christ akis, 'Dynamic spread of happiness in a large social network'.

19 Ozer, D.J. & Benet-Martinez, V., 'Personality and the prediction of consequential outcomes', Annual Review of Psychology, vol. 57, 2006, pp. 401-21.

20 Pennebaker, J.W, 'Writing about emotional experiences as a therapeutic process', Psychological Science, vol. 8, 1997, pp. 162-6.

21 Baikie & Wilhelm, 'Emotional and physical health benefits of expressive writing'.

22 Ibidem.

23 Boud, D., 'Using journal writing to enhance reflective practice', New Directions for Adult and Continuing Education, vol. 90, 2001, pp. 9-17.

24 Frisina, P., Borod, J. & Lepore, S., 'A meta-analysis of the effects of written emotional disclosure on the health outcomes of clinical populations', Journal of Nervous and Mental Disease, vol. 192, 2004, pp. 629-34.

A ciência

1 Eid & Larsen (eds), The Science of Subjective Well-Being, pp. xiii, 546.

2 Cummins, Eckersley, Pallant e outros, 'Developing a national index of subjective well-being'.

3 Hassed, The Essence of Health.

4 Sensewear information can be found at www.sensewear.com/default.php.

5 Reiter, R.J., Paredes, S.D., Manchester, L.C. e outros, 'Reducing

oxidative/nitrosative stress: A newly discovered genre for melatonin', Critical Reviews in Biochemistry and Molecular Biology, vol. 44, 2009, pp. 175-200.

6 Kanishi, Y., Kobayashi, Y., Noda, S. e outros, 'Differential growth inhibitory effect of melatonin on two endometrial cancer cell lines', Journal of Pineal Research, vol. 28, 2000, pp.227-33.

7 Hassed, The Essence of Health.

8 Ibidem.

9 Irwin, M. & Vedhara, K., Human Psychoneuroimmunology, Oxford University Press, Oxford, 2005.

10 Rein, G., Atkinson, M. & McCraty, M., 'The physiological and psychological effects of compassion and anger', Journal of Advancement in Medicine, vol. 8, 1995, pp. 87-105.

11 McClelland, McClelland & Kirchnit, 'The effect of motivational arousal through films on salivary immunoglobulin A'.

12 Fredrickson, B.L., 'What good are positive emotions?', Review of General Psychology, vol. 2, 1998, pp.300-19.

13 Thgade, M.M. & Fredrickson, B.L., 'Resilient individuals use positive emotions to bounce back from negative emotional experiences', Journal of Personality and Social Psychology, vol. 86, 2004, pp. 320-33.

14 Berg, C.J., Snyder, C.R. & Hamilton, N., 'The effectiveness of a hope intervention in coping with cold pressor pain', Journal of Health Psychology, vol. 13, 2008, pp. 804-9.

15 Lutz, A., Greischar, L.L., Rawlings, N.B. e outros, 'Long-term meditators self-induce high-amplitude gamma synchrony during mental practice', Proceedings of the National Academy of Sciences of the United States of America, vol. 101, 2004, pp.16369-73.

16 Blood, A., Zatorre, R., Bermudez, P. e outros, 'Emotional responses to pleasant and unpleasant music correlate with activity in paralimbic brain regions', Nature Neuroscience, vol. 2, 1999, pp. 382-7.

17 Orme-Johnson, D., Schneider, R., Son, Y. e outros, 'Neuroimaging of meditation's effect on brain reactivity to pain', Neuroreport, vol. 17, 2006, pp.1359-63.

Leia outros livros da

atitude 1
Justin Herald
Não siga seus sonhos... Faça com que eles sigam você.
Vencedores fazem acontecer, perdedores deixam acontecer.
Obstáculo é o que você vê quando tira os olhos de sua meta.
FUNDAMENTO

DESVENDE OS SEGREDOS DO SUCESSO E DAQUELA ATITUDE DE "EU POSSO FAZER QUALQUER COISA QUE DECIDIR", PARA CONSEGUIR ALCANÇAR SEUS OBJETIVOS E REALIZAR SEUS SONHOS.

AFINAL, A VIDA É FEITA DE 1% DE INSPIRAÇÃO, 99% DE TRANSPIRAÇÃO... E 100% DE ATITUDE.

Editora Fundamento!

Justin Herald

atitude

O que você está esperando?

BESTSELLER INTERNACIONAL

Fundamento

Sucesso não é apenas uma palavra de sete letras, é um estilo de vida. Antes de mais nada, é preciso avaliar o que está errado e mudar. Transformar ruim em bom, bom em ótimo, fracasso em sucesso!

Tome uma atitude! Leia.

Leia outros livros da

Justin Herald

3
atitude

Como fazer os negócios prosperarem sem gastar um centavo.

BESTSELLER INTERNACIONAL

FUNDAMENTO

ESTE LIVRO ESTÁ REPLETO DE INOVADORAS IDEIAS DE MARKETING QUE NÃO CUSTAM NENHUMA FORTUNA. APRENDA A FORTALECER O PODER DA SUA MARCA E APRESENTAR AO MERCADO OS SEUS PRODUTOS E SERVIÇOS.

NÃO RECORRA A EMPRÉSTIMOS NEM DESPERDICE DINHEIRO EM ANÚNCIOS INÚTEIS. EXPERIMENTE UMA DAS IDEIAS DE JUSTIN E VEJA OS SEUS NEGÓCIOS PROSPERAREM.

Editora Fundamento!

Justin Herald

4
atitude

Não trabalhe por dinheiro.
Faça o dinheiro trabalhar por você!

FUNDAMENTO

PROSPERIDADE É MAIS QUE SER BEM-SUCEDIDO FINANCEIRAMENTE. ATITUDE 4 VAI AJUDÁ-LO A ATINGIR SEGURANÇA FINANCEIRA E A ENRIQUECER, EM TODOS OS SENTIDOS, A SUA VIDA.

SEM LIMITES, SEM DESCULPAS, SEM HESITAÇÕES... APENAS ATITUDE!

Leia outros livros da Editora Fundamento!

Dr. Mulholland
PENSAMENTO SAUDÁVEL
Como pegar o limão que a vida lhe dá e fazer uma limonada

FUNDAMENTO

SIM, CARO AMIGO: ÀS VEZES SEU DIA NÃO SAI COMO O PREVISTO. SUA VIDA NÃO SAI COMO O ESPERADO. VÁRIOS "LIMÕES" APARECEM PARA AZEDAR SUA AUTOCONFIANÇA. ALGUNS BEM GRANDES, OUTROS MENORES, MAS TODOS COM O PODER DE CAUSAR RAIVA, ESTRESSE, DEPRESSÃO. O QUE FAZER ENTÃO? SENTAR E CHORAR? DESISTIR DE TUDO? CULPAR A SI MESMO?

CONTANDO AS PRÓPRIAS DIFICULDADES — A ESPOSA QUE O DEIXOU, UM NEGÓCIO QUE AFUNDOU, ENTRE OUTROS "LIMÕES" —, O DR. MULHOLLAND ENSINA A VENCER A DEPRESSÃO, O MEDO E A INÉRCIA... E DAR A VOLTA POR CIMA!